GRAMMAIRE AGRICOLE

OU

COURS ÉLÉMENTAIRE D'AGRICULTURE

PROFESSÉ

A L'ÉCOLE COMMUNALE DE VOREPPE (ISÈRE),

PAR

Adolphe Durand-laîné.

PREMIÈRE ANNÉE.

A GRENOBLE,

BARATIER FRÈRES ET FILS,
imprimeurs-libraires.

ALPHONSE MERLE,
libraire, rue Lafayette.

1858

GRAMMAIRE AGRICOLE

ou

COURS ÉLÉMENTAIRE D'AGRICULTURE.

GRAMMAIRE AGRICOLE

OU

COURS ÉLÉMENTAIRE D'AGRICULTURE

PROFESSÉ

A L'ÉCOLE COMMUNALE DE VOREPPE (ISÈRE),

PAR

Adolphe Durand-laîné.

PREMIÈRE ANNÉE.

A GRENOBLE,

BARATIER FRÈRES ET FILS,
imprimeurs-libraires.

ALPHONSE MERLE,
libraire, rue Lafayette.

1858

(C.)

GRENOBLE, IMPRIMERIE DE C.-P. BARATIER.

A MESSIEURS LES MEMBRES

DE LA SOCIÉTÉ D'AGRICULTURE DE GRENOBLE.

Mes chers Collègues,

Le patriotisme ne fait pas seulement les grands hommes et les grands citoyens : il apaise et rapproche les partis en détruisant ce qu'ils ont de trop exclusif et de trop absolu. Uni à l'amour de ses semblables, il s'élève à la hauteur d'une vertu chrétienne et fait les hommes d'abnégation et de dévouement.

Ce patriotisme, cet amour de ses semblables sont l'âme et le lien de votre Société.

Je vous dédie ce COURS ÉLÉMENTAIRE D'AGRICULTURE pour vous prouver mon estime, mon affection, et les efforts que je fais pour suivre votre exemple et profiter de vos leçons.

DURAND-LAINÉ.

AVANT-PROPOS.

Les efforts du Gouvernement, de l'administration et des sociétés agricoles pour secourir, encourager et relever notre agriculture, ont été reçus avec reconnaissance et loués à bon droit par tous les hommes judicieux et éclairés. Le bien que ces efforts ont produit est immense : l'agriculture est honorée, un grand nombre de propriétaires cultivent leurs terres, les prairies naturelles et artificielles ont plus d'étendue, l'élève des bestiaux a doublé, les races ont été améliorées, des plantes et des animaux étrangers ont été introduits et acclimatés. Vingt ans encore d'un pareil élan et d'une telle protection, la France n'aura rien à envier sous ce rapport aux nations les plus favorisées.

Mais, chose douloureuse à dire, la masse si nombreuse des fermiers et des petits propriétaires est restée étrangère à ce progrès. Par ignorance, par irréflexion, par suspicion, insouciance, incrédulité ou présomption, cette masse inerte et pourtant bonne et reconnaissante du bien qu'on lui fait, ne peut croire que des hommes qui ne tiennent pas le manche de la charrue, en sachent plus ni même autant que les laboureurs de profession, sur l'art de cultiver la terre. C'est pourtant à la convaincre qu'il faut tendre ; car la génération présente pourrait encore subir plusieurs disettes si nous attendions la régénération de notre agriculture de l'exemple, des fermes-modèles et de nos fêtes agricoles.

Le Gouvernement a sans doute pensé qu'il en était ainsi, puisqu'il a institué un cours d'agriculture dans toutes les écoles normales primaires des départements. Il a bien raison, le Gouvernement ; car c'est

sur les enfants qu'il faut agir pour changer des idées et une routine si fortement
enracinées dans l'esprit des habitants de
la campagne. Les instituteurs sortant de
ces écoles seraient les agents les plus efficaces pour la propagation des bonnes mé-
thodes.

Mais des esprits timorés, attribuant à
tort à ce qu'ils appellent la grande instruction donnée dans les écoles normales, la
conduite des instituteurs pendant nos derniers troubles, ont fait entendre des
craintes chimériques. Si vous confiez le
cours d'agriculture, ont-ils dit, à un agriculteur, l'école normale dégénérera en
ferme-école; si vous le confiez à un professeur en dehors de la pratique agricole,
l'école deviendra une faculté des sciences.
Bornez-vous à faire enseigner aux élèves-
maîtres la taille des arbres fruitiers et à
envoyer dans les campagnes, par des
journaux et des almanachs à bon marché,
les procédés de culture approuvés par la
science l Ces craintes ont eu un tel reten-
tissement, que les conseils qui les suivent
semblent devoir être adoptés. Que l'on
me permette d'y répondre. Membre du
Conseil académique de l'Isère pendant

vingt ans, membre de la commission d'examen des instituteurs primaires depuis sa création en 1833, délégué cantonal, maire et conseiller de préfecture depuis près de trente années, ce n'est pas d'hier que je m'occupe de l'instruction primaire.

Ce n'est point à la trop grande instruction de nos instituteurs que l'on doit attribuer leur conduite en 1848; c'est à l'incertitude de leur position, à leur modique traitement de 200 francs et aux promesses fallacieuses des révolutionnaires. D'ailleurs, si quelques-uns émirent des opinions exagérées, le plus grand nombre resta fidèle aux devoirs de sa profession. Toutefois, j'approuve complétement l'abaissement des études pour les instituteurs du premier degré; et si c'était ici le lieu de traiter la question de l'enseignement primaire, je ferais valoir des motifs assez puissants en faveur de cette opinion.

La taille des arbres fruitiers est très-utile et très-importante pour les propriétaires de jardins, sans doute; l'instituteur qui en connaîtrait bien la théorie et la pratique rendrait de grands services à

ceux qui les ignorent ; mais son enseignement isolé serait sans résultat sur les
progrès de l'agriculture. Au surplus, un
instituteur doit apprendre et doit enseigner à l'école beaucoup plus de principes
que de main-d'œuvre : cette dernière est
du domaine de la ferme-école. Qu'il fasse
de la pratique dans son jardin et qu'il la
démontre comme jardinier, quand dix
années d'expérience l'auront rendu habile
à prévoir, à prévenir, à réparer les erreurs,
les accidents et les écarts de végétation,
rien de mieux ; mais ce n'est pas à l'école
normale, où il ne reste que deux ans, qu'il
peut acquérir cette habileté.

Quant aux procédés de culture, je ne
crains pas de dire qu'ils ne sont bons et
vrais que relativement à la terre et à la
contrée de celui qui les a formulés. Appli-
qués, par des hommes sans instruction,
dans une terre mal amendée ou différente de celle qui leur convient, ils ne
réussissent pas, et cette non-réussite est
l'une des principales causes de l'attache-
ment des cultivateurs à leurs anciens er-
rements.

Qu'on se le persuade bien, l'agriculture est une science vaste et compliquée

qui a sa grammaire et ses principes comme toutes les autres sciences. Sans ces principes et cette grammaire, on peut, par une longue pratique de la terre et des instruments aratoires, devenir un bon cultivateur; mais on ne sera jamais agriculteur, c'est-à-dire que l'on saura bien labourer, bien semer, bien faucher, mais que l'on ne saura pas donner à la terre les amendements, les assolements qui lui sont nécessaires et les semences qui lui conviennent.

C'est ce qui fait que tant de cultivateurs que l'on dit et qui se croient fort habiles sont complétement déroutés quand ils changent de ferme; et que ce n'est qu'après quatre ou cinq années de tâtonnements et de mécomptes qu'ils parviennent à y faire réussir leur routine improductive. C'est la même cause qui a fait échouer tant de colons en Algérie.

On ne se contente pas de montrer à nos ouvriers maçons, serruriers, menuisiers, charpentiers, etc., des modèles de corniche, de cylindre, de meuble, d'escalier, de toiture. On ne se contente pas de leur dire les procédés de fabrication du mortier, du placage, de l'assemblage des bois, de l'alliage des métaux, etc., on leur enseigne l'arithmétique dans toutes ses applications, l'algèbre, la géométrie, la statique, la mécanique, la géométrie descriptive, le dessin linéaire; afin de développer leur intelligence et de leur rendre l'imitation du beau plus facile. Pourquoi nos ouvriers des champs, qui sont les plus utiles et les plus nombreux, seraient-ils laissés dans l'ignorance des notions de physique, de chimie, d'histoire naturelle, de physiologie végétale sur lesquels repose toute la science agricole? Non, il ne doit pas en être ainsi; l'équité, la justice, l'intérêt des fermiers, l'intérêt des propriétaires, des consommateurs et de l'Etat exigent que cette infériorité d'enseignement et d'instruction disparaisse. En effet, l'instruction des fermiers n'augmentera pas seulement le produit des terres, elle en augmentera le prix et la rente, y attirera les capitaux, et, décuplant l'attrait des champs, y fixera cette masse de jeunes gens qui ne les désertent que par dédain.

Je n'ai pourtant pas l'intention de braver les craintes que j'énonçais tout à l'heure; je veux seulement prouver qu'elles ne sont pas fondées. Ainsi, quand je dis que, dans l'intérêt de tous, il faut élever nos cultivateurs au rang d'agriculteurs par une plus grande somme d'instruction, je ne prétends pas en faire des agronomes. Les facultés des sciences y suffiraient à peine; ce ne serait peut-être pas trop de l'école Polytechnique. Je ne prétends pas non plus en faire des physiciens, des chimistes, des botanistes, Dieu m'en garde! je désire qu'on leur donne simplement les notions de ces sciences qui s'appliquent à l'agriculture, qui en sont la base et en assurent les progrès. Par ce moyen, chaque institution gardera son rôle. Aux fermes-écoles, les cultivateurs, les contre-maîtres, les hommes de travail manuel; aux écoles normales primaires, les agriculteurs, les régisseurs, les comptables, etc.; aux facultés des sciences, les agronomes, sans exclure les instituts agronomiques de Versailles et de Grignon, qui sont les écoles d'application de l'agriculture.

Pénétré de ces idées et convaincu que, sauf quelques rares exceptions, il n'y avait rien à espérer des cultivateurs de trente à quarante ans, je me suis déterminé, en

1855, à faire et à professer aux élèves de l'école communale de Voreppe, un cours d'agriculture théorique et pratique dont j'ai puisé les éléments dans les livres de nos plus célèbres agronomes. Je n'ai pas le mérite de l'invention, puisque je ne fais qu'enseigner ce que m'ont appris les œuvres d'autrui. Cependant je me suis appliqué à mettre les notions scientifiques à la portée des plus faibles intelligences, à les classer dans un ordre logique, à en tirer des conséquences agricoles. J'ai fait suivre ces notions et ces conséquences de conseils, que vingt-cinq années de pratique et d'observation m'ont fait juger propres à guider les propriétaires et les fermiers dans la culture de leurs terres. Enfin, j'ai tâché de rendre l'étude de l'agriculture intéressante, même à des jeunes gens qui ne songeraient pas à en faire leur état.

Quelques amis de l'agriculture, peut-être trop bienveillants pour moi, m'ont engagé à faire imprimer ce travail. J'ai d'abord résisté, dans la crainte de paraître un geai paré des plumes du paon; mais enfin, cédant à leurs instances, je publie le premier livre de mon cours, sans

autre prétention que celle de prouver ma
bonne volonté et mon amour pour la
jeunesse des campagnes : Dieu fera le
reste.

DURANDLAINÉ.

OUVRAGES ET TRAITÉS

Dans lesquels j'ai puisé les principes de physique, de chimie, de physiologie végétale et d'agriculture, qui font la base de ce Cours d'Agriculture.

1° *Maison Rustique du* XIX⁰ *siècle*, publiée par Bailly, Bixio et Malpeyre, 5 vol. in-4°.

2° *Dictionnaire d'Agriculture pratique*, par divers auteurs, 2 vol. in-8°.

3° *Maison des Champs*, par Pflugner, 4 vol. in-8°.

4° *Cours d'Agriculture*, par M. le comte de Gasparin, 5 vol. in-8°.

5° *Cours d'Agriculture*, par Bosc, Chaptal, Tessier et Yvart, 16 vol. in-8°.

6° *Principes de l'Agronomie*, par le comte de Gasparin, 1 vol. in-8°.

7° *Annales Agricoles de Rovilles*, par Mathieu de Dombasle, 9 vol. in-8°.

8° *L'Eleveur des Bêtes à cornes*, par Villeroy, 1 vol. in-12.

9° *Traité des Amendements*, par Puvis, in-12.

10° *Traité de Physique*, par Ganot, in-12.

11° *Leçons de Chimie agricole*, par Malaguti, 1 vol. in-12.

12° *Manuel de Chimie agricole* de Dawy, traduit de l'anglais, par Vergnaud, in-18.

13° *Manuel du Vigneron*, par Thiébaut de Ber-
néaud, in-18.

14° *Manuel du Drainage des terres arables*, par
Barral, in-12.

15° *Almanach du bon Jardinier*.

16° *Traité des Jardins ou le nouveau de la Quintinie*, par le Berrieys, 4 vol. in-8°.

17° *Economie rurale*, considérée dans ses rapports avec la chimie, la physique et la
météorologie, par Boussingault, 2 vol.
in-8°.

18° *Annuaires du bureau des longitudes, de 1820
à 1856.*

INTRODUCTION
AU COURS D'AGRICULTURE.

DISCOURS D'OUVERTURE.

Aux jeunes gens de la campagne.

O fortunatos nimium, sua si bona norint
Agricolas! quibus ipsa procul discordibus armis
Fundit humo facilem victum justissima tellus.
                                        GE. DE VIRG.

L'AGRICULTURE est le plus noble et le plus
utile des arts : le plus noble, puisqu'il rend
l'homme qui y consacre sa vie, pour ainsi dire
le collaborateur de la Divinité dans la production
des fruits de la terre; le plus utile, puisque c'est
de l'Agriculture que les peuples attendent leur
nourriture de chaque jour, et que sans elle tout
périt et tout meurt. l'Agriculture est aussi la

profession la plus salutaire, la plus attrayante et la plus lucrative.

Elle est la plus salutaire, parce qu'elle entretient la santé du corps par le développement incessant des forces physiques et par la respiration d'un air toujours pur.

Elle est la plus attrayante par la diversité de ses travaux et l'intérêt qu'ils inspirent. L'agriculteur a toujours son œuvre devant les yeux; il voit croître et mûrir les moissons qu'il a semées; il voit grandir et fructifier les arbres qu'il a plantés. Chaque année, les foins, les moissons, les vendanges, la cueillette des fruits sont pour lui et sa famille moins des peines que des jours de joie et de bonheur, qui le récompensent de ses sollicitudes et de ses travaux.

Elle est la plus lucrative, car, si elle ne donne pas ces bénéfices d'occasion qu'offrent quelquefois certaines industries, ses produits croissent tous les ans proportionnellement à l'activité, l'intelligence et l'instruction de l'agriculteur, et, quelle que soit leur masse, leur vente est assurée. De plus, elle n'est jamais exposée à ces grèves, à ces variations subites qui ruinent les maîtres et réduisent les ouvriers à la misère et au désespoir.

Loin de là, quelque mauvaise que soit la saison, l'agriculteur est toujours certain de trouver dans la terre qu'il cultive, le bois, le pain, le vin, les légumes, le lait, les fruits nécessaires à la subsistance de sa famille. Cette certitude le met en paix avec lui-même, avec ceux qui l'entourent et avec Dieu. Aucune inquiétude ne le dévore : il a dans ses mains son bonheur, sa for-

tune, son avenir et celui de ses enfants. C'est
ainsi qu'au milieu des siens, à l'abri des vicissitudes de la fortune, à l'abri des passions que ces
vicissitudes font naître, il jouit de toutes les dé-
lices après lesquelles courent vainement les habitants des villes, et que les hommes du monde,
enrichis, ennuyés et blasés, tâchent de se procurer au déclin de leurs jours en se retirant à la
campagne.

Il est un autre point de vue sous lequel je
n'oublierai pas de vous présenter la vie des
champs : je veux dire le point de vue religieux.
Un agriculteur, toujours en présence des mer-
veilles et des richesses de la création, soit qu'il
lève les yeux vers le ciel, soit qu'il les abaisse
sur la terre, voit, touche les preuves irréfraga-
bles de l'existence de l'Etre suprême qui régit
l'univers ; et, faisant, même involontairement, un
retour sur lui-même, il comprend sa dépen-
dance et sa faiblesse. Redoutant les orages, les
sécheresses, les inondations, les épizooties, tous
ces fléaux que les crimes de l'homme attirent
sur la terre, il sent la nécessité de la prière ;
comme aussi d'abondantes récoltes lui font un
besoin de la reconnaissance. Il adore donc Dieu
dans sa puissance et sa grandeur ; il l'implore
dans sa miséricorde et sa justice ; il le remercie
dans sa bonté : accomplissant ainsi les trois
grandes obligations du chrétien par la foi ; et
celles du père de famille par le bon exemple qu'il
donne à ses enfants.

Cependant un grand nombre de jeunes gens
de la campagne préfèrent à l'agriculture des états

manuels ou industriels qui les appellent dans les villes ou dans les manufactures. Je ne les en blâme pas d'une manière absolue, car plusieurs d'entre eux y sont portés par leur aptitude physique, par leur inclination naturelle à telle ou telle branche de l'industrie, et il serait aussi préjudiciable à la société qu'à ces jeunes gens de mettre obstacle à des aptitudes et à des inclinations qui peuvent être les avant-coureurs du génie.

Il en est d'autres qui suivent la profession de leur père. Ils font bien d'adopter un état dans lequel ils ont un guide aussi sûr que désintéressé. J'avoue même que j'éprouve de la joie quand je vois un fils travailler et vivre en bonne intelligence avec son père : l'union, l'accord qui règnent entre eux m'inspire de la confiance et de l'estime. En effet, si le père était un méchant homme, un mauvais chrétien, ses défauts auraient corrompu son fils, et ce fils ne travaillerait pas longtemps avec lui. La vertu seule unit les cœurs et les intérêts; le vice les divise. Aussi voyez ces familles, persévérant de père en fils dans la même profession : la paix, le bonheur, fruits assurés de l'amour paternel et de la piété filiale, l'aisance, résultat inévitable de l'économie et de la loyauté, sont dans leur maison ; l'amitié, je dirai même le respect de leurs voisins, sont leur apanage.

Mais, il y a des jeunes gens qui ne désertent les champs que pour se soustraire à toute surveillance, ou pour se décharger du soin de leurs vieux parents ou de leurs jeunes frères. Je ne dirai rien d'eux, si ce n'est qu'ayant déjà le cœur gâté, oubliant ce qu'ils doivent à Dieu et à leur famille, ils vont achever leur corruption dans les sociétés secrètes, dans les tripots, dans tous les mauvais lieux.

Il est encore des jeunes gens, et c'est le plus grand nombre, qui dédaignent l'agriculture, parce qu'ils se persuadent qu'elle est un vil métier, où l'on se borne à remuer de la terre et du fumier. Il en était peut-être ainsi quand les habitants des campagnes croupissaient dans l'ignorance ; quand le faible chiffre et surtout l'apathie de notre population exigeaient aussi peu de produits agricoles qu'ils exigeaient peu des cultivateurs. Ne sachant ni lire, ni écrire, ne comptant qu'avec ses doigts, ne pouvant rien apprendre, ne pouvant se rendre compte de rien, ne songeant à améliorer ni sa position, ni celle de ses enfants, un agriculteur semait, plantait, labourait et moissonnait comme il avait vu faire son père. Mais aujourd'hui que des disettes récentes ont prouvé l'insuffisance de nos produits : aujourd'hui que la population augmente en nombre, en richesse, en besoins, en désirs de toute espèce ; que l'industrie développée demande à l'agriculture une plus grande quantité et une plus grande variété de racines, de graines et de fruits, l'agriculture restreinte au territoire que Dieu lui a départi, est obligée de se faire science et d'emprunter à la physique, à la chimie, à l'histoire naturelle, à la mécanique tous ses éléments de succès.

Et en effet, depuis que l'agriculture et la

science se sont regardées comme sœurs, et qu'elles se prêtent un mutuel appui pour assurer le bonheur commun, la culture du mûrier, de la betterave, de la garance, du houblon, fait rester annuellement dans nos mains plus de trois cents millions de francs que nous portions à l'étranger. Ce n'est pas tout, car, qui pourrait calculer la somme de prospérités que l'avenir réserve à nos agriculteurs? Notre nouvelle France, l'Algérie n'est-elle pas là avec son territoire immense et son soleil brûlant, pour nous donner le riz, le café, le coton et toutes les plantes tropicales que nous allons acheter dans les deux Indes. Que manque-t-il à cette riche conquête pour donner de pareils résultats? De l'eau? Des puits artésiens, récemment percés, viennent de prouver que l'eau coule abondamment sous le sable du désert.

Ainsi donc, soit que votre intelligence vous porte vers la fortune ou vers la science, soit que vous désiriez une vie douce et tranquille, ou des jours agités par la spéculation, l'agriculture se prête à tous les goûts, à toutes les aptitudes et offre à toutes les idées une carrière pour le moins aussi vaste et bien plus assurée que celle de l'industrie.

Le Gouvernement, l'administration, les cœurs généreux, les esprits d'élite, tous les hommes d'avenir ont compris qu'il en était ainsi, et toutes leurs idées se tournent vers les produits de la terre. Aussi, voyez ce qui se passe sous nos yeux : dans nos facultés des sciences, la chimie agricole se propage; dans nos écoles nor-

males, les théories agronomiques sont enseignées ; dans nos villes, des principes d'arboriculture sont publiquement et gratuitement dé-
montrés. Des fermes-modèles sont introduites
dans tous nos départements; des sociétés d'agriculture, des comices agricoles surgissent en
tous lieux ; des récompenses honorifiques et pécuniaires, des primes d'encouragement sont dé-
cernées à toutes les découvertes utiles, à tous
les perfectionnements aratoires; et le Gouvernement, secondant ces efforts et provoquant le
génie des découvertes, vote cent millions de
francs pour le drainage et fait une loi pour assurer les produits de la terre contre tous les
fléaux qui les menacent. Ah! ils voient tous dans
l'Agriculture ce qu'on aurait dû y voir toujours :
l'espoir et le salut de l'Empire.

Quelle idée, quel sentiment pourrait donc
vous détourner de l'Agriculture? le désir de paraître, de briller, d'être indépendant, d'obtenir
l'estime et la considération de vos voisins ! Pou-
vez-vous paraître et briller, quand, loin de vos
parents, de vos amis d'enfance, vous allez vous
confondre avec plusieurs centaines d'ouvriers,
dans des chantiers, dans des ateliers où vous ne
faites que coopérer à une œuvre qui vous est
étrangère, que d'autres ont commencée, que
d'autres finiront et que peut-être vous ne reconnaîtrez jamais quand l'inventeur ou l'architecte
en tirera gloire et profit: Ah! vous n'êtes là
qu'une force que l'on abandonnera aussitôt qu'on
aura trouvé la machine qui fera votre ouvrage
mieux et à meilleur marché que vous.

Quoi de plus esclave qu'un ouvrier de fabrique ou d'atelier ! L'heure du travail est fixée; le contre-maître est là; les minutes de retard sont comptées et font autant de décimes à rabattre sur le prix de la journée. La fatigue vous accable, un air corrompu vous oppresse, la soif vous dévore, n'importe; vous ne vous reposerez pas, vous ne sortirez pas, vous ne boirez pas : la cloche n'a pas sonné.

Votre aptitude, votre intelligence vous ont-elles élevé à la dignité de contre-maître; vous avez un peu plus de liberté apparente; mais il faut que vous arriviez avant les ouvriers, et que vous ne sortiez qu'après leur départ. Il faut tout voir, tout surveiller; car c'est à vous que les défauts, les mal-façons, les négligences, les erreurs seront imputés. Votre intérêt, dès lors, vous met dans l'obligation d'être sévère, dur, exigeant, et vous voilà en butte à la haine des ouvriers. Cette haine croit, augmente, éclate contre vous. On vous renvoie pour rétablir l'ordre. Vous n'êtes regretté de personne, car vous n'avez été que l'exécuteur des basses œuvres de la cupidité d'autrui.

Votre fortune est-elle assez grande pour vous rendre chef ou propriétaire d'une fabrique? Hélas ! mes enfants, vous êtes bien plus à plaindre encore : la concurrence, la mode, le perfectionnement des procédés, les nouvelles machines, les brevets d'invention tourmentent incessamment votre esprit; et si vous êtes devancé d'un jour, d'une heure par les gros capitaux, par le charlatanisme, par l'intrigue, par la jalousie, même

par le savoir-faire, adieu projets, adieu crédit,
adieu fortune. On résiste quelques mois, on en-
gage ses amis, ses parents, sa famille; on dé-
guise sa position par des emprunts usuraires,
par des fêtes somptueuses, par un luxe ruineux;
et puis vient un jour où tout se découvre : il
faut fuir, vivre d'aumônes ou graver sur son
front le stigmate infâme de banqueroutier frau-
duleux.

En agriculture, rien de tout cela n'est à
craindre. Quelque petite que soit votre propriété ou votre ferme, tout est votre œuvre;
vous pouvez y briller par l'abondance de vos
récoltes, par le perfectionnement de vos cultures, par la découverte de nouveaux fruits et de
nouvelles fleurs, par la beauté de vos bestiaux;
et aussitôt, votre nom proclamé dans nos fêtes
agricoles retentit dans toute la France. Le travail est en plein air, sous les regards de Dieu
dont vous perfectionnez l'ouvrage et qui en récom-
pense vous envoie la force et la santé. Son soleil
est-il trop ardent, bêtes et gens se reposent à
l'ombre des arbres qu'il a fait croître et se dé-
saltèrent à la source qu'il a fait jaillir. La ména-
gère attentive surprend les travailleurs et augmente les charmes du repos par un supplément
de provisions inattendues. Le soleil a marché,
une légère brise du nord a raffraichi l'atmosphère, on se remet au travail en chantant.

On est son maître, quand on veut, à la campagne. On n'a qu'à proportionner sa ferme à son
capital physique et à son capital pécuniaire. Produire peu ou produire beaucoup, voilà toute la

différence entre les agriculteurs. Entre eux, nulle concurrence n'est à craindre, nulle mode ne viendra arrêter la vente de leurs denrées, nul brevet d'invention ne viendra les ruiner.

Quant à la considération, quant à l'estime de vos concitoyens, elles ne dépendent pas plus de l'étendue de votre ferme ou de vos propriétés que de la profession que vous exercez. Il me serait tout aussi facile de vous nommer des ouvriers généralement aimés et estimés dans leur commune, que de vous citer des riches, des industriels méprisables et méprisés. Voyez ce serrurier-mécanicien, que tous les environs viennent consulter; voyez ce charpentier, en qui tout le monde se confie, avec lequel on ne marchande jamais. Ce n'est pas seulement parce que l'un est bon serrurier et l'autre bon charpentier qu'on les a élus membres du conseil municipal; c'est parce qu'ils sont honnêtes, probes, instruits, et que par conséquent ils peuvent donner de bons avis, des conseils désintéressés à l'administration de leur commune.

Eh bien, si vous étiez aussi bons agriculteurs qu'ils sont bons ouvriers, si votre instruction était assez étendue pour donner de bons conseils, si votre moralité vous mettait comme eux à l'abri de tout soupçon de fraude, de cupidité, de jalousie, vous seriez bien plus qu'eux l'objet de la prédilection de vos concitoyens, car, vous pourriez leur rendre des services plus étendus. Mais, que voulez-vous qu'on fasse dans un conseil municipal, dans un syndicat, dans une assemblée délibérante quelconque, d'un prétendu agricul-

teur qui ne sait que piocher la terre? précisément ce que l'on ferait d'un serrurier qui ne saurait que limer du fer ou d'un charpentier qui ne
saurait que scier du bois : c'est-à-dire rien. Tous
ces gens-là, n'ayant à donner que la force de
leurs bras, n'ont rien à faire dans un lieu où
il faut prouver la force de sa tête.

Dans le choix d'un état, mes amis, il faut toujours avoir cette maxime présente à la pensée :
Ce n'est pas la profession qui grandit l'homme,
c'est le savoir et la vertu de l'homme qui enno-
blissent la profession !

Mais, pourriez-vous dire : aucun homme riche,
aucun homme distingué ne se fait agriculteur.

Il est vrai que l'on voit encore peu de familles
haut placées diriger les études de leurs enfants
vers l'agriculture. Cependant, un grand nombre
d'hommes honorables cultivent leurs domaines
et en retirent autant de gloire que de profit,
et dans peu ce nombre aura décuplé.

En Angleterre, c'est bien autre chose, tout
propriétaire qui ne tient pas au Gouvernement,
à l'administration, à la magistrature, à l'armée
ou à la grande industrie, cultive l'héritage paternel. On y voit fréquemment des agriculteurs
riches à millions, prendre en ferme de vastes
étendues de terrain et en gouverner la culture
avec les soins, l'habileté et la précision d'une
manufacture de draps, de papiers ou de toiles
peintes. Pour eux, la terre est le métier sur
lequel on fabrique du foin, du blé, des carottes,
des betteraves, des pommes de terre, etc. Chaque
champ a son compte ouvert au grand-livre; tout

est compté, calculé, mesuré et pesé; et quand
les récoltes sont rentrées, on voit, par une simple addition, ce que le champ a coûté et ce qu'il
a produit.

C'est ainsi que les Anglais, si soigneux de leurs
intérêts, ont conduit leur agriculture jusqu'à la
perfection; c'est ainsi qu'ils ont amélioré les
races de leurs bestiaux au point d'exciter l'envie
de tous les peuples.

Dans la Provence, dans le Languedoc, en
Alsace, en Bretagne, en Belgique, en Allemagne, à Paris même, une foule de savants, de
propriétaires, de députés, de généraux, de mi-
nistres se délassent de leurs anciens travaux de
cabinet en se livrant à la culture des terres. Et,
ce qu'il y a de remarquable, c'est que tous les
progrès de notre Agriculture française, naguère
si négligée, sont dus à ces hommes éminents. Ils
ont comparé nos produits avec les produits étrangers; ils ont analysé les sols; ils ont calculé la
puissance des engrais; ils ont apprécié l'influence
des climats, de la lumière, de la chaleur, de
l'humidité, de la sécheresse sur la végétation;
ils sont allés étudier les usages et les procédés
de toutes les nations; enfin, dans les traités
qu'ils ont écrits et publiés, ils nous ont démontré que, par notre insouciance et notre légèreté,
nous perdions la moitié, si ce n'est les deux
tiers de nos produits agricoles. Je voudrais pouvoir nommer tous ces hommes célèbres, mais je
n'ose : la légende en est si longue. Cependant
il en est un dont je ne dois pas taire le nom : il
fut mon bienfaiteur; il fut celui de vos pères,

puisqu'il a été préfet de l'Isère et ministre de l'intérieur dans des temps bien difficiles ! Noble comte de Gasparin, recevez donc ici le tribut de ma reconnaissance et de ma vénération. Vos livres impérissables renferment toute la science agricole; vous avez uni la pratique la plus sûre à la théorie la plus précise et la plus élevée. Honneur, gloire, amour vous soient rendus à toujours !

Comment, vous demanderai-je encore, ne seriez-vous pas attirés à une profession si douce, si utile, si sûre, si honorable ? serait-ce paresse de corps ? Oh ! mes amis, dans toutes les professions, le travail est la condition première du succès; dans toutes les professions, la mollesse et l'oisiveté conduisent l'homme à la misère. Regardez autour de vous et vous reconnaîtrez que ce ne sont pas les agriculteurs qui encombrent nos hospices, qui lassent et épuisent la charité publique et privée. Ce sont les ouvriers d'états manuels qui ont manqué d'ouvrage ou que la paresse a dominés quand ils étaient dans la force de l'âge, et qui sont restés sans appui et sans asile quand la vieillesse est arrivée. Dans les champs, au contraire, il y a du travail pour tous les âges et toutes les forces : enfant, on aide à son père; vieillard, on aide à son fils; tous les bras, même les plus faibles, sont utiles et contribuent à la prospérité commune. La ferme est toujours assez productive pour vêtir et nourrir toute la famille; elle est toujours assez grande pour loger trois générations.

Serait-ce paresse d'esprit, ennui d'apprendre,

2

désir de sortir de l'école? Eh! mes enfants, il s'agit de votre bonheur, de votre fortune, de votre avenir. Un peu de courage : l'instruction élève l'homme et le rend apte à tout entreprendre. D'ailleurs, s'il a fallu beaucoup de science pour établir les principes d'une bonne culture, il suffit d'un peu d'intelligence et de réflexion pour les comprendre, et de quelques jours d'étude pour les graver dans sa mémoire.

Je varierai mes leçons; je tâcherai de les rendre intéressantes à tous par quelques notions de physique, de chimie agricole, de physiologie végétale; je vous ferai connaître le milieu dans lequel vous vivez : l'air, l'eau, la lumière, la chaleur, le froid, les météores, et je vous dirai leur influence sur la vie et la santé de l'homme, des animaux et des plantes. Je vous expliquerai les différentes substances dont la terre se compose et les moyens de la rendre féconde. Je vous donnerai les principes d'agriculture que j'ai puisés dans les meilleurs auteurs, et je me bornerai à les appliquer aux principales récoltes de nos contrées.

Plus tard, si Dieu me laisse le temps et la force de continuer mon œuvre, car j'ai déjà beaucoup vécu, je traiterai de l'horticulture et de l'arboriculture, ces deux intéressantes branches de l'art de cultiver les jardins. Je m'étendrai sur la plantation, la culture et la taille des arbres fruitiers, d'abord, parce que, pouvant joindre la pratique à la théorie dans le jardin même de l'école, je pourrai plus vite vous en démontrer les principes; ensuite, parce que l'arboriculture sera peut-être la branche la plus lucrative pour nos vallées, quand l'établissement de nos chemins de fer, en rapprochant les distances, vous aura mis, pour ainsi dire, à la porte des grands centres de population.

Ces divers enseignements seront utiles à tous, car tous, vous êtes enfants de propriétaires ou de fermiers; mais si je parviens à inspirer à quelques-uns d'entre vous l'amour que je ressens pour les spéculations agricoles et pour la vie des champs, mon but sera rempli. Ils compléteront leur instruction par l'étude des livres ou des traités spéciaux; ou, si la volonté et la fortune de leurs parents n'y mettent pas obstacle, ils iront dans l'une de ces écoles célèbres que nous devons à la sollicitude et à la bienveillance du Gouvernement. Là, ils approfondiront les sciences que nous aurons seulement effleurées, et ils en reviendront savants agriculteurs pour faire le bonheur de leur famille et la gloire de leur commune.

DURANDLAINÉ.

PREMIÈRE PARTIE.

TECHNOLOGIE.

CHAPITRE PREMIER.

TECHNOLOGIE PHYSIQUE.

En physique on appelle *corps* toutes les substances matérielles dont l'assemblage compose l'univers.

Les corps sont d'abord divisés en deux grandes catégories ou classes : 1° les corps *organisés* ; 2° les corps *inorganisés*.

Les corps organisés ou organiques sont ceux qui agissent par le moyen de leurs organes, comme l'homme, les animaux; ou qui ont des tissus fibreux, ou lamelleux, ou celluleux plus ou moins traversés de vaisseaux remplis de fluides qui concourent à leur existence ou à leur reproduction comme les arbres et les plantes.

Les corps inorganisés ou inorganiques sont ceux qui n'ont point de vie propre et qui ne sont composés que de molécules similaires, juxtaposées, comme les parties intégrantes d'une pierre, d'un métal ou d'un produit quelconque de l'industrie humaine.

Les corps inorganisés sont divisés en deux règnes : le règne animal, à la tête duquel se trouve l'homme ; le règne végétal, dont le sujet le plus parfait est la renoncule.

Les corps inorganiques sont divisés en deux catégories : les fluides et les solides.

Les corps inorganiques fluides sont ceux dont les parties constituantes sont si faiblement liées entre elles, qu'elles se meuvent facilement les unes sur les autres, comme l'eau, le vin, les liqueurs, l'huile, l'air, le mercure, etc.

Les corps inorganiques solides sont ceux dont les parties constituantes sont dures et tellement adhérentes entre elles, qu'elles ne se séparent que par une force étrangère à leur nature. Tels sont les métaux, la pierre, la terre, le bois, la faïence, etc.

On appelle *masse*, l'étendue ou la grosseur plus ou moins grande d'un corps.

On appelle *volume*, le plus ou moins de surface non interrompue qui limite la grandeur apparente d'un corps.

Ainsi, une certaine quantité de laine forme une masse ; pressez cette laine, liez-la, vous diminuerez son volume sans diminuer sa masse. En d'autres termes, vous aurez la même masse de laine sous un plus petit volume.

Propriétés des corps, attributs, qualités.

Les corps ont des propriétés qui les accompagnent constamment dans les différents états où ils peuvent passer; on appelle ces propriétés *attributs*.

Ils ont des propriétés provenant de certaines circonstances, ou qui conviennent aux uns et nullement aux autres : ce sont leurs *qualités*.

Les attributs ou propriétés générales des corps, sont : 1° l'étendue, 2° la divisibilité, 3° la figurabilité, 4° la solidité, 5° la porosité, 6° la compressibilité, 7° la mobilité, 8° la dilatibilité, 9° la gravité.

Les qualités ou propriétés secondaires des corps, sont : 1° la densité, 2° la rareté, 3° la dureté, 4° la fragilité, 5° la mollesse; 6° la ductilité, 7° la flexibilité, 8° la tenacité, 9° l'élasticité.

Des attributs ou propriétés générales des corps.

L'étendue. Tous les corps, grands ou petits, ont trois dimensions : la longueur, la largeur et la profondeur ou épaisseur; c'est ce qu'on appelle *étendue d'un corps.*

Divisibilité. Il est possible de diviser les parties de la matière constitutive d'un corps quelconque. Un bloc de marbre peut être divisé en tablettes. Un tronc d'arbre peut être divisé en planches. Un morceau d'acier en lames très-minces. Un morceau d'or peut être divisé en feuilles tellement légères pour la dorure des livres, par exemple, que trente mille de ces feuilles placées l'une sur l'autre font l'épaisseur d'une ligne ou un peu plus de deux millimètres.

Les vapeurs qui s'échappent des liqueurs qu'on fait chauffer ou bouillir par l'action du feu; celles qui s'échappent d'une matière quelconque mise en ébullition par l'adjonction d'un agent chimique; celles qui s'échappent d'une cuve pleine de raisins nouvellement cueillis; les odeurs que nous respirons dans un jardin garni de fleurs odorantes, sont autant de corpuscules qui se détachent des liqueurs, de la matière, des raisins et des fleurs : on peut juger par là du degré de divisibilité des corps.

Le célèbre physicien Wolf a observé dans l'espace d'un grain de poussière à l'aide d'un microscope, cinq cents œufs dont il est éclos des animaux semblables à des poissons.

Figurabilité. Tous les corps ont une forme ou figure, parce que tous, quelque grands ou quelque petits qu'ils soient, ont leurs limites. Ils se prêtent tous au changement de leur première forme, soit par l'addition de quelques parties, soit par la division : c'est ce qu'on nomme figurabilité.

Solidité ou *impénétrabilité.* C'est la propriété qu'ont les corps de résister à tous les autres corps et de les empêcher de prendre la place qu'ils occupent ou de se laisser pénétrer.

Cette propriété appartient à tous les corps, à ceux qui sont durs comme à ceux qui ne le sont pas et qu'on appelle fluides pour les distinguer des corps durs qu'on appelle solides.

Si l'eau ne résistait pas au poids d'un bateau chargé, le bateau s'enfoncerait jusqu'à ce qu'il pût rencontrer un corps assez solide pour résister à son poids. C'est ce qui arrive quand un bateau est trop chargé relativement à sa grandeur, parce que l'eau qui est dessous ne pèse pas autant que le bateau.

Essayez de boucher une bouteille pleine de vin jusqu'à son orifice; vous ne pourrez jamais enfoncer le bouchon : la bouteille cassera, mais le vin ne cédera pas.

Porosité. Les interstices où ouvertures que l'on aperçoit dans les corps sont nommés *pores* ou *passages*. La porosité existe dans tous les corps composés de parties matérielles; dans les corps fluides comme dans les corps solides.

Les trous d'une éponge sont des pores d'une très-grande dimension.

La peau de l'homme a des pores par lesquels passe la transpiration. Certaines pierres sont si poreuses, que l'on s'en sert pour filtrer l'eau.

Le tronc d'un arbre a des pores par lesquels la sève monte jusqu'aux feuilles et redescend jusqu'aux racines.

Le papier a des pores par lesquels passent les liqueurs que l'on veut filtrer.

Si les boiseries d'une chambre se déforment, c'est que l'humidité du mur est entrée par les pores du bois et a augmenté son volume. On empêche cette déformation en étendant une couche de couleur à l'huile sur la face du bois qui touche à la muraille : les pores du bois étant bouchés, l'humidité ne le pénètre plus.

La porosité des bois a fait découvrir le moyen de les courber pour le charronage et l'ébénisterie, pour en faire des pièces de voiture ou des instruments d'agriculture. On allume du feu sous la face que l'on veut courber et l'on mouille l'autre face. Le feu enlève l'humidité de la face qui lui est opposée; l'humidité pénètre et dilate l'autre face, de telle sorte que la pièce de bois se courbe quelque grosse qu'elle soit.

L'or est le métal le plus compact, le plus serré que nous connaissons; et pourtant ce précieux métal est si poreux qu'on y découvre presque autant de vide que de plein.

Compressibilité. C'est la propriété qu'ont les corps de pouvoir être réduits à un moindre volume apparent. On appelle volume réel le volume formé par la substance propre d'un corps. Pour calculer la quantité de pores que renferme un corps, il faut faire subir à ce corps la plus forte pression possible, et après cette opération, calculer la différence qui existe entre le volume réel et le volume apparent.

Pressez une éponge, un morceau de liége ou d'étoffe, vous les réduirez à un plus petit volume.

Les pierres sont compressibles comme l'ont prouvé les colonnes du Panthéon à Paris, les piliers du dôme de Saint-Pierre à Rome. C'est pour cela qu'il faut avoir soin de placer les pierres les plus dures, par conséquent les moins compressibles, au rez-de-chaussée d'un édifice.

C'est par suite de la compressibilité des corps qu'on est parvenu à enfermer vingt mille rations de choux, d'épinards, de pois, de carottes, etc., dans une caisse de la capacité d'un mètre, pour approvisionner de légumes les soldats de nos flottes et de notre armée de Crimée. Il n'a fallu pour cela que les faire cuire à moitié dans un courant de vapeur et leur faire subir après cette cuisson une forte pression hydraulique.

Les métaux peuvent être fortement comprimés par le marteau et former une masse plus serrée ; ils en deviennent plus solides, plus tenaces, plus résistants.

Les essieux, les socs de charrues, tous les outils d'agriculture ne résisteraient pas longtemps au poids, au frottement, aux obstacles qu'ils rencontrent, s'ils n'étaient composés de plusieurs barres de fer fortement comprimées et unies entre elles par la pression du marteau.

Les corps fluides (les liquides) sont beaucoup moins compressibles que les corps solides. Supposez une pièce de canon remplie d'eau ; si l'on fait subir à l'eau une très-forte pression, la pièce de canon, épaisse de douze centimètres (à peu près trois pouces), éclatera avant que l'eau ait perdu un vingtième de son volume.

L'air et le gaz sont très-compressibles.

Mobilité. Tous les corps de quelque espèce qu'ils soient, grands ou petits, peuvent passer d'un lieu dans un autre : cette propriété est appelée *mobilité*.

Pour les corps solides, il y a deux sortes de mobilité : celle qui est inhérente à la matière, et celle qui est le fait de l'homme ou accidentelle.

En général tout ce qui n'est pas fixe est mobile.

Une maison est fixe ; les meubles qui la garnissent sont mobiles.

Un char d'agriculture est mobile dans son ensemble, puisqu'il peut être transporté d'un lieu dans un autre. Mais il est composé de pièces dont les unes sont fixes, les autres sont mobiles. Le timon, les roues sont mobiles ; les autres sont fixes.

Il ne faut pas confondre la mobilité avec le mouvement. La mobilité est la possibilité d'être mis en mouvement. Le mouvement est la mise en action de la mobilité.

Ainsi le pendule (1) d'une horloge est mobile pour exécuter le mouvement qui lui sera imprimé par le ressort. Une soupape est rendue mobile pour qu'elle puisse s'ouvrir ou se fermer selon les combinaisons de la machine dont elle fait partie.

Les corps liquides ou fluides, tels que l'eau, l'huile, le vin, l'air, le mercure, etc., ont une mobilité extrême : abandonnés à eux-mêmes, ils

---

(1) On appelle pendule tout corps pesant suspendu librement à un fil ou à une verge métallique.

prennent toujours ou s'efforcent de prendre une position horizontale. Si l'on met en communication deux vases remplis d'eau, mais à des hauteurs différentes, le niveau s'établit de lui-même.

C'est d'après cette propriété et cette mobilité de l'eau qu'il est facile d'arroser une grande étendue de prairies, en calculant et distribuant les pentes dans tous les sens.

Dilatabilité. Les corps ont la propriété de changer de volume par l'influence de la chaleur ou par celle du froid; c'est ce qu'on nomme *dilatabilité.* La chaleur augmente leur volume. Le froid le diminue.

Puisque le volume des corps change selon les degrés de chaleur ou de froid auxquels ils sont soumis, leur densité change aussi relativement à leur volume.

Un morceau de fer rougi au feu est moins dense que quand il était froid. Son volume a été augmenté par la chaleur; il a été *dilaté.* Cela est si vrai, que ce morceau de fer, s'il était un bouchon entrant avec précision dans le trou d'une plaque de fer, quand il était froid, ne pourrait plus y entrer quand il aura subi l'action du feu.

L'eau parvient à son maximum de densité à quatre degrés de chaleur; si on augmente la chaleur, le volume de l'eau augmente; si on la diminue considérablement, le volume augmente également. Exposez un vase de faïence ou de grès plein d'eau , à un froid rigoureux , l'eau devient glace, son volume augmente et fend le vase.

L'air subit une grande dilatation par l'influence de la chaleur. C'est sur cette propriété de l'air qu'est fondée la découverte des ballons. On allume du feu sous le ballon; la chaleur dilate l'air contenu dans le ballon; cet air dilaté est devenu plus léger que l'air ambiant (c'est-à-dire qui l'entoure), et le ballon s'élève dans l'air.

Gravité. Ce mot est à peu près synonyme de *pesanteur.* Elle est un attribut ou propriété en vertu de laquelle les corps tendent vers la terre. On appelle *gravité absolue*, la force avec laquelle les corps tendent en bas ; et *gravité spécifique*, le rapport de la gravité d'un corps à celle d'un autre corps du même volume.

Quand un corps est abandonné à lui-même ; il tombe; mais il ne peut tomber qu'en vertu d'une force : c'est cette force qu'on appelle *gravité* ou *pesanteur.*

Les corps tombent avec des vitesses correspondantes à leur pesanteur spécifique.

Pour comparer entre elles les pesanteurs spécifiques des corps, on a pris pour unité la pesanteur spécifique de l'eau distillée.

Ainsi quand on dit que l'or pur fondu pèse 19,25, on veut dire que l'or pur fondu pèse autant que 19 décimètres et 1/4 d'eau distillée.

Voici le tableau de la pesanteur spécifique de quelques substances.

Eau distillée	1,00	Zinc	7,19
Or pur fondu	19,25	Grès de paveurs	2,41
Mercure	13,58	Porcelaine	2,14
Plomb fondu	11,35	Chêne sec	1,67
Argent pur fondu	10,47	Chêne frais	0,93
Cuivre passé à la filière	8,87	Hêtre	0,85
Cuivre fondu	7,78	Prunier	0,78
Fer forgé	8,77	Liége	0,24
Fer fondu	7,20	Huile d'olive	0,91
Acier trempé	7,81	Esprit de vin	0,83
Etain	7,29	Suif	0,94

Par conséquent l'or tomberait plus vite que le mercure, le mercure plus vite que le plomb, le plomb plus vite que l'argent, etc., etc.

Cependant cette vitesse est relative aussi à l'obstacle que l'air oppose à la chute des corps; car, s'il n'y avait point d'air, il n'y aurait plus d'obstacle et le corps le plus léger tomberait aussi vite que le corps le plus lourd. On en a fait l'épreuve en plaçant dans un tube de verre des corps de différentes espèces : du papier, de la plume, de l'étain, du fer; on fait le vide dans le tube, c'est-à-dire qu'on en retire l'air au moyen d'une machine pneumatique (espèce de pompe); on renverse promptement le tube et l'on voit tous ces différents corps employer le même temps à parcourir sa longueur.

On appelle *centre de gravité*, le point par lequel un corps étant suspendu demeurerait en équilibre, c'est-à-dire en repos.

Prenez une canne, placez-la horizontalement sur votre doigt, cherchez son milieu de pesanteur jusqu'à ce qu'elle ne penche ni à droite ni

à gauche et qu'elle soit en équilibre ; le point
où sera votre doigt ne sera probablement pas le
milieu de la longueur de la canne, mais il sera
juste au-dessous de son centre de gravité.

Pour qu'un corps pesant soit en équilibre, il
faut que le centre de gravité soit soutenu. Dans
l'homme, le centre de gravité se trouve vers le
milieu de la partie inférieure du bassin, quand
il est debout. Mais s'il se penche en avant ou en
arrière ; s'il porte un fardeau, le centre de gravité change de place. Pour rester en équilibre,
il est obligé d'avancer, de reculer ou d'écarter
les pieds ; car le centre de gravité ne s'écarte jamais du triangle de la base.

Dans les campagnes, la charrette à deux roues
est d'un usage général. Si dans son chargement
on ne tenait aucun compte du centre de gravité,
en d'autres termes, si on n'observait pas les lois
de l'équilibre, la charrette serait trop chargée en
avant ou en arrière ; et à supposer que le cheval
fût assez fort pour supporter cette défectuosité
du chargement, il en résulterait une traction si
pénible que le cheval serait bientôt épuisé et
rendu.

Des propriétés secondaires des corps ou de leurs qualités.

Les qualités des corps, sont : la *densité*, la
rareté, la *dureté*, la *fragilité*, la *mollesse*, la *ductilité*, la *flexibilité*, la *tenacité*, l'*élasticité*,

On pourrait y joindre l'électricité, la vertu
magnétique et l'attraction ; mais je dois me bor-

ner à ce qui est utile aux agriculteurs. Je serai même très-bref sur les neufs qualités que je viens de désigner.

Densité et rareté. Ce que j'ai dit de la porosité a dû vous faire connaître que la grandeur apparente d'un corps excède toujours la quantité réelle de sa matière propre. Quand tous les corpuscules qui composent une masse quelconque sont serrés les uns contre les autres, de manière que les pores qu'ils forment soient très-petits, cette masse est appelée *dense.*

Quand, au contraire, ces corpuscules sont éloignés les uns des autres et laissent entre eux de grands intervalles, la masse est appelée *rare.*

Un corps *rare* peut devenir *dense* et un corps dense peut devenir plus dense quand on rassemble leurs parties solides dans un plus petit espace que celui qu'elles occupent, ou bien quand on supprime la cause interne qui les tenait écartées : c'est ce qu'on appelle *condensation.* On peut obtenir le même résultat, sur certains corps, en leur appliquant extérieurement une force qui oblige les corpuscules qui les composent à se rapprocher mutuellement : c'est ce qu'on appelle *compression.*

Ainsi, faire refroidir une liqueur ou diminuer la chaleur qui dilate ses parties, c'est la condenser. Serrer de la neige entre les mains pour en faire une pelote, c'est la comprimer.

Un corps dense peut devenir rare et un corps rare peut devenir plus rare en multipliant ou en élargissant leurs pores : c'est ce qu'on appelle *raréfaction*. Alors le volume est augmenté, quoique la masse ne le soit pas; de même que dans la condensation et dans la compression, le volume est diminué, quoique la masse soit toujours la même.

Vous voyez, d'après cela, que plus un corps contient de matières sous un certain volume, plus il a de densité; que moins il contient de matières, plus il a de la rareté.

La densité des métaux suit à peu près la même progression que leur poids spécifique. Ainsi, l'or est plus dense que le mercure, le mercure plus dense que le plomb, le plomb plus dense que l'argent, etc.

Il en est de même pour les bois : le chêne est plus dense que le châtaignier, le châtaignier est plus dense que le noyer, le noyer plus dense que le frêne, le frêne plus que le tilleul et le sapin.

La glace est plus rare ou moins dense que l'eau; c'est pour cela que les glaçons flottent à sa surface.

Dureté; fragilité. Quand les parties d'une masse cèdent difficilement à l'opération qu'on veut leur faire subir, on dit que cette masse est un corps dur : le chêne est plus dur que le châtaignier, le châtaignier plus dur que le noyer, le noyer plus dur que le frêne, le frêne plus dur que le tilleul et le sapin. Vous voyez par là que la dureté est en rapport avec la densité; de là vient la division des bois en bois durs et en bois tendres.

On donne le nom de *fragile* à tout corps dur dont les parties se brisent par une légère percussion ; tels sont : l'acier fortement trempé, le verre, la porcelaine, le plâtre façonné en statues ou figures.

Mollesse, *ductilité*. Quand les parties d'un corps font très-peu de résistance à l'agent ou à la force qui veut les séparer, on dit que ce corps est *mou*. Les corps mous sont très-poreux ; par conséquent leurs parties occupent facilement les pores qui les avoisinent. Telles sont les éponges.

Si un corps mou prend facilement différentes formes et conserve néanmoins sa cohésion, c'est-à-dire la force qui unit toutes ses parties, on lui donne le nom de *ductile*. Les gommes, les glus, les résines sont très-ductiles.

Les métaux qui sont ductiles sont ceux qui, comme l'or, sont susceptibles d'être battus, pressés, tirés, étendus sans se rompre.

Le verre est très-ductile : on peut le réduire en filaments tellement tenus, qu'ils ressemblent à de la plume et qu'on en fait des aigrettes.

Flexibilité, *ténacité*. Tout corps dont on peut changer la figure, qu'on peut allonger ou raccourcir sans que sa masse en soit altérée, et par conséquent sans que ses parties perdent de leur union et de leur adhérence, est appelé *corps flexible*. L'osier, les jeunes branches de châtaignier sont très-flexibles. Les côtes de baleine, l'acier en lames le sont aussi.

Un corps qui est tellement constitué, que ses parties peuvent s'éloigner considérablement les unes des autres sans se séparer ou se rompre, est appelé tenace; c'est-à-dire qui résiste à la séparation.

Elasticité. L'élasticité est la propriété qu'ont les corps de reprendre leur premier état ou leur première forme quand on fait cesser la cause qui diminuait leur volume.

L'élasticité des corps solides est bien moins grande que celle des corps fluides.

La cire, la graisse, le beurre, etc. ne manifestent aucune élasticité.

Les métaux, les cordes, les peaux en manifestent beaucoup. C'est à l'élasticité du crin, de la plume, de la laine qu'est dû le ressort de nos sommiers, de nos traversins et de nos matelas.

On peut donner une grande élasticité à certains métaux en les battant à froid jusqu'à ce qu'ils aient perdu leur ductilité, ou bien en les alliant à d'autres métaux. On augmente artificiellement l'élasticité de l'acier en le trempant dans une liqueur froide, après l'avoir fortement chauffé. On en fait des ressorts de sonnette, des ressorts de montre et de pendule, des ressorts de voiture, etc.

CHAPITRE II.

—

TECHNOLOGIE CHIMIQUE.

La chimie est la science qui a pour objet l'é-
tude de la nature intime des corps inertes et de
l'action réciproque des molécules dont ils sont
formés.

Les molécules des corps adhèrent entre elles,
en vertu d'une force dite de *cohésion*, si ces molécules sont de même espèce, et dite *d'affinité*,
si les molécules sont de nature diverse.

Quand les molécules sont de même espèce et
par conséquent réunies par la force de cohésion,
elles forment un corps simple. Quand les molécules sont de nature diverse, elles forment un
corps composé.

Les corps composés sont dits *binaires*, quand
ils ont deux éléments, c'est-à-dire quand leurs
molécules sont de deux espèces ; *ternaires*, quand
ils ont trois éléments ; *quaternaires*, quand ils ont
quatre éléments.

Les corps simples, à l'exception des gaz oxygène et hydrogène, peuvent être unis entre eux ;
le composé qui en résulte prend le nom de la première substance qui le compose en changeant sa
terminaison en *ure*. Ainsi, un composé de soufre
et de phosphore est appelé *sulfure de phosphore*

(on dirait bien soufrure de phosphore, mais, en chimie, les noms latins ou grecs ont prévalu : soufre se dit en latin : *sulfur*).

Si les deux substances sont des métaux, le composé est appelé *alliage*. Ainsi, au lieu de dire : *argenture de cuivre*, on dit *alliage d'argent et de cuivre*. Alliage veut dire mêlé avec le cuivre ; argenture, comme dorure, signifie placé dessus le cuivre : ce qui est bien différent.

Si le mercure entre dans la composition, le composé est appelé *amalgame*. Le mercure ou vif-argent est une substance métallique, fluide, d'un blanc brillant et semblable à de l'étain fondu.

La première des deux substances peut se combiner avec la seconde dans des proportions différentes : on peut en mettre plus ou moins, selon l'effet qu'on veut produire. Si l'on a formé un composé de soufre et de mercure de manière à y faire entrer une partie de soufre, on désigne ce composé par le mot *proto* qu'on place devant le mot *sulfure*. Si on a mis deux parties de soufre, on se sert du mot *deuto*; si on en a mis trois parties, on se sert du mot *trito*; si on en a mis quatre, on se sert du mot *per*. Ainsi on dira *protosulfure, deutosulfure, tritosulfure, persulfure de mercure.*

Des gaz.

On appelle gaz une substance réduite à l'état de fluide aériforme par sa combinaison permanente avec le calorique.

On appelle *calorique* le feu ou la chaleur répandu dans toute la nature.

Le gaz est une espèce de vapeur; mais il diffère de la vapeur proprement dite en ce que le calorique n'a qu'une adhérence passagère avec elle, de sorte qu'à mesure que le calorique se retire ou se dissipe, la vapeur repasse à l'état liquide ou à l'état solide.

C'est ainsi que les vapeurs aqueuses qui exigent une chaleur assez forte pour rester vapeurs, repassent à l'état d'eau coulante par la diminution de la chaleur, et enfin, à l'état de glace, quand cette chaleur s'est complétement retirée. Les gaz, au contraire, sont tellement unis au calorique, qu'ils ne deviennent liquides que lorsque, par une opération chimique, on parvient à les séparer du calorique.

Gaz oxygène. — On appelle gaz oxygène une substance particulière qui, combinée avec le calorique, forme l'air vital, c'est-à-dire la seule partie de l'air qui entretient la respiration et la combustion. Il se trouve dans l'air; dans l'eau, dans presque toutes les substances animales et végétales. Il s'unit avec presque tous les corps (bases ou éléments) et forme par cette union les acides et les oxydes. La rouille de fer n'est autre chose que de l'oxygène absorbé par le fer exposé à l'air libre ou à l'humidité.

Les acides ont une saveur aigre analogue à celle du vinaigre et rougissent la teinture bleue de tournesol. Les oxydes n'ont pas cette saveur.

On désigne l'acide par le nom de la substance

à laquelle l'oxygène est uni, en ajoutant la terminaison *ique* ou la terminaison *eux*, selon la quantité d'oxygène que la substance renferme. Ainsi, si la substance unie à l'oxygène est du soufre (en latin, *sulfur*), on dit *acide sulfurique* et *acide sulfureux*. L'acide sulfurique renferme beaucoup d'oxygène; l'acide sulfureux en renferme moins.

Gaz hydrogène. — Hydrogène est un mot composé de deux mots grecs qui signifient *générateur de l'eau*. On le trouve aussi dans l'eau, dans toutes les substances végétales et animales. L'eau est un mélange de deux volumes d'hydrogène et d'un volume d'oxygène. C'est un gaz qui a tant de force, qu'il dissout le charbon, le soufre, l'arsenic, le phosphore, le zinc, le fer, et leur fait subir sa nature de gaz.

Quand l'hydrogène s'unit aux corps simples, il produit tantôt des acides, tantôt des corps non acides. Quand il produit des acides, ce produit acide est désigné par le nom de la substance avec laquelle il est uni, et ce nom est précédé du mot *hydro*. Par exemple, si l'hydrogène est uni au soufre, on dit *hydro-sulfurique*. Quand les produits ne sont pas des acides, on les nomme *hydrures*, lorsqu'ils sont solides; si les produits sont gazeux, on se sert des mots *gaz hydrogène* que l'on fait suivre du nom de la substance qui lui sert de base, ou, en d'autres termes, avec laquelle il est uni, en lui donnant la terminaison *é*.

Or, quand l'hydrogène est uni au charbon, le produit est appelé *gaz hydrogène carboné*, c'est-à-dire produit gazeux non acide d'hydrogène et de carbone.

De l'Azote.

L'azote est un gaz très-répandu dans la nature et dans presque toutes les substances animales. Il est impropre à la combustion et à la respiration.

Il compose avec l'oxygène, l'acide carbonique et quelques vapeurs aqueuses, la partie inférieure de l'atmosphère.

L'azote, en se combinant avec l'oxygène, forme l'acide nitrique ou eau forte. Combiné avec l'hydrogène, dans le rapport de 1 à 3 volumes, il forme l'ammoniaque appelé quelquefois alcali volatil, dont on se sert pour guérir la morsure des vipères ou les piqûres de certaines mouches vénimeuses.

L'azote, combiné avec le carbone, forme le cyanogène. Le cyanogène, combiné avec l'hydrogène, produit l'acide prussique, poison extrêmement actif. Les noyaux de pêche contiennent une assez grande quantité de ce mortel poison.

L'azote est en si grande quantité dans les végétaux, qu'il est une de leurs parties constituantes : c'est par les racines qu'ils tirent du sol la plus grande partie de ce gaz. Quelques plantes, *les légumineuses surtout*, s'approprient peut-être l'azote contenu dans l'atmosphère. (Gasp., t. I, p. 122.)

L'azote existe dans la terre sous forme d'ammoniaque et de nitrates, c'est-à-dire sels de potasse ordinairement appelé salpêtre. Les terres de l'Inde en contiennent des quantités considérables, ainsi que les terres brûlantes situées entre les deux tropiques.

Du Carbone.

Le carbone est le principe parfaitement pur du charbon. C'est la seule définition qu'on peut en donner, car on n'a pas pu le décomposer. On sait seulement que le diamant est du carbone pur. Le charbon ordinaire est du carbone uni à l'hydrogène et à quelques matières terreuses.

Le carbone, mêlé ou combiné avec l'oxygène, produit l'acide carbonique.

L'acide carbonique se dissout dans l'eau et se trouve abondamment dans les eaux minérales gazeuses, dans les limonades gazeuses et dans le vin mousseux de Champagne.

Le carbone, combiné avec l'hydrogène, produit l'hydrogène carboné.

L'hydrogène carboné se trouve dans un charbon de terre appelé houille. C'est ce gaz qui sert à l'éclairage des villes et des grandes manufactures.

Des Alcalis et des Sels.

Les alcalis sont des substances fossiles et minérales solubles dans l'eau. On les reconnaît aisément à leur saveur âcre et caustique, à leur odeur fétide et suffoquante, et à l'effervescence qu'ils produisent sur tous les acides avec lesquels on les unit pour produire différents sels.

On ne donnait originairement le nom de sel qu'à la soude muriatée qui n'est autre chose que le sel de cuisine. Le nom s'étendit ensuite à toutes les substances minérales dissolubles dans l'eau. Aujourd'hui, on donne ce nom à tous les composés qui résultent de la combinaison d'un oxyde métallique avec un acide quelconque.

Les sels composés sont formés par la réaction d'un acide sur un oxyde. On désigne leur nature, leur espèce ou leur combinaison par le nom de l'acide qui les a produits, en changeant la terminaison en *ate*, quand le nom de l'acide est terminé en *ique*, et en changeant la terminaison en *ite*, quand le nom de l'acide est terminé en *eux*. Ainsi un sel formé par de l'acide sulfurique et de l'oxyde de fer, est appelé *sulfate de fer*. Un acide formé par de l'acide nitreux et de l'oxyde de plomb, est appelé *nitrite de plomb*.

Quel que soit l'oxyde sur lequel la combinaison est opérée, on lui donne le nom de *base*, parce qu'il est en effet la base de l'opération.

On appelle sel simple, le sel formé avec un acide sur un seul oxyde ou une seule base; sel double, quand il a deux oxydes ou deux bases; sel triple, quand il a trois bases ou trois oxydes.

Sous les rapports de l'acide, les sels sont *neutres* quand l'acide et l'oxyde sont en proportions suffisantes pour neutraliser les effets de l'un par les effets de l'autre; *sur-sels*, quand il y a excès d'acide sur la base ou oxyde; *sous-sels*, quand il n'y a pas suffisamment d'acide pour saturer l'oxyde ou la base.

Les sur-sels rougissent la teinture bleue de tournesol. Les sous-sels ramènent au bleu la teinture de tournesol rougie par un acide.

Les sels sont *solubles*, quand ils se dissolvent dans l'eau ; *insolubles*, quand ils ne s'y dissolvent pas ; *efflorescents*, quand ils se séparent de l'eau et se résolvent en poussière ; *déliquescents*, quand ils absorbent l'humidité de l'air, et par suite de cette absorption, se réduisent en liquides.

Ne vous étonnez pas de cette longue nomenclature de termes, ils deviendront simples et faciles lorsque vous les aurez bien compris ; ils ont été inventés pour simplifier, abréger le langage de la science et en préciser les opérations et les observations. En commençant ce travail, je croyais pouvoir m'en passer et vous en épargner l'étude, mais j'ai dû y renoncer : toutes mes explications étaient diffuses et embrouillées ; il fallait répéter cent fois des démonstrations que la science exprime par un seul mot.

DEUXIÈME PARTIE.

PHYSIQUE AGRICOLE.

~e✦✦e~

Sæpe etiam immensum cœlo venit agmen aquarum
Et fœdam glomerant tempestatem imbribus atris
Collectæ ex alto nubes ; ruit arduus æther.

VIRGILE

CHAPITRE PREMIER.

DE L'AIR.

L'air est un fluide élastique, pesant et compressible.

La fluidité de l'air est très-grande parce qu'il est composé de parties extrêmement rares, sphériques, très-petites, très-mobiles, peu pesantes qui, bien loin de s'attirer, se repoussent et qui, par conséquent, peuvent être facilement séparées les unes des autres.

Il est élastique puisqu'on peut le comprimer et que dans la compression qu'il subit, il fait effort pour se rétablir, comme il se rétablit en effet dans son état primitif, dès que la compression cesse de peser sur lui.

L'air se comprime lui-même par son propre poids ; celui que nous respirons dans la plaine est plus dense que celui qu'on trouve sur la montagne.

L'air forme une espèce d'enveloppe à notre globe : cette enveloppe forme une masse à laquelle se mêlent les vapeurs et les exhalaisons de la terre et qu'on appelle *atmosphère terrestre*.

L'air exposé à l'action du feu se raréfie, d'où il suit que l'élasticité de cet élément augmente et acquiert une plus grande intensité, lorsque le feu agit contre lui. Au contraire, l'air exposé au froid se condense et se réduit à un moindre volume et perd une partie de son ressort.

L'air se glisse et pénètre dans les pores de plusieurs corps solides ; il exerce la même action à l'égard d'un grand nombre de fluides. Il est la cause de la vie et de la santé des hommes et des animaux et même de la végétation des plantes ; car, elles ont, ainsi que les animaux, des pores inhalants par lesquels l'air s'insinue pour y faire circuler les sucs dont elles se nourrissent.

L'air atmosphérique, qui enveloppe la terre, contient plusieurs fluides aériformes extrêmement élastiques appelés *gaz* dont le mélange varie dans des proportions très-étendues. La partie inférieure de l'atmosphère, celle que nous respirons, se compose de gaz azote, de gaz oxigène, de quelques vapeurs aqueuses et d'acide carbonique.

D'après de nombreuses expériences, on a reconnu que cent parties d'air pur, c'est-à-dire propre à la respiration des hommes et des animaux, contiennent soixante-dix-neuf parties d'azote et vingt-une parties d'oxigène; l'acide carbonique y existe en proportions indéterminées mais très-minimes. Tout ce qui peut ou qui vient détruire ou déranger cette proportion devient funeste à la vie de l'homme et des animaux. Or l'air étant spongieux, compressible et rarescible à un point qui surpasse toute imagination, il s'imprègne avec une facilité étonnante, non-seulement de toutes les vapeurs, de toutes les exhalaisons extérieures, mais encore de toutes celles qu'il trouve dans l'intérieur des corps.

Quelquefois il se comprime ou se condense jusqu'à être stagnant; quelquefois encore il s'étend et se raréfie jusqu'à n'avoir plus qu'une faible pesanteur. Dans ces trois cas, il cesse d'être salubre; souvent il devient dangereux et même mortel.

C'est ainsi qu'un appartement resté trop long-temps fermé contient un air difficile à respirer, surtout pour les malades; qu'un appartement qui contient un trop grand nombre de personnes, qu'une étable ou une écurie qui contient un trop grand nombre de bestiaux ne renferme plus qu'un air funeste à la santé. Il en est de même des magnaneries où l'on élève un grand nombre de vers à soie.

Cela vous paraît étonnant! En voici l'explication : l'homme et les animaux vivent au moyen

de la respiration qui se compose de deux mouvements : l'*aspiration* qui fait entrer de l'air dans
les poumons; l'*expiration* qui fait sortir de l'air
de la poitrine. L'aspiration jette dans les poumons
une certaine quantité d'air pur qui pénètre dans
le sang, le rafraîchit et le purifie. Mais le sang,
en circulant dans les artères, dans les veines,
arrive dans la poitrine chargé d'un gaz méphitique
appelé *acide carbonique*. Dans la poitrine ce gaz
se sépare, oppresse les poumons et donnerait la
mort par étouffement, si l'aspiration, en faisant
entrer de l'air pur dans les poumons, ne donnait
à l'homme et à l'animal la force de rejeter au
dehors, par l'*expiration*, le gaz carbonique qui
l'oppresse et l'étouffe.

Ce gaz carbonique ou simplement carbone se
répand ainsi dans l'enceinte fermée, se mêle
avec l'azote, change les proportions de l'air et le
rend insalubre et même tellement dangereux
qu'on a vu des hommes en être suffoqués. Dans
ce cas il faut agiter l'air pour amener à soi un
peu d'oxigène. Mais le meilleur moyen est d'ouvrir
portes et fenêtres pour renouveler l'air.

L'oxigène et l'azote pris isolément renferment
aussi des principes mortels. L'oxigène est bien le
plus pur de tous les gaz, le plus propre à entretenir la vie humaine; mais il est d'une activité
telle qu'il aurait bientôt épuisé nos forces et usé
nos organes s'il n'était mêlé à l'azote.

L'azote est ce gaz impur qui s'échappe en
grande abondance du charbon en combustion et
des matières animales et végétales en putréfaction
ou en fermentation. Partout où il est en trop

grande quantité il peut donner la mort. Ainsi les
cloaques d'immondices longtemps entassés et
fermés, les fosses de latrines, les appartements
clos où l'on a fait allumer du charbon, les cuves
même où le raisin est en fermentation, etc.,
asphixient l'homme qui s'y trouve ou qui y
pénètre sans précautions.

Comment se fait-il donc que nous puissions
vivre dans un air si souvent et si facilement
corrompu, et même qui se compose d'éléments
mortels? Ah! mes amis, c'est ici qu'il faut
reconnaître la puissance et la sagesse du Créateur
suprême!! Les arbres, les plantes, les végétaux
de toutes sortes vivent de ces poisons, de ces gaz
mortels; ils se les approprient, les absorbent
dans leurs tissus cellulaires ou filamenteux; les
décomposent et expirent ce gaz oxigène si nécessaire à la vie de l'homme et des animaux. Ces
gaz empoisonnés sont si indispensables à la vie
des végétaux qu'ils n'en ont jamais trop. C'est
pour cela que nous en augmentons la quantité
par les engrais.

Vous avez dû remarquer qu'autour des lieux
habités, surtout autour des fermes qui nourrissent un grand nombre de bestiaux, les arbres,
les plantes ont une plus belle végétation quoiqu'on
ne leur donne pas plus d'engrais qu'à ceux qui
sont plus éloignés : ce phénomène tient uniquement à cet échange providentiel que l'homme et
les animaux font incessamment avec les végétaux,
des gaz propres à leur existence.

Cet échange est si nécessaire que partout où il
ne s'opère pas, l'homme ne saurait vivre. C'est

ainsi que les plages incultes de la Guyanne sont le
siége permanent de la fièvre jaune ; que les plaines
arides de la Turquie d'Asie sont le foyer du
choléra morbus ; que les villes de l'Orient qui
sont entourées de déserts incultes et brûlants
sont désolées par la peste.

Nos villes, nos bourgs même ne sont pas
complètement exempts de ces miasmes méphi-
tiques qui empoisonnent l'air. Aussi, quelle
différence de santé entre l'habitant des villes et
l'habitant des campagnes! Ce n'est que par une
excessive propreté que l'on peut remédier à ce
grave inconvénient.

Tout ce que je viens de dire de l'air, de sa
composition, de sa facile et prompte corruption,
doit faire comprendre combien il faut de soins
pour assurer la salubrité des maisons, des serres,
des fruitiers, des magnaneries, des étables, des
écuries, enfin, de tous les lieux où vivent des
hommes ou des animaux, où l'on conserve des
denrées, des légumes et des fruits.

Il faut donc éloigner des habitations les eaux
croupissantes, les immondices, les fumiers, les
végétaux en fermentation, tout ce qui peut exhaler
des miasmes pernicieux. Il faut approprier les
maisons, les magnaneries, les pigeonniers, les
étables, les écuries, le plus souvent possible ; il
faut quelquefois enduire leurs murs et leurs pla-
fonds d'un lait de chaux assez épais et, si on ne
le peut, comme dans les magnaneries pendant
l'éducation des vers, on se sert du chlorure de
chaux ou de la fiole *désinfectante* dont je vous
dirai plus tard la composition.

CHAPITRE II.

DU FEU, DU CALORIQUE, DE LA LUMIÈRE.

La nature du feu se dérobe à notre connaissance. On conjecture qu'il est un fluide qui ne cesse jamais de l'être et qui est la principale cause de toute fluidité.

Les parties du feu doivent être extrêmement subtiles puisqu'il est impossible de les apercevoir et de les saisir solidement ; elles doivent être extrêmement rares, puisqu'il est impossible de les condenser et que, d'ailleurs, elles détruisent toute espèce de condensation ; elles doivent être extrêmement dures puisqu'elles pénètrent tous les corps, que rien ne leur résiste et qu'elles résistent à tout.

Le feu est un corps puisqu'il occupe un espace, qu'il se porte en tout sens et qu'en se développant il se meut ; sa mobilité doit être prodigieuse puisqu'il imprime un mouvement rapide aux parties des corps sur lesquelles il agit.

Quoique le feu soit capable de tout détruire et de tout dissoudre, il est répandu partout, jusqu'au dedans de nous-mêmes, et nous n'avons pas une parcelle de chair ou d'os qui n'en soit pénétrée. Quelquefois il est comme engourdi ;

mais il est facile de le réveiller et de l'exciter par un mouvement rapide, ou, ce qui est à peu près la même chose, par le frottement des corps.

Le feu le plus pur est celui du soleil; il brûle, il luit, il échauffe toute la nature depuis le commencement du monde, par la volonté, par la puissance de Dieu; il brûlera, il luira, il échauffera ainsi la nature jusqu'à la fin des temps. Le feu terrestre c'est-à-dire celui que les hommes allument par le mouvement ou le frottement des corps, a besoin de nourriture et il s'éteint aussitôt que cette nourriture lui manque.

Le feu réchauffe tous les corps qui sont exposés à son action; d'abord parce qu'il est chaud par lui-même, ensuite parce qu'il met en mouvement le feu intérieur qui est stagnant dans les corps. C'est ce feu intérieur que les physiciens appellent chaleur ou calorique.

Du calorique ou de la chaleur.

Le calorique, d'après les physiciens, est un fluide très-subtil, très-rare, très-élastique, non pesant, répandu dans tout l'univers, qui pénètre tous les corps avec plus ou moins de facilité, qui tend, lorsqu'il est libre, à se mettre en équilibre avec tous les corps. Pénétrant tous les corps, il les dilate, c'est-à-dire qu'il en augmente le volume.

Il y a des corps qui absorbent le calorique ou la chaleur beaucoup plus vite que d'autres corps. On appelle cette qualité d'absorption *conductrice de la chaleur*. En général, plus un corps est foncé en couleur plus il absorbe de calorique; plus il est blanc, plus il le repousse. Ainsi, un corps noir s'échauffe plus facilement au soleil qu'un corps bleu; un corps bleu plus facilement qu'un corps rouge; un corps rouge plus qu'un corps jaune; un corps jaune plus qu'un corps blanc qui, loin d'absorber la chaleur, la réfléchit et la communique aux corps environnants.

C'est d'après ces principes que quelques arboriculteurs des environs de Paris donnaient une couleur noire aux murs de leurs espaliers pour les rendre plus chauds et hâter ainsi la maturité de leurs fruits; car il est à remarquer que ces murs noirs rendaient, pendant la nuit, l'excès de chaleur qu'ils avaient absorbé pendant le jour et mettaient ainsi les nouvelles pousses et les fleurs à l'abri du froid nocturne. Mais c'était aux dépens de leurs plates-bandes qui en devenaient moins hâtives. Un mur blanc n'absorbant pas la chaleur qu'il reçoit du soleil, la repousse, et, par suite de l'obliquité des rayons solaires il la rejette sur la terre qui est à ses pieds. De là l'excellence des plates-bandes pour obtenir des primeurs. On augmente la précocité de ces plates-bandes en noircissant la terre avec de la suie ou du charbon réduit en poudre.

C'est aussi d'après ces principes que les habitants de la campagne doivent porter, en hiver, des vêtements et des chapeaux noirs, et des vêtements et surtout des chapeaux blancs, en été.

On a remarqué que les vignes plantées dans un terrain de couleur foncée produisent un vin plus spiritueux que celles qui sont plantées dans un terrain blanc. C'est ce qui explique les diverses

qualités de vin dans une semblable exposition.
Ce principe est tellement vrai que, dans le nord
de la France, les terrains blancs appelés *bolbènes*
sont uniquement consacrés à la culture du raisin
blanc.

Les métaux absorbent plus de chaleur ou pour
me servir des termes de la science, sont de
meilleurs conducteurs du calorique que les
pierres; les pierres, plus que le bois; le bois,
plus que le verre; par conséquent il ne faut pas
construire les serres, les coffres, les chassis
destinés à conserver la chaleur sur les plantes
qu'on y sème ou qu'on y conserve, en fer, ou
en pierres, mais bien avec du bois, des briques
et du plâtre dans lequel on fait entrer du charbon
pilé qui a la propriété, en raison de sa nature et
de sa couleur, d'absorber une grande quantité de
chaleur et de la conserver très-longtemps.

La laine conserve mieux la chaleur que la soie;
la soie, mieux que le coton; le coton, mieux
que le lin et le chanvre. De là la nécessité de se
vêtir de drap en hiver et de toile en été.

On distingue deux sortes de chaleur relativement à son influence sur les plantes et les
animaux : la chaleur naturelle et la chaleur
artificielle.

La chaleur naturelle est celle qui nous vient
directement du soleil et qui anime toute la nature,
les plantes comme les animaux.

La chaleur artificielle est celle qui est produite
par le frottement de deux corps ou par la propagation d'un corps chaud à un corps froid ainsi
que celle qui est le résultat de la vie.

Deux morceaux de fer, rapidement frottés dans l'eau, ont mis cette eau en ébulition. Les sauvages allument leur feu en frottant deux morceaux de bois sec l'un sur l'autre.

Les mélanges chimiques d'où résultent diverses combinaisons et décompositions, les fermentations, les dissolutions, la combustion, etc., donnent lieu à un dégagement de calorique qui s'échappe en vapeur c'est-à-dire en fumée. En concentrant cette vapeur ou fumée dans des tubes, tantôt on en obtient une chaleur qui se répand dans une pièce que l'on veut chauffer, comme cela se pratique dans les grandes magnaneries au moyen d'un calorifère; tantôt on en obtient une distillation qui produit une liqueur plus forte, plus spiritueuse que celle qu'on a soumise à l'action du feu: la vapeur qui s'échappe du vin produit de l'eau-de-vie.

De l'eau jetée sur des pierres calcaires calcinées produit une chaleur instantanée et très-intense parce que le calorique concentré dans la pierre calcinée et le calorique de l'eau, s'attirent réciproquement, se mettent en mouvement, en ébulition et s'échappent ensuite en une épaisse vapeur. C'est ainsi que se forme la chaux propre à bâtir.

Une certaine dose d'acide sulfurique, mise sur un mélange de noir animal, de gomme arabique ou de mélasse et d'huile d'olive, met ces matières en ébulition, unit toutes leurs parties, n'en fait qu'un seul corps et ce corps est le cirage que vous mettez sur vos souliers.

Le soufre, le salpêtre contiennent une si

grande quantité de calorique qu'ils s'enflamment au contact du feu.

L'air concentré, le phosphore, en renferment tant, qu'il suffit d'un léger frottement pour en tirer la flamme : les allumettes chimiques en sont la preuve.

De la lumière.

On appelle lumière tout ce qui procure à l'âme la faculté de voir par le moyen des yeux. Quoique le feu éclaire quand il est enflammé, on ne sait cependant si cet élément et la lumière sont une seule et même chose. Tout ce que l'on peut dire c'est que la lumière est un véritable corps qui a des propriétés qui conviennent aux corps ; qu'elle est un fluide très-subtil *(petit, fin, délicat, qui pénètre, qui s'étend ou se propage promptement)* dont, par conséquent, les parties n'ont entre elles qu'une faible cohésion. Sa mobilité doit être prodigieuse puisqu'elle parcourt, en une minute, plus de 4,000,000 de lieues. Elle s'échappe des corps lumineux par des lignes droites qu'on appelle *rayons*.

Il y a un grand nombre de corps qui s'imbibent, pendant le jour, de la lumière qui les éclaire, et qui luisent ensuite dans l'obscurité sans qu'on les allume par le moyen d'un feu étranger. On les appelle, pour cette raison, *phosphorés*, c'est-à-dire porte-lumière.

On voit souvent des restes de poissons briller au coin des rues, ou dans les cloaques. Quelques personnes en se peignant dans l'obscurité font jaillir des étincelles de leurs cheveux. Certains

bois tendres, les vieux saules, par exemple,
quand ils sont pourris en un certain point,
brillent pendant la nuit. Une foule de vers, quelques espèces de poissons, renferment dans une
partie de leur corps une si grande quantité de
matières phosphorées, qu'ils brillent d'une lumière éclatante. Aux environs de Florence, en
Italie, ces vers luisants sont en si grand nombre
sur les arbres, sur les haies, dans les champs,
que toute la campagne, pendant les nuits
d'été, resplendit de girandoles et de guirlandes
lumineuses.

La lumière a une action permanente sur la
constitution des animaux. Il n'y a pas de doute
que ceux qui sont exposés au soleil ne soient plus
forts, moins souvent malades, ne donnent des
productions de meilleure nature, de plus haute
taille, de plus robuste constitution que ceux qui
vivent à l'ombre.

Cette seule observation devrait suffire aux
agriculteurs pour les déterminer à donner le
plus de lumière possible aux écuries où ils élèvent
des bestiaux. Mais il en est d'autres non moins
importantes. Le lait des vaches, les œufs même
des poules, renfermés dans des lieux obscurs et
privés du grand air, sont inférieurs en qualité et
en saveur. Les lapins domestiques sont d'autant
meilleurs qu'ils sont tenus dans un local plus
éclairé, plus découvert et plus vaste. Tout le
monde sait qu'un canard élevé dans une cour,
sous des hangars est bien loin de valoir un
canard sauvage; mais donnez à ce canard domes-
tique la lumière et la liberté des champs, sa

sapidité égalera presque celle de son frère de la nature.

La privation de la lumière est la principale cause de la faiblesse de tempérament des habitants des villes ; de tant d'ouvriers surtout que la nécessité de gagner leur pain retient toute la semaine dans des chambres obscures et dont l'air est peu renouvelé.

Il n'est qu'un cas où il soit utile de mettre les animaux domestiques dans un lieu obscur, c'est quand on veut les engraisser.

La lumière est aussi nécessaire aux plantes qu'aux animaux ; elle influe puissamment sur leur arôme, sur leur saveur et sur leur couleur ; elle est le stimulant qui favorise leur succion et leur transpiration, donne de l'activité à tous leurs organes, augmente leur vigueur et assure leur fécondité.

C'est la lumière qui produit ces vives et brillantes couleurs dont nos yeux sont si agréablement frappés dans les jardins ; plus elle est forte et durable, plus les fleurs ont de l'éclat. Le blé même est bien plus beau, bien meilleur dans un champ découvert que dans nos terrains plantés d'arbres ou de vignes en hautins ; cela tient uniquement à la persistante lumière qu'il reçoit, car il réussit parfaitement dans des contrées bien plus froides que la nôtre. Il en est de même de la vigne. Si nous supprimions les cerisiers verts sur lesquels elle est montée, notre vin contiendrait beaucoup plus de sacharine ou matière sucrée, et, comme c'est la fermentation de la sacharine qui produit l'alcool, il serait bien plus spiritueux et plus doux.

Ce principe n'a que de rares exceptions : si parfois les jardiniers étendent des toiles ou de légers paillassons sur leurs jacinthes et leurs tulipes, c'est lorsqu'elles ont atteint tout leur éclat, et c'est pour les garantir du hâle produit par trois causes indépendantes de la lumière : le vent, la chaleur et la sécheresse. Il est bien vrai que dans un grand nombre de cas, les effets de la lumière sur les plantes se confondent tellement avec les effets de l'air et surtout ceux de la chaleur, qu'il est bien difficile de les distinguer. Mais, en général, les plantes qui sont privées de lumière éprouvent toujours des modifications défavorables. Les tiges restent molles, les tissus des organes sont lâches et aqueux, les feuilles sont petites et leur couleur est vert pâle, enfin, il en résulte un état de souffrance auquel on a donné le nom d'*étiolement*. Toute plante étiolée ne produit que des graines infécondes. C'est pour cela que nous allons chercher dans les plaines découvertes et que nous payons bien cher le blé que nous voulons semer.

Voici quelques observations qui vous prouveront encore combien la lumière est nécessaire aux plantes.

Trois mûriers de la même variété ont été plantés l'un, au midi, exposé de toutes parts aux rayons du soleil ; l'autre, ne le recevant que le matin et en étant privé à une heure de l'après-midi ; le troisième, à l'ombre et ne recevant qu'une lumière diffuse sans aucun rayon de soleil. Tous trois ont bien végété et ont donné des feuilles; mais ces feuilles dépouillées de leurs pétioles et desséchées ont donné sur 100 de matière fraîche.

Le 1er — 45 de matière solide;
Le 2e — 36   —
Le 3e — 27   —

Cet exemple prouve qu'une abondante lumière, comme je vous le disais tout à l'heure, stimule la végétation, augmente sa vigueur et développe tous les organes des végétaux ; tandis que l'ombre et surtout l'obscurité ne leur donne que des tissus moux et aqueux. C'est aussi ce qui explique comment, avec de longs jours et même des jours de plusieurs mois en été, la végétation est si prompte dans les plus hautes contrées du nord de l'Europe, que le blé y mûrit en trois ou quatre mois.

On a remarqué, dans les serres ou jardins d'hiver, que du côté de la lumière les arbustes prenaient plus de développement que du côté du mur. Dès lors, pour éviter un inconvénient qui détruit la régularité, l'harmonie des branches, on retourne de temps en temps les vases afin que la lumière en frappe alternativement toutes les faces. Bien plus, on place maintenant du côté de la lumière les plantes ou arbustes qui sont languissants, et du côté du mur ceux qui ont une vigoureuse végétation.

Voici une expérience qui m'a beaucoup frappé : Placez une plante quelconque sous une caisse percée de trous; la plante passera par les trous tant elle est avide de lumière. Au bout de

quelque temps enlevez la caisse, vous verrez que
toute la partie de la plante qui n'a pas reçu
l'influence de la lumière est longue, effilée,
blanche, tendre, tandis que l'autre partie est
plus forte, plus rude et d'un beau vert. — C'est
d'après cette expérience que les jardiniers couvrent ou mettent à l'ombre des salades, des
cardons, des céleris, etc., pour les faire blanchir et les rendre plus propres à l'alimentation
de l'homme.

Enfin, l'un des plus importants effets de la
lumière sur les plantes est d'en faire sortir le gaz
oxigène en décomposant l'acide carbonique si
funeste à l'homme et aux animaux. Dans l'obscurité, au contraire, les plantes changent en acide
carbonique plus d'air qu'elles n'en peuvent di-
gérer; elles en rejettent une grande quantité et
rendent l'air avec lequel elles sont en contact
d'autant moins propre à la respiration. C'est
pour cela qu'il est toujours imprudent et très-
souvent dangereux de mettre des fleurs et de les
garder pendant la nuit dans la chambre où l'on
couche.

CHAPITRE III.

—

DU FROID ET DE LA GELÉE.

Ce que je vous ai dit, dans le chapitre précédent, a dû vous prouver que la chaleur ou le calorique était partout, dans les métaux, dans le bois, dans l'eau, dans les produits chimiques, dans l'air. C'est donc avec raison qu'on a défini le froid : négation de la chaleur ou absence plus ou moins grande du calorique.

L'action du froid sur les animaux et sur les végétaux varie en raison de son intensité, de sa durée et des circonstances qui l'accompagnent. Quand il est sec il donne lieu à une excessive transpiration; quand il est humide et que les arbres sont en fleurs, il fait avorter les germes qui y sont contenus. En général, il arrête la végétation et diminue le volume des corps.

La position de telle zône de la terre, relativement au soleil, est la cause primitive du froid en hiver parce qu'elle ne reçoit que très-obliquement les rayons solaires; les vents en sont la cause secondaire. Cela est si vrai que les mois de janvier et de février 1856 ont été chauds, cette année, parce que le vent du sud-est a constamment régné pendant ces deux mois. Mais, dès que le vent du nord souffle, le froid se fait sentir avec une intensité relative à l'origine du vent, à sa force et à sa durée. C'est pour cette raison qu'il faut recourir à des abris artificiels, quand on n'en a pas de naturels, pour s'opposer aux effets du froid. On peut encore neutraliser ces effets par l'action du feu dans les serres ou par des matières susceptibles de fermentation, c'est-à-dire par des engrais, quand il s'agit de réchauffer des couches ou des plates-bandes.

Une des propriétés du froid est d'arrêter la décomposition des corps susceptibles de fermentation. C'est par l'étude de cette propriété que l'on peut conserver longtemps des fruits, des légumes, du beurre, du fromage, de la viande même, en les exposant à une température uniforme, constante et calculée sur la susceptibilité de fermentation de chacune de ces denrées.

De la gelée.

On donne le nom de gelée à l'action d'un grand froid sur l'eau libre ou combinée dans les corps.

Lorsque l'air est assez refroidi pour enlever à l'eau la plus grande partie du calorique qu'elle contient et qui est la principale cause de sa fluidité, elle se gèle naturellement et se convertit en un corps solide que l'on appelle glace.

Un des effets généraux du froid est de diminuer le volume des corps; un de ceux de la gelée est de consolider l'eau en augmentant son volume. C'est ainsi, comme je vous l'ai dit à l'article de la dilatabilité des corps, que de l'eau gelée, dans un vase de faïence, fait fendre le vase.

Il gèle toujours plus fortement par un temps sec que par un temps humide. Mais la gelée a des suites bien plus graves sur les végétaux, quand elle survient par un temps humide et surtout quand elle succède tout-à-coup à un dégel, à de longues pluies ou à une fonte de neige. L'eau ayant pénétré dans le tissu des végétaux, se glace, augmente de volume, écarte les fibres et toutes les parties organiques des plantes, des arbustes et même des arbres les plus durs, y cause une violente distension qui nécessite leur rupture.

Quelquefois les arbres sont longitudinalement fendus par l'effet d'une forte gelée. Ces fentes ne se réunissent jamais; elles se recouvrent de nouveau bois et forment souvent des exostoses longitudinales. Ces arbres ainsi fendus sont appelés *gélifs* et leurs fentes *gélivures;* ils ne sont plus propres à la construction et encore moins à l'ébénisterie.

Les gelées tardives, c'est-à-dire celles qui arrivent dans les mois de mars ou d'avril, quoique moins intenses que celles de décembre et de janvier, sont excessivement funestes aux arbres fruitiers parce qu'elles sont ordinairement suivies d'un dégel subit déterminé par les rayons du soleil. Je vais tâcher de vous faire comprendre cet effet par un exemple tiré du corps humain.

Quand un homme surpris en rase campagne par un grand froid a eu l'un de ses membres gelé, la gangrène s'y manifeste aussitôt si ce membre

est approché du feu; si, au contraire, on frotte
le membre gelé avec de la neige ou avec de l'eau
froide, puis qu'on l'amène peu à peu à sa chaleur
naturelle par des frictions à une température
successivement plus élevée, il ne reste aucune
trace du mal. Il en est de même des végétaux. Un
navet gelé, subitement exposé au soleil, se décompose instantanément ; tandis que s'il est plongé
dans l'eau froide à la température de zéro, il se
dégèle et reprend toutes ses qualités.

Eh bien, ce qui arrive aux arbres fruitiers par
suite d'une gelée des mois de février ou de mars
suivi d'un dégel subit déterminé par l'influence
du soleil, est identiquement ce qui est arrivé au
navet exposé au soleil et au membre approché du
feu. La gelée a pénétré d'autant plus facilement
dans le tissu cellulaire de l'arbre, que la sève,
déjà en mouvement, a ramoli ses branches et
que tous ses organes sont abreuvés de sucs. Si,
dans cette situation, le soleil les darde de ses
rayons, il frappe toute la végétation de *sphacèle*,
c'est-à-dire de mort.

Les petites gelées nocturnes suivies d'un jour
chaud sont d'autant plus à craindre qu'elles sont
plus tardives et que le temps a été plus humide. Le
corps de l'arbre n'a pas à en souffrir; mais les
jeunes pousses n'ayant qu'un tissu tendre et
spongieux, sont imbibées d'eau qui passe à l'état
de glace et se dilate. Cette dilatation détruit les
cellules végétales, les bourgeons, les fleurs et
les fruits à peine noués des arbres et des plantes.
C'est ainsi que les oliviers, la vigne et les arbres
fruitiers sont frappés de stérilité par une tempé-

rature qui ne descendait pas au-dessous de zéro.

Si le dégel arrive, au contraire, avec un temps couvert qui maintienne la surface du sol à zéro, ou avec une pluie qui, dans cette saison, n'a jamais une température bien élevée, les plantes n'en souffrent nullement.

Les fruits d'hiver, quand ils ne sont pas tenus dans des fruitiers chauds en hiver et frais en été, c'est-à-dire conservant à peu près une même température, comme les caves, par exemple, sont exposés aux effets de la gelée : ils perdent leur goût, et lorsque le dégel arrive on les voit tomber en pourriture. On peut, en partie, remédier à ce triste résultat en bouchant hermétiquement toutes les issues par lesquelles le froid pourrait pénétrer, et on doit couvrir les fruits de paille bien sèche.

Cependant la gelée rend quelques services aux agriculteurs. Elle purifie l'atmosphère; elle fait cesser les maladies produites par un excès d'humidité; elle fait périr une multitude d'insectes qui dévorent les plantes, leurs feuilles et leurs fruits; elle conserve les viandes et généralement toutes les substances aqueuses dont l'homme et les animaux se nourrissent. Quand elle n'est pas trop forte et qu'elle est de longue durée, elle est le signe probable d'une bonne et abondante récolte.

Un effet de la gelée souvent répétée, surtout dans les terrains argileux, est le *déchaussement* des blés. La dilatation de l'eau qui se gèle, soulève diversement les plantes, les arrache quand elles sont petites, brise le chevelu des grandes,

les sépare du terrain et les expose davantage à
l'action du froid : bien peu de plantes peuvent
résister à ces secousses répétées. Le quart,
le tiers et quelquefois la moitié d'un semis
qui avait, avant l'hiver, la plus belle apparence,
périt par cette cause. Les terrains secs ou
siliceux dont les parties n'ont pas une adhérence
nécessaire entre elles, sont à l'abri de ces effets
désastreux.

CHAPITRE IV.

DE L'EAU CONSIDÉRÉE COMME BOISSON ET COMME
ARROSEMENT DES PLANTES.

L'eau est l'un des principaux fondements de
l'existence des corps vivants comme aussi de la
végétation des plantes. L'homme et les animaux
en font leur boisson. Elle élabore et dissout leurs
aliments; elle donne de la fluidité au sang, au
chyle, à la bile, aux humeurs qui circulent dans
leurs corps. Il en est de même des végétaux; sans
eau, les plantes se dessèchent et meurent.

Mais pour produire ces effets salutaires sur la
vie et la santé des hommes, des animaux et des
végétaux, l'eau doit être bonne et appropriée aux
divers usages auxquels elle est destinée; mauvaise et non appropriée à ces usages, elle produit
des maladies, des langueurs et la mort. Tout
agriculteur doit donc savoir les distinguer, doit
en connaître la constitution et les propriétés
bienfaisantes ou pernicieuses, et même, comme
la nature n'en met pas toujours de bonne à sa
portée, il doit savoir en corriger les défauts.

A son état de pureté, l'eau est un corps fluide,
insipide, visible, transparent, incolore, inodore,
presque incompressible, très-peu élastique, qui

adhère à tous les corps qu'elle touche, qui a la
propriété d'en pénétrer un grand nombre, de se
combiner avec eux et de les dissoudre. Le gaz
hydrogène et le gaz oxygène sont les deux éléments qui la constituent, et ils s'y trouvent dans
la proportion suivante :

$$\left.\begin{array}{ll} \text{Hydrogène....} & 11,11 \\ \text{Oxygène......} & 88,89 \end{array}\right\} \ 100$$

L'eau, comme nous l'avons déjà dit en traitant
du froid et de la gelée, perd sa fluidité quand elle
est exposée aux grands froids de l'hiver, et devient un corps solide appelé glace. Mais alors,
contrairement à la règle de la dilatation des corps
par la chaleur, elle augmente de volume dans le
rapport de 100 à 107. Quand on échauffe lentement l'eau à partir de zéro, point de sa congella-
tion au thermomètre centigrade., elle devient de
plus en plus dense jusqu'à la température de
+ 4°, 1 ; c'est ce qu'on appelle son *maximum de
densité*. A partir de ce point + 4°, 1, sa densité
diminue, et à + 9° elle acquiert le même volume
qu'à zéro.

Quand l'eau est exposée au contact de l'air,
elle en absorbe et en dissout 0,29 cubes par litre
d'eau ; mais comme elle a une plus grande affinité pour l'oxygène que pour l'azote, l'air qu'elle
s'est assimilé a changé de constitution : il renferme 32 parties d'oxygène et seulement 68 parties d'azote, = 100.

$$\left.\begin{array}{ll} \text{Au lieu de 29,9 d'oxygène} \\ \text{de 70,1 d'azote} \end{array}\right\} \ 100$$

Cette différence explique pourquoi l'eau qui
n'a pas été exposée au contact de l'air n'est pas

bonne pour l'arrosement des plantes : elle leur
enlève une partie de l'oxygène nécessaire à leur
végétation.

En général, la pureté des eaux dépend de la
composition des montagnes au pied desquelles
elles coulent, ou des terres qu'elles traversent
avant de fluer à la surface du sol. Si ces montagnes sont des masses de granit ou des quartz
entassés les uns sur les autres, l'eau qui en
découle, filtrée entre les intervalles de ces masses
et à travers les débris pulvérisés de ces pierres
indissolubles, est la plus pure de toutes les eaux :
on lui donne le nom d'*eau de roche*.

L'eau qui coule entre les bancs de pudding et
les bancs de cette pierre tendre et marneuse que
nous appelons *molasse*, est aussi très-bonne.

Au contraire, les eaux qui traversent des craies,
des plâtres, ou qui séjournent dans des tourbes,
dans des cavités souterraines, sont malsaines et
ne peuvent être bues avant d'avoir été corrigées
et purifiées.

Les eaux courantes des fleuves, des rivières,
qui coulent sur un lit de sable ou de quartz, sur
un lit d'argile ou de marne, sont très-salubres,
attendu qu'elles ont été filtrées par le sable sur
lequel elles coulent; que l'air, par son contact,
a absorbé les substances hétérogènes qu'elles
pouvaient contenir. Il en est de même des eaux
qui descendent de la montagne par chute ou par
cascades, pourvu, toutefois, qu'elles ne proviennent pas de la fonte des neiges.

Mais toutes les eaux ne proviennent pas des
fleuves, des rivières et des cascades; il surgit

dans les plaines des sources provenant de lacs ou de réservoirs assez éloignés ou dont l'origine est inconnue. Voici les moyens pratiques d'en reconnaître la qualité.

Une bonne eau de source doit être claire, limpide, légère, inodore, douce et savonneuse au toucher; elle ne doit laisser au fond du vase aucun dépôt, aucun sédiment, surtout après avoir été chauffée; elle doit cuire promptement les légumes et dissoudre facilement le savon. Un gazon vert et touffu, du cresson, des pierres légèrement couvertes d'un limon brun, doux et gras au toucher, sont les indices d'une eau bonne et salutaire. Mais une espèce de rouille jaune sur les pierres, des joncs plus ou moins épais, une odeur, quelque peu pénétrante qu'elle soit, indiquent toujours une eau insalubre et par conséquent préjudiciable à la santé.

Les eaux pluviales recueillies en plein air et loin des étables et des écuries, dans des vases quelconques ou dans des citernes faites en bons matériaux et bien cimentées, sont très-bonnes. Mais il faut attendre qu'il ait plu quelque temps, et préférer la pluie d'orage à la pluie moyenne.

Les eaux de neige et de glace récemment fondues sont généralement insalubres, et elles peuvent occasionner des maladies très-graves.

Les eaux séléniteuses, c'est-à-dire qui sont imprégnées de sulfate de chaux, ne valent pas davantage. On les reconnaît aux dépôts qu'elles laissent dans les tuyaux de conduite : ces dépôts ressemblent aux stalactites qu'on trouve dans certaines grottes. — On les reconnaît encore à l'odeur d'œuf pourri qu'elles répandent quand on les a laissées croupir pendant quelques jours dans un vase de terre ou de bois. Cette mauvaise odeur est due aux matières organiques qu'elles contiennent et à la formation d'un gaz fétide appelé *hydrogène sulfuré*.

Les eaux stagnantes des marais sont les plus insalubres de toutes; elles sont toujours imprégnées de miasmes qu'engendre la pourriture des insectes et des végétaux.

Les eaux puisées à leur source, qui n'ont pas voyagé, et qui, par conséquent, n'ont pas été longtemps exposées au contact de l'air et à l'action du soleil, sont quelquefois crues, dures et froides, quoique présentant tous les indices d'une bonne eau. Dans ce cas, on ne doit s'en servir, surtout pour la boisson des hommes et des animaux, qu'après les avoir agitées et exposées à l'air pendant vingt-quatre heures.

On épure l'eau en la filtrant soit à travers du sable, ou des pierres poreuses, ou de petits cailloux mélangés de poussière de charbon, ou simplement du charbon pilé.

L'eau destinée à l'arrosement des jardins n'a pas besoin d'être filtrée ou épurée; mais elle exige d'autres précautions non moins importantes pour la santé des plantes. La meilleure de toutes pour l'arrosement en général est l'eau de pluie. L'eau stagnante vient ensuite, parce qu'elle s'est enrichie des sels et des émanations de l'atmosphère. Or, tout propriétaire de jardins doit avoir à proximité de ses plates-bandes un bassin propre à recueillir et à conserver les eaux pluviales, et autant que possible exposé aux rayons solaires, car l'eau trop froide refroidirait nécessairement la terre et arrêterait la végétation.

Il y a des plantes, même dans le jardinage proprement dit, qui exigent encore une eau plus fertilisante et plus onctueuse; telles sont : le cardon, le chou-fleur, l'aubergine, le melon, etc., à plus forte raison les plantes étrangères élevées dans les serres, telles que les camélia, les citronniers, les orangers, etc., etc. Pour donner à toutes ces plantes, à tous ces arbustes, l'eau qui leur convient, il faut mettre du terreau et du fumier au fond d'un bassin ou d'un tonneau, que l'on remplit d'eau et qu'on laisse plusieurs jours exposé à l'air et au soleil. En cas d'urgence ou d'insuffisance d'une eau ainsi préparée, on jette du purin (un vingtième environ) dans l'eau ordinaire de l'arrosage, on remue le mélange pour l'échauffer, et on le verse au pied de la plante sans mouiller les feuilles.

Les eaux de lessive, contenant de la soude et de la potasse qu'elles ont puisées dans la cendre, produisent un effet prodigieux sur les gazons.

Cependant, les arrosements ne maintiennent, n'aident et n'accélèrent la végétation qu'autant qu'ils sont faits à propos. — Au printemps, les arrosements doivent être faits de dix heures du matin à midi, afin que l'eau ait été absorbée avant la nuit, qui, au commencement de cette saison, pourrait être froide et geler l'eau qui resterait à la surface ou près du collet de la plante. Pour éviter même un trop grand refroidissement de la terre, les arrosements ne doivent pas être copieux : il vaut mieux les répéter.

En été, c'est tout le contraire : il vaut mieux arroser moins souvent et donner de l'eau avec abondance, en proportionnant toutefois cette abondance à la chaleur et à la sécheresse de la terre. Le moment le plus favorable aux arrosements, en été, est après le coucher du soleil, à la chute du jour. A ce moment, l'eau est plus à la température de l'air ; s'évaporant moins promptement, elle dispose la terre à recevoir une plus grande quantité de rosée ; enfin, l'eau condensée sur le sol pendant la nuit forme une atmosphère humide qui tourne au profit des racines, des tiges et des feuilles des végétaux.

En automne, les arrosements seraient plus nuisibles qu'utiles, car ils retarderaient la végétation au lieu de l'activer. Pendant une grande chaleur ou une sécheresse prolongée, les graines nouvellement semées, quelques plantes en pot exigent quelquefois un peu d'eau ; dans ces cas, il faut arroser le matin au lever du soleil.

CHAPITRE V.

MÉTÉOROLOGIE.

Suspecti sint imbres : namque urget ab alto
Arboribusque satisque Notus pecorique sinister.
VIRGILE, *Georg.*

Dans les montagnes, sur les plateaux élevés de l'ancien et du nouveau continent, la divine Providence a placé des réservoirs d'eau que nous appelons *lacs*. C'est de ces lacs que sortent les sources d'eau qui abreuvent les hommes et les animaux, qui arrosent nos champs et nos jardins, qui vont porter la fraîcheur et la fécondité dans tous les lieux habités et cultivés.

Mais ces réservoirs quoique alimentés par la fonte des neiges et des glaces que la basse température de l'air entretient sur les hautes montagnes, seraient bientôt épuisés si Dieu, dans sa prévoyance infinie, n'avait pourvu au renouvellement de leurs eaux.

Ces eaux, par leur pesanteur et leur fluidité, se fraient des routes souterraines et forment des sources dans les vallées inférieures; ces sources se rendent dans les ruisseaux, les ruisseaux dans les rivières, les rivières dans les fleuves, les fleuves dans la mer. L'eau de la mer échauffée par le soleil s'élève en vapeurs qui se condensent quand elles sont arrivées à une certaine élévation et forment des nuages que le vent chasse devant lui. Ces nuages, voguant dans les airs, sont arrêtés par les montagnes, s'y amoncellent, s'y confondent avec les vapeurs qui s'échappent de la terre, couvrent tout l'horizon et se résolvent en pluie ou en neige selon la température de l'atmosphère.

Les lacs, de nouveau remplis, reprennent leurs routes souterraines. Les sources jaillissent avec une vigueur et une abondance qui semblent rendre hommage à la Divinité ; elles enflent les ruisseaux, les ruisseaux enflent les rivières, les rivières enflent les fleuves qui retournent à la mer d'où la chaleur du soleil les fera bientôt sortir.

Un tel ordre est assez beau, intéresse assez gravement la santé, le bien-être et la fortune des agriculteurs pour que nous l'examinions dans tous ses détails et que nous en expliquions les principaux effets sur la végétation.

Ces détails sont des phénomènes atmosphériques qu'on appelle *météores,* mot formé des deux mots grecs : *meta* au-dessus et *aéirô* j'élève.

Il y a trois sortes de météores :

1° Les météores *aériens :* les vents, les ouragans, les trombes ;

2° Les météores *aqueux :* les brouillards, les nuages, la pluie, la rosée, le serein, la neige, la grêle, le grésil, le givre ;

3° Les météores *lumineux* ou *ignés :* la foudre,

les éclairs, le tonnerre, l'arc-en-ciel, les aurores boréales, les feux follets.

Mais avant d'entrer dans l'explication de ces divers météores il est important de vous faire connaître leur principal agent qui est l'électricité, et les instruments qui servent à mesurer et à apprécier l'état de l'atmosphère, c'est-à-dire le thermomètre et le baromètre.

DES INSTRUMENTS MÉTÉOROLOGIQUES.

Du thermomètre.

Le thermomètre est un instrument qui indique le degré de chaleur ou de froid dans les substances, dans l'air et dans les endroits clos. Il est éminemment utile aux agriculteurs pour connaître la température de l'air et le degré de chaleur de leurs fours, de leurs écuries, de leurs caves et de leur jardin d'hiver : une bonne cuisson du pain et des autres aliments dont ils se nourrissent, une bonne dessication des fruits, la santé de leurs bestiaux dépendent de la connaissance de cette chaleur. — Il est indispensable à ceux qui élèvent des vers à soie.

C'est surtout pour le jardinier qui fait des couches, qui possède des baches, des orangeries, des serres, que le thermomètre est nécessaire ;

car la réussite de toutes ses opérations dépend de la chaleur dont il peut disposer et qu'il saura maintenir.

Le principe de cet instrument est basé sur ce que la chaleur dilate tous les corps, toutes les matières soumises à son action, surtout les corps ou les matières fluides.

Le thermomètre est composé d'un tube de verre scellé hermétiquement à son bout supérieur et terminé à son extrémité inférieure par une boule creuse que l'on remplit d'esprit de vin coloré (alcool) ou de mercure. Ce tube est fixé sur une planchette graduée. On appelle *thermomètre de Réaumur* celui où l'intervalle entre l'eau à l'état de glace fondante et l'eau bouillante est divisé en 80 degrés; et *thermomètre centigrade* celui où le même intervalle est divisé en 100 degrés.

Le chiffre auquel monte le mercure ou l'esprit de vin en se dilatant, indique le degré de chaleur de l'appartement : 0 est le degré de l'eau à l'état de glace fondante; 80 pour le thermomètre Réaumur, et 100 pour le thermomètre centigrade, est la chaleur de l'eau bouillante.

Le chiffre auquel il descend au-dessous de zéro en se condensant, indique le degré de froid de la température.

Un thermomètre au mercure (1) est préférable au thermomètre à l'esprit de vin (2) : celui-ci

_____

(1) Inventé par Fahrenhet en 1744.
(2) Inventé par Réaumur en 1731.

s'altère en vieillissant et sa dilatation comme sa condensation ne sont pas toujours exactes. Il est pourtant préféré pour le service des magnaneries à cause de la couleur rouge que l'on donne à l'esprit de vin et aussi à cause de son bon marché ; le degré de chaleur est plus aisément aperçu par les domestiques; on en casse fréquemment et d'ailleurs, le service des magnaneries n'exige pas une précision aussi rigoureuse que les observations atmosphériques ou météorologiques.

Il existe plusieurs sortes de thermomètres. Je me bornerai à vous indiquer celui qu'on appelle thermomètre à piquet, inventé par Regnier; enfoncé dans la terre il en indique la température; il est très-utile aux naturalistes et aux jardiniers.

Du baromètre.

Le baromètre est un instrument qui sert à mesurer la pesanteur et les variations de l'atmosphère et qui marque les changements du temps.

Il consiste en un tube de verre long de 82 à 83 centimètres, fermé hermétiquement à son extrémité supérieure, recourbé à son extrémité inférieure de manière à former, en se relevant un peu, une boule ou cuvette, remplie, en partie, par l'ouverture laissée à la cuvette, d'une certaine quantité de mercure et fixé sur une planchette où sont indiquées, dans le dernier tiers de sa longueur (1), les différentes situations de l'atmos-

---

(1) C'est dans ce dernier tiers que sont renfermées toutes les variations du mercure.

phère : *tempête, grande pluie, pluie, variable, beau temps, beau temps fixe*. — Il y en a de différentes formes ; mais le plus simple, le plus facile à observer et à placer, celui dont on se sert le plus généralement est celui que nous venons de décrire.

Le tube d'un bon baromètre doit être bien calibré, c'est-à-dire d'un diamètre égal dans toute sa longueur. Le mercure doit être bien pur, c'est-à-dire entièrement purgé d'air. Les indications du temps ou la quantité de mercure doivent être réglées d'après la hauteur de sa résidence au-dessus du niveau de la mer. Sans ces conditions, le baromètre est faux et tromperait l'agriculteur qui en serait possesseur.

C'est pour cela que pour l'acquisition d'un baromètre il faut s'adresser à un opticien bien famé de sa localité.

Lorsqu'on est assuré de la bonté et de la justesse de son baromètre, on le suspend d'une manière fixe, contre un mur solide, bien d'aplomb et perpendiculaire à l'horizon et dans une pièce de la ferme dont la température soit, autant que possible, celle de l'atmosphère. S'il était placé dans une pièce très-chaude, le mercure, étant dilaté par la chaleur, serait plus élevé qu'il ne devrait l'être et donnerait des indications inexactes.

Communément, lorsque le mercure baisse, il annonce que le temps va passer du beau au variable, du variable au mauvais ; au contraire, quand le mercure monte, il annonce que le temps va tourner au beau.

Mais il faut savoir que tout ce qui peut augmenter ou diminuer la pesanteur de l'atmosphère, détermine l'élévation ou l'abaissement du mercure dans le tube : ainsi les vents, les vapeurs, les exhalaisons, la chaleur, le froid, les nuages, les brouillards, les corps en putréfaction sont autant de causes du mouvement du mercure. Ce sont ces causes qui jettent de l'incertitude sur les indications de pluie ou de beau temps que donne le baromètre.

Pour ne pas être trompé par ces indications, il faut suivre en même temps les mouvements du baromètre et ceux du thermomètre. Par exemple, quand le thermomètre indique que la température ne change pas, tandis que le mercure du baromètre descend, c'est un présage de pluie; si le mercure baisse dans le thermomètre et dans le baromètre, c'est un présage de grande pluie; si, au contraire, le mercure monte dans les deux instruments, c'est l'annonce d'un temps sec et serein.

Les variations de l'atmosphère sont si fréquentes et quelquefois si brusques que les indications du baromètre ne sont pas toujours réalisées, surtout pour les agriculteurs qui observent légèrement. Voici les règles sur lesquelles on peut le plus compter :

1° Le mercure qui monte ou descend beaucoup annonce changement de temps;

2° La descente du mercure n'annonce pas toujours de la pluie, mais du vent;

3° Le mercure descend plus ou moins, selon la nature du vent; il descend moins quand le vent vient du nord, du nord-est ou de l'est, que quand le vent vient de tout autre point de l'horizon;

4° Lorsque deux vents règnent en même temps, l'un près de la terre, l'autre dans la région supérieure de l'atmosphère, si le vent supérieur est *nord* et le vent inférieur est *sud*, il survient quelquefois de la pluie quoique le mercure soit très-haut dans le baromètre ; si, au contraire, le vent du sud est dans la région supérieure et le vent du nord près de la terre, il ne pleuvra pas quoique le mercure soit très-bas;

5° Pour peu que le baromètre monte et continue à s'élever pendant ou après une grande pluie, il y aura du beau temps;

6° Si le mercure descend avec lenteur et continue à descendre, il indique la persistance du mauvais temps; s'il monte beaucoup et lentement, il présage la continuation du beau temps ;

7° Le mercure en montant rapidement et beaucoup annonce que le beau temps sera de courte durée; en descendant rapidement et beaucoup, il annonce que le mauvais temps n'est qu'accidentel et qu'il ne durera pas;

8° Quand le mercure reste longtemps au variable et que le ciel n'est ni serein, ni pluvieux, s'il vient à descendre seulement un peu, il annonce la pluie; pour peu qu'il monte, il annonce le beau temps ;

9° Pendant une grande chaleur, si le mercure descend considérablement, il prédit le tonnerre; s'il descend peu, il y a du beau temps à espérer. Mais s'il descend au degré le plus bas et que l'on

sente dans l'air des exhalaisons chaudes, une
tempête et même un tremblement de terre sont à
craindre ;

10° Quand le mercure du baromètre monte en
hiver, il annonce de la gelée ; monte-t-il encore,
il annonce la neige ; descend-t-il un peu, il y
aura dégel ;

11° Le baromètre monte un peu de trois heures
du soir à huit ou neuf heures du matin et descend
de neuf heures du matin à trois heures du soir,
quand le vent ne change pas. — Il arrive souvent
qu'il monte pendant le jour sans qu'il en résulte
du beau temps ; mais il y aura changement de
temps pendant la nuit suivante ou le lendemain ;
s'il monte beaucoup, il y aura du mauvais temps.

En règle générale, il faut que le baromètre
monte pendant la nuit et non pendant le jour pour
que son présage de beau temps soit certain. S'il
reste stationnaire pendant vingt-quatre ou trente-
six heures, quoique fort élevé et le temps serein,
il annonce un changement prochain. Enfin, il n'y
a que les orages subits pendant les grandes chaleurs qui dérangent cette marche assez générale
du baromètre.

Je vous ai dit en commençant cet exposé, qu'il
fallait que les indications du temps ou l'échelle
du baromètre fussent réglées d'après la hauteur
de votre résidence au-dessus du niveau de la mer ;
je vous en dois l'explication. C'est la pesanteur de
l'air sur le mercure qui fait monter le baromètre.
Or, plus le lieu qu'on habite est élevé, moins la
couche d'air qui environne la terre est épaisse.
Etant moins épaisse, elle est moins pesante. Par

conséquent le baromètre est moins élevé sur une montagne que dans la plaine, parce que l'air y étant plus léger, presse moins le mercure dans la cuvette. Il faut donc tenir compte de cette différence qui est d'environ un millimètre pour dix mètres d'élévation.

C'est d'après cette découverte de l'influence de la pesanteur de l'air sur le mercure, que l'on se sert du baromètre pour mesurer la hauteur des montagnes.

On y procède au moyen d'un baromètre et d'un thermomètre de petite dimension fixé sur le tube même du baromètre, et d'un autre thermomètre isolé avec lequel on prend la température de l'air ambiant *(air qui est à l'entour de soi)*. Avec les indications fournies par ces trois instruments on calcule la hauteur de la montagne. Chaque millimètre d'abaissement du mercure au-dessous du niveau de la mer, niveau indiqué sur le baromètre, équivaut à 10 mètres de hauteur de la montagne. Ainsi 50 millimètres d'abaissement du mercure dans le tube du baromètre font connaître que la montagne a environ 500 mètres de hauteur au-dessus du niveau de la mer.

CHAPITRE VI.

DE L'ÉLECTRICITÉ.

Malgré les nombreux travaux dont l'électricité a été l'objet, on ne connaît pas encore l'origine de cet agent, ni sa nature. On en est encore réduit à des hypothèses confirmées par de nombreuses expériences.

Quoi qu'il en soit, l'électricité existe à l'état latent dans tous les corps. Elle est produite par le frottement de ces corps entre eux. Les corps la développent à divers degrés selon leur nature. On reconnaît qu'un corps est électrisé quand il a acquis la propriété d'attirer d'autres corps.

En frottant un morceau d'ambre jaune (en grec *Elek-tron* d'où vient le nom d'*électricité*) un morceau de résine, de soufre, de cire à cacheter ou de verre, etc., avec de la laine, du drap ou une peau de chat, on leur donne la propriété d'attirer des corps légers tels que des barbes de plume ou des brins de paille : ils sont électrisés.

Les corps qui s'électrisent facilement sont *mauvais conducteurs* de l'électricité, c'est-à-dire qu'ils gardent celle qu'ils ont acquise et ne la communiquent pas aux corps qui les touchent. Ce sont l'ambre, la résine, la cire, le soufre, la gomme laque, la gutta-percha, la soie, le verre, les pierres précieuses, le charbon non calciné, les huiles, etc.

Les corps qui sont difficilement électrisés sont au contraire *bons conducteurs* de l'électricité, c'est-à-dire qu'elle ne fait que passer dans leur masse et qu'elle est communiquée instantanément à d'autres corps. Tels sont : l'or, l'argent, le cuivre, le fer, tous les métaux, l'anthracite, la plombagine, le coke, le charbon de bois bien calciné, etc.

Des expériences nombreuses ont prouvé, jusqu'à l'évidence, la justesse de ces observations. Ainsi, quand, par un frottement assez prolongé, on a donné au bout d'un bâton de cire la propriété d'attirer des brins de paille, l'autre bout, tenu dans la main n'aura pas cette propriété. Cet autre bout n'est pas électrisé; donc, la cire est un mauvais conducteur de l'électricité : il en est de même du soufre, du verre et de la résine, etc.

Quand on est parvenu à électriser le bout d'une barre ou d'un lingot de métal par des procédés que la physique enseigne, toute la barre, tout le lingot a la propriété d'attirer les corps. Il est électrisé dans toute son étendue, dans toutes ses parties; donc, les métaux sont bons conducteurs de l'électricité.

Les corps mauvais conducteurs de l'électricité, le verre, la résine, etc., sont aussi appelés *isolants* parce que dans la construction des machines servant aux expériences électriques, on les emploie comme supports des corps qu'on veut électriser et auxquels on veut conserver l'électricité qu'ils ont acquise. Cette condition de supports non conducteurs ou isolants est indispensable à la réussite des expériences, car la terre étant formée de substances très-bonnes conductrices de l'électricité, aussitôt qu'un corps conducteur électrisé communique avec elle par un autre corps conducteur, l'électricité s'écoule dans le sol et s'y perd. C'est pour cela que le sol ou la terre est appelé *réservoir commun*.

Pour faire les premières expériences d'électricité, pour expérimenter la facilité et la difficulté des corps à se charger d'électricité c'est-à-dire à acquérir la propriété d'attirer d'autres corps, on a inventé divers instruments appelés *électroscopes* dont le plus simple est le *pendule électrique*. Cet instrument n'est autre chose qu'une petite balle de moelle de sureau suspendue par un fil de soie à un support à pied de verre. Lorsque l'on approche un corps électrisé de la balle, la balle est attirée puis repoussée aussitôt qu'il y a eu contact. C'est ainsi que l'on a reconnu que le verre et la résine étaient les corps les plus prompts à s'électriser.

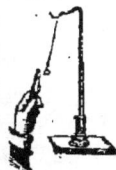

On a d'abord cru que l'électricité du verre était la même que celle de la résine. Mais en poussant plus loin l'observation, on a reconnu qu'il n'en est pas ainsi. Si, tandis que la balle de sureau est repoussée par le verre, l'on approche un bâton de résine, la balle est vivement et instantanément attirée par la résine. De même si, au moment que la balle est repoussée par la résine, l'on approche un tube de verre, la même attraction se reproduit. On a conclu de cette expérience, qu'il y avait deux électricités, celle du verre attirant celle de la résine, celle de la résine attirant celle du verre.

Pour expliquer ces deux effets contraires, les physiciens, d'après un savant anglais nommé Symmer, ont admis deux fluides électriques qui existent dans tous les corps à l'état de combinaison et forment ensemble un fluide neutre ou naturel. Cette hypothèse étant admise, ils ont désigné l'un sous le nom de *fluide positif* ou *vitré*, l'autre sous celui de *fluide négatif* ou *résineux*.

Ils ont ensuite posé ce principe confirmé par un grand nombre d'expériences.

Deux corps, chargés de la même électricité se repoussent; deux corps chargés d'électricité contraire s'attirent.

Lorsque l'on frotte ensemble deux corps de nature quelconque, le fluide neutre de chacun d'eux est décomposé, et toujours l'un des corps prend le fluide positif et l'autre le fluide négatif. Cependant, l'électricité développée par le frottement varie selon la nature du corps frotté. Ainsi, le verre poli, frotté avec de la laine s'électrise positivement; le verre dépoli, frotté aussi avec de la laine, s'électrise négativement. L'espèce d'électricité dépend aussi de la nature du frottoir et de plusieurs autres circonstances que les livres de physique vous apprendraient aisément, mais que je tais pour ne pas sortir de mon sujet.

Les électricités contraires, avons-nous dit, tendent à se réunir; pour y parvenir, elles s'accumulent à la surface des corps qui en sont chargés et s'y maintiennent par la résistance de l'air qui les sépare. Mais si cette résistance diminue ou si la tension de l'électricité augmente, la force attractive des deux électricités l'emporte sur la résistance de l'air; elles se joignent et se recomposent en donnant naissance à une étincelle et à une détonation sèche.

Le même phénomène a lieu lorsqu'on présente la main à un corps fortement électrisé par la machine électrique. Ce corps décompose par influence l'électricité naturelle de la main, attire avec étincelle le fluide contraire et repousse le fluide similaire dans le sol où il se neutralise et se perd.

L'étincelle et l'explosion qui sont la conséquence de la jonction et de la recomposition des deux fluides ont une expansion et une force proportionnelles au volume des corps électrisés et à la tension de l'électricité. La commotion qu'elles produisent est quelquefois si violente, qu'aucun homme ne pourrait résister à son atteinte. Les inventeurs des machines électriques, du carreau fulminant, de la bouteille de Leyde ont failli périr victimes de leurs expériences.

Électricité de l'atmosphère.

Au moyen des expériences et des appareils dont nous avons parlé au commencement de ce chapitre, on a constaté que la terre et l'atmosphère qui l'entoure étaient remplies d'électricité.

L'électricité de la terre est constamment négative, mais à des degrés différents suivant l'humidité et la température de l'air.

L'électricité de l'atmosphère est toujours positive quand le ciel est pur ; mais cette électricité varie d'intensité avec la hauteur des lieux et avec les heures de la journée. Les maisons, les arbres éloignent l'électricité. En rase campagne elle ne devient sensible qu'à 1 mètre 30 centimètres du sol. Au lever du soleil, l'excès d'électricité est faible ; il augmente jusque vers huit ou onze heures selon les saisons et atteint alors un premier maximum qui décroît rapidement jusque un peu avant le coucher du soleil et augmente de nouveau pour atteindre un second maximum peu d'heures après son coucher ; le reste de la nuit, l'électricité décroît.

Quand le ciel est couvert, l'électricité de l'atmosphère est tantôt positive et tantôt négative. Il arrive même souvent qu'elle change de signe plusieurs fois dans une journée par le passage d'un nuage électrisé. La tension électrique peut devenir assez intense pour rendre la pluie étincelante, phénomène, dit M. Ganot, dont on a observé plusieurs exemples.

On a cherché à expliquer par différentes hypothèses l'origine de l'électricité atmosphérique ; mais une seule a été bien constatée, c'est l'évaporation de l'eau à la surface du sol. Pendant cette évaporation, les particules d'eau exercent, l'une sur l'autre et sur les substances dissoutes, un frottement continu qui développe l'électricité.

Electricité des nuages.

Les nuages qui ne sont que le résultat de l'évaporation de l'eau doivent donc renfermer une grande quantité d'électricité. Mais cette électricité est tantôt positive et tantôt négative. Elle est naturellement positive; car les vapeurs d'eau dont ils sont formés sont toujours électrisées positivement. Elle devient négative quand les nuages sont le résultat de brouillards qui, par la durée de leur station sur la terre, se sont chargés de fluide négatif; ou bien quand les nuages séparés de la terre par des couches d'air chargées d'humidité, ont été électrisés négativement par l'influence des nuages positifs qui ont repoussé dans le sol l'électricité positive.

De l'éclair, du tonnerre et de la foudre.

Vous comprenez aisément, d'après ce que nous venons de dire sur l'origine, la marche et les effets de l'électricité, comment l'éclair brille dans la nue, comment le tonnerre gronde, comment la foudre éclate dans l'air et tombe sur la terre avec une promptitude et une force que rien ne peut briser ou arrêter.

En effet, un nuage se forme et monte dans les hautes régions de l'atmosphère; il est chargé d'électricité positive. Il en survient un autre qui, soit par l'influence du premier, soit par sa propre formation, est chargé d'électricité négative. Ils s'attirent alors réciproquement. Mais une couche d'air plus ou moins épaisse les sépare. Les deux électricités contraires s'accumulent à la surface des deux nuages et augmentent d'intensité et de force d'attraction. Elles brisent la résistance de l'air qui les sépare; elles se joignent.

L'éclair brille, le tonnerre gronde, et les deux électricités, confondues et devenues la foudre, s'échappent en fluide électrique vers la terre où elles viennent se perdre et mourir.

Effets de la foudre et moyens de s'en garantir.

Les effets de la foudre sont aussi terribles que variés. Elle tue les hommes et les animaux, elle enflamme les matières combustibles, fond les métaux et brise en éclats les corps peu conducteurs qui s'opposent à son passage.

D'après la loi des attractions électriques, la foudre doit tomber sur les objets les plus rapprochés des nuages et de préférence sur les corps bons conducteurs de l'électricité. Dans les montagnes, elle tombe sur les pics de rochers les plus élevés; dans les plaines, elle tombe sur les tours, sur les clochers, sur les grands arbres, enfin sur le point culminant de la contrée.

Les métaux, l'or, l'argent, le fer attirent la foudre; les courants d'air l'attirent et lui ouvrent passage. Aussi pendant un orage, l'asile le plus sûr est une chambre fermée, sans dorures, sans cheminée, sans poêle, comme en rase campagne, un vêtement de laine sans broderies métalliques, sans chaîne d'or, sans montre, sans argent monnayé est le préservatif le plus certain.

La Providence prend soin du pauvre plus que nous ne pensons.

Il est toujours imprudent de se mettre à l'abri de l'orage sous de grands arbres surtout quand on tient à la main un fusil, une fourche, une

faulx ou tout autre instrument de fer. Il vaut
mieux rester isolé et gagner tranquillement son
logis d'abord, parce qu'on n'a rien à redouter de la
foudre, ensuite parce que si, par extraordinaire
le fluide électrique tombait sur vous, il passerait
sur vos vêtements mouillés sans vous blesser. Au
contraire, il vous traverserait le corps, s'ils
étaient secs.

Dans quelques contrées on sonne les cloches à
l'approche et même pendant les orages. Cet
usage a pour motif un sentiment pieux que je
suis bien loin de blâmer, mais cet usage est
excessivement dangereux : la vibration des cloches produit dans l'air un courant qui ajoute à la
puissance d'attraction du clocher et de la croix
de fer dont il est surmonté. La foudre suit le
courant d'air, tombe sur le clocher et le renverse ;
ou bien, si les ouvertures du clocher sont plus
larges que les jambages qui les séparent, le
fluide électrique tombe sur la cloche, suit la
corde et tue le sonneur. C'est précisément ce qui
est arrivé dans le mois de juillet 1856, à Cabazat,
petite ville du département du Puy-de-Dôme. Tant
de malheurs sont arrivés, par cette imprudence,
que les anciens parlements avaient rendu des
arrêts pour abolir l'usage de sonner les cloches
avant et pendant les orages.

Depuis quelques années les monuments publics
sont presque tous armés d'un préservatif de la
foudre appelé *paratonnerre*, dont le célèbre
Franklin est inventeur, et qui a été perfectionné
par les physiciens français. Cet instrument est en
deux parties : la *tige* et le *conducteur*. La *tige*

est une barre de fer rectiligne, longue de six à
neuf mètres, terminée en pointe par du cuivre
rouge et ayant à sa base un tasseau carré en fer
de cinq à six centimètres de côté. On fixe cette
tige sur le faîte des édifices que l'on veut préserver. Le *conducteur* est une corde métallique en
fil de fer ou de cuivre rouge qui part du pied de
la tige et descend le long de l'un des murs extérieurs de l'édifice jusqu'au sol où elle est enterrée
à cinq ou six mètres de profondeur.

Si un orage éclate à proximité de l'édifice, le
fluide électrique est attiré par la tige du paratonnerre et descend par la corde métallique jusque
dans le puits ou le trou pratiqué pour en recevoir
l'extrémité et qu'on a eu soin de remplir de
braise de boulanger. Là, le fluide électrique se
neutralise et se perd en se combinant avec le sol.

L'électricité étant répandue dans tous les
corps, la terre et l'air en étant plus ou moins
saturés, l'électricité, dis-je, a une grande influence sur les animaux et sur les végétaux.

Comme nous l'avons dit, en traitant de la
pluie, les graines ne germent jamais mieux,
les plantes ne poussent jamais avec plus d'activité, les fleurs n'exhalent jamais plus de parfums,
les hommes et les animaux ne respirent jamais
plus librement qu'au moment des orages.

CHAPITRE VII.

DES MÉTÉORES AÉRIENS.

Des Vents.

Le vent n'est autre chose qu'un air agité, une portion de l'atmosphère qui se meut comme un courant, avec une certaine vitesse et une direction déterminée.

L'action des rayons solaires, la condensation des vapeurs terrestres en nuages, les grandes pluies, le flux et le reflux de l'Océan, les tremblements de terre, en général tout ce qui peut rompre l'équilibre de l'atmosphère, produit du vent.

Quand l'une de ces causes a lieu dans une contrée, la température change. Si la température s'élève, c'est-à-dire si elle devient plus chaude, l'air s'échauffe, se dilate, et, devenu plus léger, il monte dans les hautes régions de l'atmosphère ; un air plus froid venant d'une contrée voisine prend aussitôt la place abandonnée par l'air chaud. De là deux courants d'air en sens contraires : l'air chaud allant au nord ; l'air froid allant au sud. La force et la durée de ces courants d'air sont proportionnelles à l'intensité de la cause qui les a produits.

Chaque grande contrée a des vents particuliers qu'elle doit à sa position géographique et à la conformation géologique de son territoire. On les divise en vents réguliers, vents périodiques et vents variables.

Les vents réguliers sont les vents *alizés* qui se font sentir toute l'année sur l'océan Atlantique, entre l'Europe et l'Amérique. Ils soufflent du nord-est au sud-ouest dans l'hémisphère boréal, et du sud-est au nord-ouest dans l'hémisphère austral.

Les vents périodiques soufflent toujours dans la même direction, aux mêmes saisons et aux mêmes heures de la journée : tels sont la *mousson*, le *samoun*, le *chansin*, le *sirocco* et la *brise*.

Les vents mousson règnent constamment dans les mers de Chine, de Perse et d'Arabie. Pendant l'été ils soufflent de la mer vers les continents ; pendant l'hiver, ils soufflent des continents vers la mer.

Le samoun est un vent brûlant qui vient des déserts sablonneux de l'Asie.

Le chansin est le vent du sud qui règne en Egypte dans les mois de mai et de juin. Il dessèche et brûle tout sur son passage. L'Egypte serait inhabitable si le vent du nord ne venait, vers le milieu de juin, rafraîchir l'atmosphère et refouler vers l'Abyssinie les vapeurs soulevées par le chansin. Ces vapeurs pressées par ces deux vents sur les montagnes de la Nubie se résolvent en pluies torrentielles qui font déborder le Nil sur toute la surface de l'Egypte.

Le sirocco est encore un vent du sud qui prend naissance dans le grand désert·de *Sahara ;* il traverse l'Algérie et se fait sentir jusqu'en Italie et sur les côtes du Languedoc et de la Provence.

La brise est un des vents frais qui règnent presque constamment sur les bords de la mer. Pendant la journée, ils soufflent de la mer vers la terre ; pendant la nuit ils soufflent, au contraire, de la terre vers la mer, c'est-à-dire de la région la plus froide vers la région la plus chaude. Ces vents existent aussi dans le voisinage des montagnes.

Les vents variables soufflent dans toutes les directions sans qu'on puisse constater la loi qui les dirige si ce n'est le cours des grandes rivières et les chaînes de montagnes. Chaque contrée, ou plutôt comme l'on dit en géographie, chaque bassin de rivière a ses vents propres.

Mais, pour ne pas nous perdre dans une nomenclature trop étendue, bornons-nous à expliquer la nature et les effets des huit vents qui soufflent le plus fréquemment dans nos contrées.

Il y a quatre vents principaux : le *vent du midi,* le *vent du nord,* le *vent d'ouest ou d'occident,* le *vent d'est ou d'orient.*

Le *vent du midi,* qu'on appelle simplement le *vent* dans nos montagnes, est chaud parce qu'il vient de l'Afrique ; il amène ordinairement la pluie parce que, traversant la Méditerranée, il pousse vers la France les vapeurs aqueuses que le soleil a soulevées.

Le *vent du nord* est froid parce qu'il vient des
contrées que le soleil ne réchauffe jamais assez
pour fondre les glaces dont elles sont couvertes.
Il donne ordinairement le beau temps parce que,
les vapeurs terrestres ou aqueuses de ces contrées glacées n'étant pas assez dilatées par les
rayons solaires pour s'élever et voguer dans l'air,
il n'en chasse point devant lui ; loin de là, il
refoule vers des contrées plus chaudes les vapeurs
que les vents du sud auraient amenées.

Le *vent d'ouest* ou *d'occident*, vulgairement
appelé *traverse*, donne souvent de la pluie parce
qu'il pousse vers nos contrées les vapeurs échappées de l'Océan.

Le *vent d'est* ou *d'orient* est sec parce qu'il
vient du vaste continent asiatique qui a peu de
mers et dont nous sommes séparés par de vastes
chaînes de montagnes qui arrêtent les nuages qui
auraient pu se former à leur orient.

Outre ces quatre vents principaux ou directs,
il en existe quatre autres que j'appellerai intermédiaires. Ils n'ont point de caractères particuliers ; mais ils participent des vices et des vertus
des deux vents principaux entre lesquels ils se
trouvent. On les désigne par les deux noms réunis
de ces deux vents principaux :

1° *Nord-est*, 2° *nord-ouest*, quand leur direction
est du nord au sud ; 3° *sud-est*, 4° *sud-ouest*,
quand leur direction est du sud au nord.

Le *vent du nord-est*, vulgairement désigné
sous le nom de *bise*, participant des vertus du
vent du nord qui est froid et du vent d'est qui est
sec, donne de la fraîcheur et du beau temps.

Le *vent du nord-ouest*, participant du vent du nord qui est froid et du vent d'ouest qui amène de la pluie, nous amène un temps variable.

Le *vent du sud-est* ne sera ni si chaud ni si pluvieux que le vent du midi; et, comme il peut participer plus ou moins du vent d'est qui est sec, il pourra quelquefois souffler plusieurs jours sans pluie : c'est ce qui lui a fait donner dans nos campagnes le nom de *vent blanc*.

Le *vent du sud-ouest*, réunissant les vices des deux vents du sud et de l'ouest, et la violence que leur donnent les vastes mers qu'ils traversent et la masse énorme des vapeurs qu'ils entraînent, donne des pluies et des tempêtes.

Dans la belle saison, principalement en été, le soleil, en paraissant le matin sur l'horizon, dilate devant lui l'air refroidi par la nuit et produit un vent frais et quelquefois froid qui s'affaiblit à mesure que cet astre s'élève dans les cieux. C'est ce vent qu'on appelle *soleure* ou *matinière*; sa direction est d'orient en occident. Quand il n'est pas trop fort, il est ordinairement l'indice d'un beau jour.

Mais comme il est froid, il pourrait nuire à la végétation des plantes élevées sous cloche ou sous châssis si l'on ouvrait ces abris pendant qu'il se fait sentir; il faut donc attendre qu'il ait cessé, ce qui arrive à neuf ou dix heures du matin.

De l'influence des vents sur la végétation.

A son point de départ, l'air ayant une température acquise, la transporte avec lui quand il se

met en mouvement, et ce n'est que peu à peu
qu'il en change en traversant des pays qui ont
une température différente et en se mettant en
équilibre de température avec eux.

Dans la vallée du Rhône et aussi dans la vallée
de l'Isère, le vent du nord abaisse la température
de sept degrés environ. Si un pareil abaissement
de température survient au printemps, après
quelques jours calmes et sereins pendant lesquels
la température s'est élevée, toute la végétation
est souvent compromise; alors même qu'il n'y a
pas eu de gelée et que les organes des plantes
ont conservé leur vitalité, leur développement
est arrêté et ils restent rabougris. Les bourgeons
qui poussent plus tard prennent bien toute leur
croissance, mais jamais les feuilles et les rameaux
qui ont subi cet arrêt de végétation ne se remet-
tent complétement. Cet accident est surtout
funeste aux prairies et aux mûriers. Quant aux
prairies, ce qu'il y a de mieux à faire, c'est de
hâter leur coupe afin de gagner du temps au
profit des coupes suivantes. Pour les mûriers, il
faut attendre le développement de nouveaux
bourgeons, retarder l'époque de l'éclosion des
vers à soie, et même sacrifier ceux qui sont nouvellement éclos, afin que la nouvelle feuille puisse
se développer avant la grande consommation.

Si cet abaissement de température arrive après
une pluie tiède, les inconvénients que nous venons de signaler sont bien plus graves, car il y a
presque toujours gelée : la vigne, les arbres fruitiers et surtout les amandiers, les pêchers, les

abricotiers, les pruniers, les cerisiers sont rendus improductifs.

Les vents secs hâtent d'autant plus la dessication de la terre qu'ils sont plus rapides. Après quelques jours de leur règne, le sol se durcit et cet état prolongé au printemps nuit beaucoup à la croissance des plantes. Le blé reste bas et ne talle pas. Les prairies qui ne peuvent être arrosées fournissent peu de foin, et celles qui peuvent être arrosées ne profitent de l'irrigation qu'autant que le vent sec n'est pas froid.

Les vents humides et chauds sont généralement favorables aux plantes et surtout aux fourrages. Cependant on a remarqué que sous leur influence la fécondation se fait mal, que la fructification est imparfaite, et que la maturité est retardée.

Les vents secs et chauds causent une évaporation très-rapide; l'impression pénible qu'ils font éprouver soit aux plantes, soit aux animaux, soit aux hommes est encore plus fâcheuse si, comme le *chansin* d'Egypte, comme le *samoun* d'Arabie, comme le *sirocco* d'Afrique, ils transportent avec eux du sable échauffé par le soleil du midi. En Egypte, en Arabie et en Afrique, quand ces vents soufflent, l'air s'obscurcit, la peau se dessèche, la respiration est accélérée et la soif devient ardente. On dit même que les indigènes de l'Afrique, pour se préserver des funestes effets d'une transpiration cutanée trop abondante et trop rapide, s'enduisent le corps de graisse.

Les vents modérés, au contraire, sont favorables à la végétation : l'agitation qu'ils impriment

aux plantes fortifie leurs fibres, la fécondation
des germes est plus complète, les racines, surtout celles des arbres, s'étendent davantage et
s'attachent plus fortement au sol. On a remarqué,
lors des ouragans (*violente tempête accompagnée
de tourbillons*), que les arbres des régions très-
venteuses résistaient à leur furie, tandis que dans
les régions habituellement calmes, où ils sont
moins fortement enracinés, ils étaient souvent
renversés. C'est à cause de cela qu'il est prudent
de garantir ses jardins, ses vergers, ses plantations par des murs, des haies ou de grands
arbres qui puissent arrêter ou briser la violence
des vents du sud.

Un grand nombre de plantes redoutent les
expositions venteuses : ce sont celles dont la tige
est molle ou cassante et celles dont les graines se
répandent aisément, telles sont : le chanvre, les
pois, les pavots, le sésame, etc., etc.

CHAPITRE VIII.

DES MÉTÉORES AQUEUX.

Des brouillards.

On donne le nom de brouillard à un amas de vapeurs qui s'élèvent de la terre et restent plus ou moins longtemps à sa surface. Les lieux bas, surtout ceux qui ont des étangs ou des marais, les confluents des rivières ont des brouillards plus épais et bien plus fréquents que les lieux élevés. Quand au commencement de l'automne ou du printemps on se trouve sur une montagne, il n'est pas rare de voir toute la plaine couverte d'un brouillard épais qui, poussé quelquefois par le vent, ressemble à une mer agitée.

Les brouillards sont souvent très-humides, attendu qu'ils ne sont que de l'eau réduite en vapeur très-disséminée ; ils tombent alors en petites gouttelettes plus légères que la colonne d'air qui les soutient. Ces gouttelettes, presque imperceptibles, s'attachent à tous les corps et les pénètrent d'autant mieux qu'ils n'en perdent aucune parcelle : les murs et même l'intérieur des maisons en sont humectés.

L'odeur désagréable, quelquefois fétide, que répandent les brouillards est malsaine et peut causer des maladies; cette odeur provient des fluides élastiques qui se dégagent de la terre, tels que l'hydrogène et l'azote et qui tiennent en dissolution du soufre, du carbone, du phosphore et d'autres substances combustibles.

Les physiciens distinguent plusieurs espèces de brouillards; mais, sous le rapport agricole, M. de Gasparin les réduit à deux : les brouillards secs et les brouillards humides. Selon ce savant agronome, les brouillards secs, à la fin du printemps ou au commencement de l'été, sont accompagnés d'une grande activité d'évaporation suivie de froid et qui produit en peu d'heures des masses de nuages et des pluies d'orage. Cette évaporation excessive s'empare de l'humidité des plantes quand elles approchent de leur maturité : l'on voit alors les blés jaunir et même blanchir comme s'ils avaient mûri tout à coup; et si le grain est encore plein de sucs laiteux, il devient *retrait* et quelquefois se vide complétement, ne gardant que son écorce. C'est le phénomène qu'on appréhende si fort dans le Midi où on le désigne sous le nom de *ventaison des blés*.

Un autre agronome célèbre, Duhamel, attribue aux brouillards secs du printemps la maladie des blés appelée la *rouille*. Cette rouille n'est qu'une espèce de plante cryptogame qui naît sur les feuilles et sur les tiges, s'y attache et y puise sa nourriture aux dépens de l'épi.

Les brouillards humides sont favorables à l'agriculture tant que les plantes ne sont pas voisines de leur maturité. Ils apportent avec eux, comme la rosée, de l'humidité et différentes substances fertilisantes en dissolution.

Les brouillards d'automne fertilisent aussi la terre en lui communiquant les sels, les gaz et autres matières qu'ils contiennent; c'est pour cela qu'il est utile de profiter de leur présence pour labourer et ensemencer les terres.

Un léger brouillard en été, avant le lever du soleil, est un signe de beau temps; mais s'il s'élève peu à peu sur les collines, il annonce la pluie.

Des nuages.

Les brouillards, avons-nous dit, sont des vapeurs d'eau qui sortent de terre et restent à sa surface jusqu'à ce qu'elles soient dissipées par le soleil. Mais si ces vapeurs s'élèvent du sol par l'effet des courants d'air, elles traversent des couches d'air plus ou moins sèches, et si, arrivées à une certaine hauteur, elles trouvent une température plus froide, elles saturent complétement l'air qui les environne, passent à l'état vésiculaire et forment un amas de vésicules *(petites vessies)*, c'est-à-dire un nuage qui s'épaissit, s'étend et couvre tout l'horizon.

Ces nuages, poussés par les vents, se dissipent quelquefois en traversant des surfaces aqueuses ou des surfaces terrestres, mais stériles, sablonneuses ou rocheuses et, par conséquent, réfrigérantes. Le plus souvent ils ne font que perdre une partie de leur densité, et, arrivés dans des contrées cultivées, par conséquent plus chaudes et plus absorbantes, ils s'y condensent de nouveau et s'y résolvent en pluie.

Enfin, en passant des plaines échauffées aux froides montagnes, nous les voyons s'y arrêter et les couronner de ces chapeaux que, de loin, on dirait immobiles, mais qui sont animés d'un vif mouvement et qui se dissolvent en vapeurs invisibles quand ils les ont dépassées.

Les saisons, la chaleur amènent des résultats différents : les vapeurs qui en été passent invisibles sur les côtes méridionales et occidentales de la France se condensent en nuages en arrivant dans des contrées moins échauffées par les rayons solaires et y déchargent leur eau. En automne, au contraire, elles trouvent sur ces mêmes côtes une température qui les condense immédiatement et les précipite en pluie.

On peut tirer de là cette conséquence qu'une réfrigération trop active et une chaleur trop puissante s'opposent également, mais par des effets contraires, à la condensation des vapeurs en nuages et à la solution de ces derniers en pluie.

Les nuages, selon qu'ils sont plus ou moins réfrigérés, plus ou moins chargés d'électricité, selon les vents qui les poussent, affectent diverses formes et prennent des teintes différentes entre elles. Ces formes et ces teintes diverses étant des probabilités de beau temps, de pluie ou d'orage, on a donné aux nuages des noms qui les caractérisent. On les appelle :

1° *Cirrus*, 2° *Cumulus*, 3° *Stratus*, 4° *Nimbus*.

Les *Cirrus* sont de petits nuages blanchâtres offrant l'aspect de filaments déliés assez semblables à de la laine cardée; ce sont les nuages les plus élevés, et, vu la basse température des régions qu'ils occupent, on croit qu'ils sont formés de particules glacées ou de flocons de neige. Leur présence est souvent l'indice d'un changement de temps.

Les *cumulus* sont des nuages arrondis, ressemblant à des ballots de laine ou à des montagnes entassées les unes sur les autres. Ils sont plus fréquents en été qu'en hiver, et, après s'être formés le matin, ils se dissipent souvent le soir. Si, au contraire, ils deviennent alors plus nombreux et surtout s'ils sont surmontés de *cirrus*, on doit s'attendre à de la pluie ou à de l'orage.

Les *stratus* sont des couches nuageuses horizontales, très-larges et continues qui se forment au coucher du soleil et disparaissent à son lever. Ils sont fréquents en automne et rares au printemps. Ils sont plus bas que les précédents.

Les *Nimbus*, ou nuages de pluie, n'affectent aucune forme caractéristique; ils sont mêlés, confondus et ne se distinguent que par une teinte grise plus foncée et uniforme et par des bords frangés. Au-dessous des *nimbus* se forment quelquefois, en été et dans le midi, des couches de *cumulus* : c'est le signal des tempêtes.

La hauteur des nuages est très-variable; en moyenne elle est de 1,200 à 1,400 mètres en hiver, et de 3,000 à 4,000 mètres en été.

Les nuages étant les avant-coureurs et les réservoirs de la pluie, exercent une grande influence sur la végétation. Cette influence est directe et indirecte. Elle est directe au printemps

et en automne parce que les nuages se résolvent
promptement et complétement en pluie dans une
température qui leur est similaire; ils épurent
l'air et augmentent la force du rayonnement
du soleil, donnant ainsi de l'humidité et de la
chaleur aux plantes, aux époques où elles ont
un si grand besoin de l'une et de l'autre. Elle est
indirecte : 1° en empêchant le rayonnement de
la terre vers l'espace et en tendant ainsi à lui
conserver sa chaleur acquise; 2° en transmettant
à la terre une partie de leur chaleur propre par
l'action du soleil sur leur partie supérieure;
3° en empêchant les rayons du soleil de frapper
la terre et abaissant ainsi la chaleur des jours.
Les pays nébuleux ont donc nécessairement une
température uniforme qui varie peu d'un jour à
l'autre et du jour à la nuit.

D'après ce qui précède, vous voyez que les
nuages ne sont que des brouillards plus conden-
sés et passés à l'état vésiculaire; ils en ont donc
les effets, les avantages et les inconvénients. Ils
rendent, comme eux, une odeur désagréable
quand, en été, ils se résolvent en grosses gouttes
de pluie, parce qu'ils contiennent, comme eux,
de l'azote et de l'hydrogène et qu'ils tiennent en
dissolution les mêmes matières.

En général, ils annoncent la pluie; mais quand
ils sont légers et floconneux, quand ils se dissipent dans l'air, quand le vent du nord les chasse
légèrement devant lui, ou qu'ils suivent en petite
quantité la direction des montagnes, alors il y a
probabilité de beau temps.

De la pluie.

Nous avons expliqué le mécanisme qui fait monter les vapeurs, qui les dissout dans l'air, qui les groupe en vésicules et les soutient dans l'atmosphère. Expliquons maintenant les causes qui peuvent les faire passer à l'état liquide, c'est-à-dire les résoudre en pluie.

Ces causes sont au nombre de quatre :

1° Le refroidissement de l'espace que ces vapeurs occupent ;

2° Le rétrécissement de cet espace causé par une pression quelconque ;

3° La présence d'une couche de nuages *stratus* formée de particules glacées et qui se trouve placée entre le soleil et la couche de nuages qui couvre l'horizon ;

4° L'arrivée d'un air ou d'un vent plus froid qui se mêle à un air plus chaud.

Quant à la pluie causée par le refroidissement de l'espace occupé par les vapeurs, il faut savoir que l'air saturé de vapeurs en contient des quantités différentes selon sa température. Ainsi, selon les expériences du physicien August, un mètre cube d'air à la température

de   0 peut être saturé par   5 gr. 66 de vapeurs.
de   5   —   par 7 — 77   —
de 10   —   par 10 — 57   —
de 20   —   par 18 — 77   —
de 30   —   par 31 — 93   —

D'où il suit que toutes les fois que la température de l'espace saturé viendra à baisser par une cause quelconque, il ne pourra plus contenir toutes les vapeurs qu'il renferme et il y aura précipitation d'eau.

Quant au rétrécissement de l'espace, c'est encore plus facile à comprendre : lorsque des nuages rencontrent des chaînes de montagnes et que leur pesanteur spécifique ne leur permet pas de s'élever, ils sont pressés par les nouveaux nuages qui arrivent poussés par les vents. La masse s'épaissit sans pouvoir dépasser le sommet des montagnes, et alors la pression étant plus forte que la résistance des vésicules dont les nuages sont formés, il y a rupture et par conséquent pluie d'autant plus abondante que la masse de nuages est plus épaisse. C'est ce qui est arrivé à Voreppe et dans tout le Graisivaudan les 30 et 31 juillet 1851.

A l'approche des orages (1) deux nuages viennent à la rencontre l'un de l'autre, ou l'un poursuit l'autre qui n'est pas animé d'une aussi grande vitesse. Quand ils s'approchent, il y a d'abord contraction c'est-à-dire resserrement des deux nuages sur eux-mêmes ; puis, ils se heurtent, l'éclair brille, le tonnerre éclate ; les deux nuages mis alors en équilibre d'électricité et de température se mêlent et la pluie se précipite sur la terre.

La troisième cause de pluie n'est pas aussi sensible ; elle demanderait des explications et

---

(1) On appelle orage une violente agitation de l'air accompagnée de pluie, d'éclairs, de tonnerre et quelquefois de grêle.

des démonstrations qu'un cours complet de physique pourrait seul vous donner. Je me bornerai
donc à vous dire que dans les hautes régions de
l'air, il existe souvent des couches de nuages
stratus qui sont d'autant plus froides qu'elles sont
plus élevées, parce que les rayons solaires les
traversent sans les échauffer : le soleil n'é-
chauffe que les corps solides ou opaques. Si au-
dessous de ce *stratus* il se forme d'autres couches
de nuages, le *stratus* se condense, se replie sur
lui-même de bas en haut, faute d'espace; et il
met obstacle à ce que les nuages inférieurs puissent être échauffés par le soleil, et même il les
dépouille de leur calorique. Les nuages inférieurs,
dans cette situation, se résolvent en ces pluies
d'autant plus froides et plus persistantes que le
stratus est plus étendu et l'air plus calme. Cette
rencontre de ces deux ordres de nuages est proprement ce qui constitue le *nimbus*.

La quatrième cause de pluie, l'arrivée d'un
air plus froid qui se mêle à un air chaud ou
presque saturé de vapeurs, arrive fréquemment
dans la vallée de l'Isère comme dans celle du
Rhône. Nous l'avons souvent observée à Voreppe.
Un vent du nord, sec et froid, venant par le col
de la Placette, succède subitement à un vent
d'ouest. Les vapeurs amenées par ce dernier vent
passent à l'état vésiculaire, se condensent, cou-
ronnent la montagne appelée le grand Ratz,
s'étendent et se résolvent en pluie fine et serrée
qui dure quelquefois plusieurs jours malgré le
vent du nord qui se fait toujours sentir.

D'après ces explications vous comprenez qu'il

doit y avoir autant d'espèces de pluie qu'il y a de causes qui la déterminent. On distingue donc quatre espèces de pluie : 1° la *bruine* ; 2° la *pluie moyenne accidentelle* ; 3° la *grosse pluie* ; 4° la *pluie d'orage.*

La bruine est une petite pluie très-fréquente au commencement du printemps et de l'automne ; elle est ordinairement produite par la quatrième cause ; elle tombe en petites gouttelettes très-fines et très-serrées.

La pluie moyenne est le résultat de la première cause ; elle tombe en molécules plus condensées, plus épaisses que celles de la bruine, et par conséquent, avec plus d'abondance, de force et de vitesse. Elle est souvent de courte durée.

La grosse pluie est le résultat de la troisième cause ou du *nimbus.* Ses molécules sont encore plus épaisses que celles de la pluie moyenne. Ce qui la caractérise dans le Graisivaudan ou vallée de l'Isère, c'est sa persistance.

La pluie d'orage est produite par la seconde cause : le rétrécissement de l'espace occupé par les nuages. Elle est toujours précédée d'une grande chaleur et accompagnée de vents impétueux. Si elle est plus forte, plus redoutable que les précédentes elle dure bien moins longtemps.

Les pluies douces des mois de mars et d'avril purifient l'air, favorisent les labours, la germination des graines et la reprise des arbres nouvellement plantés ; elles augmentent le produit des prairies. Les pluies modérées de l'été rafraîchissent l'air et assurent l'abondance des récoltes d'automne. Cependant nous avons remarqué que les pêches, les melons, les prunes, les fraises, etc., devenaient aqueux et sans saveur après une pluie survenant peu de temps avant leur maturité.

Les petites pluies d'automne font grossir les fruits, favorisent les semailles et prolongent la végétation.

Les longues pluies sont nuisibles en toute saison, mais principalement au printemps et en automne : au printemps, elles mettent obstacle au développement des germes; en automne, elles font pourrir les fruits.

Les pluies d'orage ne sont pas toujours funestes : quand elles sont de courte durée et pas trop violentes, elles sont au contraire salutaires. Dans les grandes chaleurs de l'été, les hommes, les animaux sont accablés de lassitude, les plantes sont desséchées, les arbres se flétrissent. Un orage survient : l'acide carbonique, l'électricité, le calorique dont l'air est chargé avec excès se mêlent, la foudre éclate, l'eau ruisselle presque instantanément. Les hommes et les animaux respirent avec plus de liberté, les plantes se redressent, les arbres reverdissent, la nature tout entière a changé d'aspect et repris une nouvelle vie. Quelle est la cause d'un bien-être aussi instantané? La voici : l'air a été rafraîchi et purifié par l'orage.

Il pleut moins souvent dans les vastes plaines, surtout dans celles qui sont stériles et dépourvues d'eau, que dans les contrées voisines des grands fleuves, des grands étangs, des grands marais, attendu que la terre plus sèche et moins absorbante, rend moins de vapeurs à l'action des

rayons solaires. Dès lors il n'y a ni attraction ni
équilibre possible; les nuages, quand il en survient dans ces plaines, les traversent sans y
répandre leurs eaux et sans obstacles. C'est par
une raison contraire qu'il pleut fréquemment
dans les contrées cultivées voisines des hautes
montagnes : les nuages y sont arrêtés, et, par
les causes que nous avons décrites, s'y résolvent
en pluies douces et moyennes quand ces montagnes sont couvertes d'arbres de haute futaie, et en
pluies torrentielles et dévastatrices quand elles
sont dénudées de leur riche et salutaire végétation. En effet, les grands arbres retiennent les
terres par leurs nombreuses et profondes racines;
et, par leurs rameaux vastes et élevés, ils rom-
pent et brisent les nuages, et mettent ainsi obstacle à leur amoncellement, à la combinaison des
gaz et à l'action de l'électricité.

De la rosée.

On appelle rosée l'eau qui tombe pendant la
nuit sur les plantes et qui est dissipée ou séchée
le matin par la chaleur du soleil ou par l'action
du vent.

Pour qu'il y ait formation de rosée, il faut
qu'il y ait abondance de vapeurs dans l'air pendant le jour et abaissement de température dans
l'atmosphère pendant la nuit. Il faut encore que
cet abaissement de température soit au moins de
cinq degrés pour que les vapeurs, ne pouvant plus
exister à l'état gazeux, reprennent la forme
liquide. Plus cet abaissement est prononcé, plus
il y a de rosée.

Mais la rosée ne se produit sur les végétaux qu'autant que nul obstacle n'est interposé entre le ciel et le végétal. Un paillasson, un toit, un nuage, en général tout ce qui peut dérober aux végétaux la vue du ciel, prévient ou modère tellement l'abaissement de la température sur les végétaux abrités qu'il ne peut y avoir production de rosée. C'est ainsi qu'il n'y a jamais de rosée quand le ciel a été couvert de nuages pendant la nuit.

Les rosées sont plus abondantes dans les pays chauds que dans les pays froids; elles sont aussi plus abondantes dans les pays bas et humides que dans les pays secs et élevés. Au Pérou, dans l'Arabie, dans le Languedoc, en Provence, où il pleut très-rarement, elles sont si fortes qu'elles suffisent à la végétation des plantes. Cela vient de deux causes : de la grande quantité de vapeurs dont l'air est saturé et de l'acide carbonique contenu dans la rosée. Cet acide carbonique, nageant dans les couches inférieures de l'atmosphère, pénètre plus facilement dans le tissu cellulaire des plantes imbibées d'eau et favorise extrêmement la végétation. Par la même raison, la rosée mouille et pénètre les souliers et les étoffe plus vite et plus profondément que l'eau ordinaire, et même elle brûle le cuir.

Rien n'est plus funeste aux animaux domestiques et surtout aux moutons que la pâture d'herbages couverts de rosée; elle les expose à un relâchement extrême, à l'enflure, au météorisme des viscères. Ces maladies pourraient les faire périr si de prompts remèdes ne leur étaient pas administrés. On ne doit donc les envoyer au pâturage que quand la prairie a été séchée par le soleil.

Du serein.

Le serein est cette humidité qui se manifeste dans l'atmosphère pendant les soirées d'été après le coucher du soleil. C'est la rosée du soir puisqu'il provient de la même cause, c'est-à-dire des vapeurs que la chaleur du jour avait soulevées et qui , étant condensées par le refroidissement de l'air, retombent sur la terre en gouttelettes imperceptibles.

Si le serein peut être nuisible, ce n'est que dans les contrées marécageuses, où des gaz, des miasmes délétères échappés des marais retombent avec lui et pénètrent dans les poumons par le jeu de la respiration.

Cependant un agriculteur mis en transpiration par un travail pénible fera très-bien de ne pas rester au serein la tête découverte et les bras nus.

Gelée blanche.

On appelle gelée blanche une multitude de petits glaçons fort menus qu'on voit le matin, vers la fin de l'hiver et quelquefois au commencement du printemps, sur les champs et sur les toits où ils forment une couche dont la blancheur égale celle de la neige. On pourrait l'appeler *rosée d'hiver*, car elle est produite par le même phénomène ; les vapeurs dont l'air était saturé pendant

le jour ont été condensées par le refroidissement
de la température pendant la nuit; mais ce refroidissement ayant été plus intense de deux ou
trois degrés, les vapeurs, au lieu d'être converties
en eau, ont été converties en petits glaçons.

La gelée blanche, souvent reproduite, peut
causer de grands dommages à la vigne, aux mûriers, aux arbres fruitiers, aux espaliers. Elle
leur est surtout funeste quand elle arrive pendant
la lune d'avril vulgairement appelée *lune rousse*.
Hélas! cette lune est bien innocente des malheurs
dont on l'accuse. Les variations atmosphériques,
les froids qui surviennent à cette époque, sont
indépendants de son action. Si les plantes et les
arbres ont tant à en souffrir, c'est que par suite
des pluies assez fréquentes à cette époque et du
rayonnement nocturne, la température des jeunes
bourgeons, des jeunes feuilles, des fleurs, imbibés
de sucs, descend au point de la formation de la
glace.

C'est pour prévenir la congélation des fleurs
et des bourgeons des pêchers que les horticul-
teurs abritent leurs espaliers avec des paillassons.

Du givre.

Le givre est une très-forte gelée blanche, avec
cette différence que le givre doit son origine à
toutes les vapeurs aqueuses quelles qu'elles soient,
répandues dans l'atmosphère et qui s'arrêtent en
se congelant sur tous les corps, de telle sorte
qu'on les dirait couverts de neige.

La respiration et la transpiration des hommes

et des animaux se transforment en givre quand au matin d'un jour de février ou de mars on traverse, par un temps froid et brumeux, une contrée humide ou exposée à un vent du nord-ouest. La barbe, les cheveux, les poils des animaux sont en peu d'instants couverts de petits glaçons.

En hiver, dans un salon très-chaud la veille, on voit le lendemain matin, les vitres couvertes de glace. Cette glace n'est autre que du givre produit par les vapeurs intérieures qui se sont attachées au verre et qui ont été gelées par la froide température de l'air extérieur.

De la neige.

Quand la neige tombe, au commencement de l'hiver, vous êtes tous joyeux et vous vous promettez bien de la faire servir à vos plaisirs. Je n'en suis pas étonné ; j'étais comme vous à votre âge, et, pas plus que vous, je ne m'inquiétais de son origine. Et pourquoi ne seriez-vous pas joyeux ? elle est si blanche et si pure ! Les agriculteurs ont passé l'âge de l'insouciance et pourtant ils sont aussi joyeux que vous quand ils la voient tomber à gros flocons, et surtout quand elle couvre longtemps la campagne.

En effet, la neige protége les blés et toutes les plantes semées avant l'hiver contre les effets désastreux des variations de température et des fortes gelées. Elle les garantit du rayonnement nocturne; elle concentre sur leurs racines la chaleur intérieure de la terre et les gaz fertilisants qu'elle a puisés dans l'atmosphère.

Sous son tapis protecteur, les plantes prennent la force qui leur est nécessaire pour assurer leur fécondité. A la ferme, bêtes et gens tout se repose. On n'a plus à s'occuper que de ses travaux intérieurs que l'on fait en famille, souvent auprès du feu ; de ces travaux qui sont des délassements, je dirais même des jeux animés par la joie, embellis par l'espérance.

De plus, mes enfants, la neige est l'un de ces étonnants et magnifiques procédés dont Dieu se sert pour entretenir toujours pleins les réservoirs d'eau qu'il a placés sur les montagnes. Elle y tombe plus souvent et en plus grande abondance que dans la plaine ; elle s'y gèle et n'y passe à l'état liquide qu'en été, pour alimenter les sources, les rivières et les fleuves.

Que de motifs pour désirer savoir comment la neige se forme. Rien n'est plus facile quand on sait déjà comment se forment les brouillards et les nuages ; quand on sait comment les nuages se résolvent en pluie en arrivant dans une température plus froide. M. de Gasparin va vous l'apprendre en peu de mots : « Quand la tempé- » rature qui détermine la précipitation de la » vapeur descend au-dessous de zéro, chaque » particule d'eau forme un petit flocon de glace, » et il tombe de la neige au lieu de pluie. »

Les physiciens distinguent trois espèces de neige : 1° la *neige polaire* ; 2° la *neige ordinaire* ; 3° la *neige élémentaire*. Il en est une quatrième : le *grésil*.

La neige polaire est en flocons étoilés à six rayons, ou en plumes ; ils sont ordinairement peu serrés et produisent peu d'eau. Elle ne tombe que par un froid de six degrés au moins.

La neige ordinaire a les flocons plus serrés et plus arrondis ; elle produit une plus grande quantité d'eau. Elle tombe par un froid de deux à trois degrés.

La neige élémentaire est cette neige fine, presque semblable à de la poussière, qui tombe les jours de brouillards par un froid de six à sept degrés au moins. Elle se forme probablement près de la terre, dit le même auteur, et fond pendant la nuit.

Le grésil est formé de gouttes de pluie qui se gèlent en tombant.

Mais si la neige est un bienfait du *Créateur* pour l'alimentation des cours d'eau, si elle est utile à l'agriculture quand elle reste longtemps sur la terre, il n'en est pas de même quand les variations de la température la font tomber et fondre trop souvent pendant l'hiver : les blés saturés d'eau peuvent pourrir ou être fortement endommagés par le déchaussement de leurs racines.

Quand il tombe beaucoup de neige dans les mois de décembre, janvier et février quelques personnes manifestent des craintes d'inondation. Qu'on se rassure. Cette neige fortement gelée ne fond que peu à peu et par couche très-mince. Celles que les propriétaires des bords du Rhône et de l'Isère ont à craindre sont les neiges précoces ou tardives, c'est-à-dire celles qui tombent quelques jours avant ou après la Toussaint, ou dans le mois de mars ; encore faut-il qu'elles soient très-abondantes et suivies de plusieurs jours de pluie. De mémoire d'homme, il n'était jamais tombé autant de neige que dans l'hiver 1844-1845 : on n'a eu aucun sinistre à déplorer. Il en était tombé fort peu dans l'hiver 1855-56 ; les mois de janvier et de février avaient été très-beaux avec une chaleur de cinq à huit degrés, nos plaines ont été inondées.

De la grêle.

La grêle est un amas de globules de glace compactes, plus ou moins volumineux, qui tombent de l'atmosphère. Dans nos climats, la grêle tombe principalement à la fin du printemps et pendant l'été, aux heures les plus chaudes de la journée, et rarement pendant la nuit. La chute de la grêle est toujours précédée d'un bruissement particulier.

La grêle est généralement le précurseur des orages ; il est rare qu'elle les accompagne, plus rare encore qu'elle les suive. La grosseur des grêlons est très-variable ; elle atteint fréquemment celle d'une noisette. On en a vu de la grosseur d'un œuf de pigeon, du poids de 200 à 300 grammes. Aucune théorie n'explique d'une manière satisfaisante la formation des grêlons et surtout comment ils peuvent acquérir un tel poids avant de tomber. Voici celle que donne le physicien Peltier dans son ouvrage *des trombes*.

Il suppose des nuages diversement électrisés, qui non-seulement se surmontent, mais qui viennent à la rencontre les uns des autres. Une partie

de leur électricité est réunie à leur périphérie
(surface extérieure) ; mais les parties vésiculaires
ont conservé chacune une atmosphère électrique
qui leur est propre. Des décharges ont lieu entre
les nuages ; il s'en suit de l'évaporation et une
production de froid, par conséquent formation
instantanée de particules de neige qui, pourvues
de la même électricité que les vésicules dont elles
émanent, se repoussent vivement entre elles dans
l'espace que la disparition des vésicules a laissé
libre. De ces actions réciproques naît un mouvement giratoire de tourbillonnement qui anime
les particules et pendant lequel se réunissent et
se congèlent à leur surface de nouvelles couches
de vapeur. A chaque coup de tonnerre cette même
condensation aqueuse s'effectuant, augmente le
volume des grêlons dont la pesanteur finit par
l'emporter sur la force qui les met en mouvement, et alors ils tombent sur la terre.

La durée de la grêle est, terme moyen, d'un
quart d'heure ; ce temps suffit pour anéantir
ou diminuer beaucoup le produit des céréales,
des vignes, des arbres fruitiers et des jardins.
Lorsqu'elle a lieu à la fin de l'été ou au commencement de l'automne, il reste peu de ressources
aux cultivateurs ; cependant ils peuvent encore
semer des raves, des navets, de la spergule.
Quand elle arrive peu avant la maturité des blés
et si elle a été assez forte pour détruire toute
espérance, il faut se hâter de les faucher ; ils
feront une excellent fourrage pour les bœufs et
surtout pour les chevaux.

Mais quand le blé ne dépasse pas l'époque de

la floraison on aurait tort de désespérer de la récolte. On doit alors sarcler avec soin les blés, avec une binette *(petit piochon à deux dents)*, de manière à détruire toutes les mauvaises herbes et à ameublir légèrement le terrain. Ce travail facilitera le développement de nouveaux épis latéraux qui ne tarderont pas à se montrer et qui répareront le dommage causé par la grêle.

Mais c'est surtout sur la vigne et sur les arbres fruitiers que les effets d'une forte grêle sont terribles : il faut deux ans, quelquefois trois ans à une vigne pour se remettre de ses atteintes ; aussi le Gouvernement vient-il au secours des agriculteurs qui en ont souffert. Les arbres fruitiers n'y sont pas aussi sensibles ; cependant un bon jardinier, immédiatement après sa chute, doit visiter ses pyramides et ses espaliers, et, faisant usage de sa serpette, il doit substituer une plaie qui guérira, à la meurtrissure faite par la grêle et qui ne guérirait pas.

Dans les vergers, il est souvent bon de profiter de ce malheur pour couper les grosses branches des vieux arbres à 50 ou 60 centimètres du tronc pour déterminer la production de nouveau bois. Dans les jardins, il faut tailler les pyramides, les espaliers et contre-espaliers, très-court, en conservant les règles de l'équilibre, sans quoi les arbres ne se rétabliraient jamais ; et surtout il faut avoir soin de fermer les plaies de la serpette avec de la cire à greffer si elles sont légères, avec de l'onguent de Saint-Fiacre si elles sont plus fortes. On conçoit aisément que si les plaies n'étaient pas fermées immédiatement, la sève

qui est en mouvement dans cette saison , s'épan-
cherait, s'altérerait et communiquerait aux arbres
une altération qui entraînerait leur perte. Il en
est de même des sujets en pépinière : il faut
rabattre rez terre tous ceux qui en sont susceptibles.

CHAPITRE IX.

INFLUENCE DE LA LUNE SUR LA VÉGÉTATION.

Les agriculteurs et les jardiniers de nos contrées croient que la lune exerce une grande influence sur la végétation. Selon eux, les graines
que l'on sème en lune nouvelle donnent plus
d'herbe ou de paille que de fruits ou de grains;
celles, au contraire, que l'on sème en lune vieille
donnent plus de grains ou de fruits que d'herbe
ou de paille. Ils étendent cette influence jusqu'à
la coupe des bois, à la récolte du blé, aux vendanges, etc. Le bois coupé en nouvelle lune est
sujet à la pourriture ou à la piqûre des vers; le
blé moissonné en lune pleine ne se conserve pas ;
il faut le vendre et garder pour sa nourriture
celui qui a été coupé en lune nouvelle; le vin
qui fermente sur deux lunes n'est jamais de
bonne qualité et reste constamment trouble,
etc., etc. Cependant les trois premiers jours de
la lune nouvelle ne comptent pas : ils se ressentent de celle qui vient de finir.
   Cette crédulité des gens de la campagne a fait
beaucoup rire certains esprits forts. J'en ai ri
comme eux dans les premières années de mon
séjour aux champs. Mais ayant voulu semer, plan-

ter, greffer, tailler mes arbres, je me suis mis
d'abord à l'école chez un pépiniériste de mes amis
et ensuite à l'étude des meilleurs traités d'agriculture et d'arboriculture. Trois années après,
aidé de mes investigations et de l'expérience que
j'avais acquise, je savais à quoi m'en tenir sur
cette opinion de nos agriculteurs et je ne me per-
mettais plus d'en rire.

Avant 1789, sur cent agriculteurs on en trouvait à peine un qui sût lire. On ne pouvait donc
pas leur dire la raison des choses. Tous les principes d'agriculture étaient réduits en proverbes
dont les termes étaient empruntés aux fêtes des
saints, aux mois, aux choses propres à frapper
les yeux ou l'imagination de ces hommes simples
et illettrés. Les cultivateurs intelligents et fortifiés
par une longue expérience y acquerraient l'art
de gouverner (1), prenaient dans ces proverbes
ce qu'il y avait de vrai, de bon et le gardaient pour
eux. Les autres les prenaient à la lettre et se
consolaient des rares mécomptes de leur simplicité par la prière et leur confiance en Dieu.
Aujourd'hui, tous nos jeunes gens apprennent
dans les écoles communales, à lire, écrire et
calculer : la plupart d'entre eux y développent
leur intelligence; nous pouvons, sans mépriser
les proverbes qui, selon l'écriture, sont la sagesse
des nations, leur tenir un langage plus rationel.

D'après M. Arago, M. le comte de Gasparin,
tous les astronomes, la lune exerce un certain

---

(1) Prov. de Sal., verset 5.

effet sur la terre. Cette influence est manifestée soit par les perturbations qu'elle imprime à notre planète, soit par les marées aqueuses qu'elle occasionne, soit par un mouvement analogue produit sur l'atmosphère, ainsi que le prouve l'observation du baromètre; d'où il suit que si elle n'exerce pas une influence directe sur la végétation, elle influe sur le temps qui influe sur la végétation comme sur la santé des hommes.

Cette hypothèse étant admise, on a voulu savoir quel était le rapport des jours pluvieux avec les différentes phases de la lune. On a trouvé que sur mille jours et pendant l'intervalle qui s'écoule entre le quatrième jour après la nouvelle lune et le quatrième jour après la pleine lune, c'est-à-dire depuis le jour où elle commence à croître jusqu'au jour où elle commence à décroître, il tombait   à Paris   612 pluies
           à Carlsruhe   674 —
           à Orange   342 —

Et du quatrième jour avant le dernier quartier, au quatrième jour avant le premier quartier:
           à Paris   578 pluies
           à Carlsrhue   630 —
           à Orange   315 —

Pour Grenoble et toute la vallée du Graisivaudan, si j'en crois les quelques notes que j'ai tenues de 1835 à 1840, on peut avancer qu'il tombe, dans le premier cas, 477 pluies, et dans le second, 446. Moyenne, entre Orange et Paris.

La différence entre les deux périodes n'est pas très-grande, j'en conviens; mais comme le fait observer M. de Gasparin, le nombre des jours de pluie s'élève graduellement jusque dans les jours qui suivent le premier quartier et s'abaisse ensuite vers le dernier quartier.

Maintenant, il faut savoir que l'on ne peut piocher, bécher, labourer, remuer la terre de quelque manière que ce soit, que lorsqu'elle est bien ressuyée, sans quoi elle s'attache aux outils et rend le travail excessivement pénible; on la presse, on la serre sous les pieds, et, pour peu qu'elle soit argileuse, on la durcit comme de la brique, on la rend imperméable à l'eau et aux racines. Quand il s'agit d'un semis de jardinage, il faut que la graine soit entourée et recouverte d'une terre légère, douce et parfaitement émiettée; il en est à peu près de même du blé et des autres céréales. Quand il s'agit de plantations d'arbres, il faut que la terre soit assez friable pour se briser aisément dans les doigts, assez fine pour pénétrer entre les racines. Toutes choses extrêmement essentielles que l'on ne peut obtenir que d'une terre sèche sans pourtant qu'elle le soit trop. Bien plus, un semis, une plantation ne réussissent jamais mieux que lorsque les graines, les racines restent plusieurs jours dans cet état de siccité. Or, on ne peut semer ou planter que trois, quatre ou cinq jours après la pluie, selon les terrains, et il faut pouvoir compter sur la continuité du beau temps pendant un pareil nombre de jours, ce que l'on ne rencontrera que deux fois sur dix entre la nouvelle lune et la pleine lune.

Vous comprenez maintenant le proverbe : *Si tu veux de la paille, ou de l'herbe, ou des feuilles, sème, greffe et plante en lune nouvelle; si tu veux*

*des graines et des fruits; sème, greffe et plante en
lune vieille.* — C'était plus bref et plus facile
à comprendre. Et puis les anciens savaient aussi
bien que nous ce qu'on nomme en cosmographie
l'apogée et la périgée de la lune, les quadra-
tures et les syzygies, les octants, etc. Par conséquent ils savaient que le changement de temps
n'arrivait que depuis le quatrième jour de la
nouvelle lune; ce qu'ils exprimaient en disant :
les trois premiers jours de la nouvelle lune se
ressentent de la vieille.

Ce n'est pas d'aujourd'hui que l'on cherche à
détruire dans nos campagnes l'opinion que la lune
exerce une influence directe sur la végétation. Il
y a cent cinquante ans que le célèbre La Quintinie,
directeur des jardins de Louis XIV, écrivait son
instruction pour les jardins fruitiers. On y lit,
tome II, pag. 355 : « Je proteste de bonne foi
que, pendant plus de trente ans, j'ai eu des applications infinies pour remarquer au vrai si toutes
les lunaisons devaient être de quelque considération en jardinage, mais qu'au bout du compte
tout ce que j'ai appris par ces observations longues et fréquentes, exactes et sincères a été que
ces décours (temps qui s'écoule entre la pleine
lune et la nouvelle) ne sont que de vieux discours
de jardiniers malhabiles. — Greffez en quelque
temps que ce soit, pourvu que vous le fassiez
adroitement et dans les saisons propres à la
greffe, et sur des sujets convenables à chaque
sorte de fruits et qu'enfin le plant soit bon et
bien disposé, en sorte qu'il n'ait ni trop de sève ni
trop peu, vous réussirez certainement. Et tout de

même semez et plantez toutes sortes de graines et de plantes en quelque quartier de la lune que ce soit, je vous réponds d'un égal succès, pourvu que votre terre soit bonne, bien préparée, que vos plantes et semences ne soient pas défectueuses et que la saison ne s'y oppose pas. »

Mais La Quintinie écrivait et parlait dans le désert; ses livres ne sortaient pas des grandes bibliothèques, et les gens de la campagne, privés d'écoles publiques ne savaient pas lire!

Fort de l'expérience du bon et consciencieux La Quintinie, de celle de tous les jardiniers de Paris et, si j'ose le dire, de mes propres remarques et observations, je vous dirai, avec M. de Gasparin :

« Le moment à choisir pour semer, greffer et planter est indiqué par l'état du terrain et celui des plantes. On ne peut ni semer ni planter quand la terre est trop imbibée d'eau; il faut qu'elle soit dans un état moyen de sécheresse. Cet état moyen peut se trouver dans toutes les positions de la lune; car si nous avons noté un effet marqué des phases sur la chute de la pluie, comme les phases ne gouvernent pas seules le temps, leur résultat n'est pas simple et subit chaque année des modifications. Celui qui calculerait seulement, pour effectuer ses semis et ses plantations, sur la marche des phases, serait fréquemment trompé, tandis que celui qui consulterait l'état du sol ne serait pas exposé à l'être. Mais nous avons vu plus haut que le plus grand nombre de pluie tombe en lune croissante de la nouvelle lune à la pleine lune, c'est donc au commencement de la lune décroissante que la terre se trouve habituellement dans sa plus grande humidité, et, quelques jours après, dans son humidité moyenne. Il arrivera donc le plus souvent que l'homme qui consultera l'état du sol plantera en lune décroissante comme celui qui consultera la lune. Il arrivera aussi, moins souvent sans doute, mais assez fréquemment encore, que le jardinier qui aura l'habitude de planter en lune décroissante se trouvera dans une année où les influences lunaires modifiées lui donneront un terrain peu favorable à ses plantations. Il aura donc perdu le moment opportun et sera obligé de renvoyer d'un mois peut-être, un semis où une plantation qui souffrira de ce retard. »

Il en est de même de la moisson et de la vendange. Consultez le temps et la maturité de vos blés et de vos raisins pour les couper. Dieu fera le reste. Je m'étendrai sur ces deux importantes récoltes quand je traiterai de la culture des céréales et de celle de la vigne.

Quant à l'influence de la lune sur la végétation et la coupe des bois, les plus habiles forestiers sont encore divisés sur son existence malgré les expériences de Duhamel, l'un des savants les plus versés en physiologie végétale. Sa première expérience a porté sur des bois coupés dans toutes les saisons ; il en conclut qu'ils avaient tous la même force, qu'ils fussent coupés en hiver, en été, au printemps ou en automne, pourvu qu'ils fussent ramenés au même point de dessication.

Il pesa ensuite des morceaux de bois de chêne d'un égal volume et coupés, les uns en lune

croissante, les autres en lune décroissante. Voici
les résultats qu'il obtint pour le poids :

1° Coupé en novembre,	en lune croissante........	80^{k}089
	en lune décroissante.......	75,194
	Différence..........	4,895
2° Coupé en décembre,	en lune croissante.;.......	80,961
	en lune décroissante......	78,392
	Différence..........	2,569
3° Coupé en janvier,	en lune croissante........	80,915
	en lune décroissante......	77,554
	Différence..........	3,361
4° Coupé en février,	en lune croissante........	80,319
	en lune décroissante......	69,948
	Différence..........	10,371

Ainsi, sous un égal volume, le bois de chêne a
pesé toujours le même poids quand il a été coupé
en lune croissante; mais son poids a été très-
différent quand il a été coupé en lune décroissante, notamment au mois de février.

Poussant plus loin ses investigations, il fit couper des barreaux de bois de chêne d'égal volume
et, après les avoir pesés, il les exposa pendant
quatre ans sous un hangard humide et après ce
temps il examina l'état où ils se trouvaient.

Cette expérience porta sur trois barreaux coupés en lune croissante et sur trois barreaux coupés en lune décroissante dans chacun des mois
de novembre, décembre, janvier et février. En
voici le résultat rapporté par M. de Gasparin :

1° BARREAUX ABATTUS EN NOVEMBRE.

En lune décroissante.

ÉTAT DES BARREAUX.

Poids à l'abatage.....	18ᵏ738	1ᵉʳ aubier vermoulu.
Poids après quatre ans	13,951	2ᵉ point d'aubier.
Perte......	4,787	3ᵉ aubier en poussière.

En lune croissante :

Poids à l'abatage.....	20,436	1ᵉʳ point d'aubier.
Poids après quatre ans	14,960	2ᵉ bon aubier.
Perte......	5,476	3ᵉ bon aubier.

2° BARREAUX ABATTUS EN DÉCEMBRE.

En lune décroissante :

Poids à l'abatage.....	19,839	1ᵉʳ aubier échauffé.
Poids après quatre ans	15,357	2ᵉ aubier échauffé.
Perte......	4,482	3ᵉ assez bon.

En lune croissante :

Poids à l'abatage.....	19,824	1ᵉʳ bon.
Poids après quatre ans	15,663	2ᵉ aubier échauffé.
Perte......	4,161	3ᵉ aubier échauffé.

3° BARREAUX ABATTUS EN JANVIER.

En lune décroissante :

Poids à l'abatage.....	19,473	1ᵉʳ aubier piqué.
Poids après quatre ans	14,317	2ᵉ aubier vermoulu.
Perte......	5,156	3ᵉ point d'aubier.

En lune croissante :

Poids à l'abatage.....	20,436	1ᵉʳ bon aubier.
Poids après quatre ans	14,929	2ᵉ bon aubier.
Perte......	5,507	3ᵉ point d'aubier.

4° BARREAUX ABATTUS EN FÉVRIER.

En lune décroissante :

Poids à l'abatage....	17,942	1ᵉʳ bon bois.
Poids après quatre ans	14,318	2ᵉ aubier vermoulu.
Perte......	3,624	3ᵉ aubier vermoulu.

En lune croissante :

Poids à l'abatage	19,855	(	1ᵉʳ bon aubier.
Poids après quatre ans	14,502	)	2ᵉ bon aubier.
Perte......	5,353	(	3ᵉ bon aubier.

Ces dernières expériences tendraient donc à prouver, contre l'opinion commune, que le bois devrait être abattu en lune croissante et non en lune décroissante. Les bois coupés en lune croissante ont conservé plus de poids après quatre ans d'exposition sous un hangar et se sont montrés moins sujets à l'altération et à la piqûre des vers.

Sur seize expériences, il n'y en a qu'une de discordante, celle du mois de janvier du second tableau. Cet accord est déjà une forte probabilité en faveur de l'opinion que la lune a une influence manifeste sur la marche de la sève et sur son abondance relative aux deux époques du mois lunaire. Mais, abstraction faite de cette probabilité, rappelez-vous ce que nous avons constaté plus haut, que le nombre des pluies était plus grand pendant la croissance de la lune que pendant son décours. Or, on pourrait conjecturer que la terre étant depuis la pleine lune jusqu'au premier octant (quatrième jour après la nouvelle lune) dans un état de sécheresse relative, si l'on coupe le bois entre la nouvelle lune et la pleine lune, la pluie qui tombe plus abondamment alors n'aura pas eu le temps d'imbiber le bois qui se trouve dans son plus grand état de sécheresse; et qu'au contraire, le bois coupé après la pleine lune a reçu toute l'humidité superflue provenant de la période de pluie qui précède de quatre jours et suit le premier quartier jusqu'à la pleine lune.

Mais, pour se prononcer sur cette importante et délicate question, il est nécessaire d'attendre des expériences plus nombreuses, plus complètes et plus décisives.

Lune rousse.

On donne le nom de lune rousse à la lune qui, commençant dans le mois d'avril, devient pleine soit à la fin de ce mois, soit dans le mois de mai.

Les habitants de la campagne et aussi un grand nombre des habitants des villes croient que cette lune est plus froide que les autres, et que sa lumière exerce une action fâcheuse sur les jeunes pousses des plantes qu'elle *roussit* et fait périr.

Jusqu'à M. Arago, les savants modernes ne se doutant pas que les savants anciens, pour instruire les peuples, se servaient d'images sensibles qui les dispensaient d'entrer dans des explications que les dix-neuf vingtièmes de la population n'auraient pu comprendre, les savants modernes, dis-je, prirent cette opinion populaire au pied de la lettre et se mirent à expérimenter la chaleur ou la frigidité des rayons lunaires. Ils concentrèrent donc les rayons de la lune au moyen des plus fortes lentilles sur les thermomètres les plus délicats, et loin d'obtenir le plus minime abaissement de température, ce fut le contraire qu'ils reconnurent. Dès lors, la frigidité de la lune rousse et l'action funeste qu'elle exerce sur les plantes furent mises au nombre de ces contes bleus dont on berce l'imagination des enfants.

Malgré ces expériences, les agriculteurs qui voient les jeunes pousses de leurs vignes et de leurs mûriers roussir, c'est-à-dire geler aux rayons de la lune, tandis que par une température aussi froide et même plus froide cet effet n'a pas lieu quand le ciel est couvert, persistent à l'attribuer aux rayons de la lune.

M. Arago, savant astronome, comme tout le monde le sait, frappé de l'universalité de cette opinion sur la lune rousse et peut-être éclairé par les remarques faites par d'autres savants, a étudié la question et a trouvé que l'opinion des agriculteurs était incomplète, mais que c'était à tort qu'on l'a dit fausse; s'ils se trompent, c'est seulement dans la conclusion: c'est en attribuant l'effet à la lumière de la lune qu'ils supposent à tort réfrigérante ou corrosive. Analysons la discussion de ce savant (1).

Il ne faut pas juger de la température du sol et des plantes par celle de l'air qui les entoure. Des substances réputées plus chaudes que d'autres, telles que la ouate et l'édredon prennent souvent, la nuit, une température inférieure de six ou sept degrés à celle de l'atmosphère ambiante. Les plantes et surtout les jeunes pousses de la vigne et des mûriers sont dans le même cas; elles peuvent être fortement gelées quoique l'air se soit maintenu à plusieurs degrés au-dessus de zéro.

Ces différences de température n'ont lieu que par un temps serein; elles disparaissent ou du

_____

(1) *Annuaire du bureau des longitudes*, de 1835 et 1838.

moins deviennent insensibles quand le ciel est couvert. L'air, dans ce dernier cas, peut même nous faire éprouver une assez vive sensation de froid sans que les plantes en soient sensiblement affectées; elles ne gèlent alors que lorsque le thermomètre descend à zéro ou au-dessous.

Ainsi, avec des circonstances thermométriques toutes pareilles, une plante ou une pousse de vigne pourra être gelée ou ne pas l'être, selon que la lune sera visible ou cachée derrière les nuages.

On sait qu'à toutes les températures il émane incessamment des corps quelconques, en toutes directions, des effluves de chaleur plus ou moins prononcées, par lesquelles ils s'influencent réciproquement, jusqu'à ce qu'ils soient arrivés à l'équilibre de température : c'est ce qu'on appelle le *calorique rayonnant.* Un corps doit donc s'échauffer ou se refroidir dès que ses échanges instantanés de calorique avec les corps qui l'entourent ne se compensent pas parfaitement. Soit un objet placé dans l'atmosphère à la même température de celle-ci et ne différant pas sensiblement de celle de la superficie du sol; ce corps, rayonnant de la chaleur de bas en haut vers les espaces célestes dont la température est à 40 ou 50 degrés au-dessous de zéro, recevra évidemment moins de celle-ci qu'il ne lui donnera; il devra donc se refroidir. En peu d'instants, la température de ce corps sera inférieure à celle de l'air qui l'entoure.

Un écran, tel que celui que forment les nuages, est-il interposé entre le corps que nous supposons

7

et le firmament, le rayonnement primitif de la chaleur vers les régions glaciales de l'espace est supprimé, et ce corps ne doit plus alors descendre à une température inférieure à celle de l'air qui le baigne.

Je vais vous démontrer cet effet physique par un exemple. Jetez un fer chauffé jusqu'au rouge dans un vaste bassin d'eau froide; le morceau de fer frisera, rayonnera aussitôt sa chaleur dans l'eau et deviendra froid comme l'eau, presque instantanément.

Ayez maintenant une écuelle de bois qui nagera sur le bassin; mettez dans cette écuelle un verre ou une tasse à café pleine d'eau tiède et jetez dans cette eau tiède le même morceau de fer rougi au feu. Le morceau de fer et l'eau se mettront en équilibre de chaleur, mais ne deviendront froids que longtemps après, par suite de l'évaporation du calorique, et presque pas par l'influence de l'eau froide du bassin.

Eh bien! le morceau de fer rougi au feu est la pousse de vigne développée par la chaleur de la terre; le bassin d'eau froide est la vaste étendue de l'air. La pousse de vigne n'a pas frisé, mais elle a roussi parce que, comme le fer, elle a perdu presque instantanément sa chaleur.

Dans l'autre cas, l'écuelle de bois intercepte toute communication avec l'eau du bassin comme la couche de nuages intercepte toute communication avec les régions glaciales de l'air. L'eau contenue dans la tasse à café est l'air qui entoure la pousse de vigne. Cette pousse de vigne se met en équilibre de chaleur avec l'air ambiant comme le morceau de fer avec l'eau, mais elle ne roussit pas. Elle ne gèlerait qu'autant que cet air ambiant, par des circonstances indépendantes de la lune, puisqu'elle est cachée par les nuages, descendrait à une température inférieure à zéro.

Voici un autre exemple que vous pourrez vérifier chaque fois qu'il gèlera pendant la lune rousse, par un temps serein.

Les pêchers plantés en espaliers contre un mur sont quelquefois abrités par des chaperons ou par un petit toit en planches. Eh bien, les jeunes pousses qui se trouvent assez en avant pour ne pas être garanties par le toit ont roussi, ont gelé, tandis que celles qui se sont trouvées plus en arrière n'ont éprouvé aucun mal. Cependant, la lumière de la lune a frappé les unes comme elle a frappé les autres. D'où vient donc que les pousses placées en arrière ont été préservées du gel? C'est que le toit leur servant d'écran a mis obstacle au rayonnement de la chaleur.

TROISIÈME PARTIE.

CHIMIE AGRICOLE.

Nunc locus arvorum ingeniis, quæ robora cuique,
Quis color, et quæ sit rebus natura ferendis.
GEOR. DE V.

CHAPITRE PREMIER.

DU TERRAIN AGRICOLE.

Le sol sur lequel nous marchons se compose de plusieurs couches superposées les unes aux autres. Ces couches sont de diverses natures par suite des diverses révolutions du globe qui les ont produites. Tantôt c'est une couche d'argile qui est à la surface, tantôt c'est une couche de sable ou de cailloux : vous en avez vu des exemples frappants dans l'inondation de 1856. Tantôt

l'argile, le sable, les débris de roche, la chaux,
le gypse, la silice, la marne entraînés par des
courants divers, et quelquefois contraires, se
sont mêlés et ont formé des couches qui varient
à l'infini, de nature, de consistance et d'épaisseur. A une certaine profondeur on trouve des
couches de première formation, de la marne, de
la houille, de l'anthracite, du fer, des roches
granitiques, calcaires, schisteuses, etc., etc.
L'étude de ces couches et de ces roches, leur
origine, leur nature, leurs propriétés seraient fort
intéressantes sans doute ; mais nous sommes des
agriculteurs ; ne nous occupons que des couches
que nos instruments aratoires doivent fouiller,
remuer, renverser pour fournir à nos arbres et à
nos plantes le point d'appui et la nourriture
nécessaires à leur végétation.

A la surface du sol se trouve une couche de
terre végétale composée des mêmes éléments.

Cette couche se divise en deux parties : le sol
actif et le sol inerte.

Le sol actif est celui que remue, que tourne la
charrue, qui est mêlé de terreau, qui reçoit les
impressions de l'atmosphère et les sels solubles
qui y sont contenus, enfin, celui qui donne lieu
aux divers phénomènes de la végétation.

Le sol inerte est celui qui n'est pas atteint par
la charrue.

Au-dessous de la couche végétale, et par conséquent au-dessous des deux sols, actif et inerte,
que nous venons de définir et qui la composent, se
trouvent une ou plusieurs couches de diverses
natures et perméables à l'eau : on les appelle
sous-sol.

Cette couche de terre végétale divisée en sol actif et en sol inerte et le sous-sol forment ce que nous appelons terrain agricole.

Au-dessous du sous-sol on rencontre une autre couche imperméable à l'eau c'est-à-dire que l'eau ne peut pas pénétrer. Cette couche imperméable est *une* pour les agriculteurs : elle n'est susceptible d'aucune division ; elle existe à une profondeur plus ou moins éloignée de la surface du sol, en nature de roche, de charbon ou d'argile; cela suffit aux principes d'agriculture que nous exposons.

La profondeur du terrain agricole est la distance qui se trouve entre cette couche imperméable et la surface du sol ; on appelle ce terrain *terrain agricole* parce que les racines des plantes et des arbres peuvent le pénétrer et le pénètrent en effet.

Mais les terres ne sont pas toutes disposées de même. L'élévation ou l'abaissement du terrain, son inclinaison plus ou moins prononcée, son rapprochement ou son éloignement d'une rivière ou d'un coteau abrupte ont influé nécessairement sur la nature et l'épaisseur des couches et sur la profondeur du terrain agricole.

Voici trois exemples bien tranchés que j'emprunte à l'excellent ouvrage de M. le comte de Gasparin :

1er EXEMPLE :

1° Terre calcaire silicate 1 { sol actif.. 0,33 } couche végétale.
{ sol inerte 0,67 }
2° Terre siliceuse...... 2 .... sous-sol.
3° Argile.............. 0 couche imperméable.

———

3 profondeur du terrain agricole

2ᵉ EXEMPLE :

1ᵃ Terre siliceuse....... 0,30 Sol actif. Couche végétale.
2ᵒ Roche de grès........ 0,00 couche imperméable.

0,30 profond' du terrain agricole

3ᵉ EXEMPLE :

1ᵒ Terre argilo-siliceuse. 2,00 { sol actif.. { couche vé-
                                 { sol inerte { gétale.
2ᵒ Terre argilo-calcaire. 1.00 .... sous-sol.
3ᵒ Roche calcaire....... 0,00 couche imperméable.

3,00 profond' du terrain agricole

Il existe une autre situation que je ne puis me
dispenser de vous montrer puisqu'on la trouve
fréquemment derrière les digues de l'Isère.

Terre sablono-argileuse 0,60{ 0,25 sol actif.{ couche
                             { 0.35 sol inerte{ végétale.
Cailloux roulés.......... 1, ... sous-sol.
Eau stagnante.......... 0,

1,60

On pourrait multiplier ces exemples, car la
structure des terrains varie à l'infini ; mais ceux
que je vous donne suffisent aux principes que
nous voulons établir et que nous développerons
dans les chapitres suivants.

CHAPITRE II.

DES TERRES ET DES SUBSTANCES DONT ELLES SE COMPOSENT.

De la couche végétale (1) et des diverses substances dont elle se compose.

La couche végétale, comme vous venez de le voir par les quatre exemples que je vous ai cités, varie d'épaisseur selon la position des lieux ; elle varie encore davantage de nature selon les substances dont elle se compose.

Ces substances sont : la *silice*, l'*alumine*, l'*argile*, le *sable*, la *chaux* et l'*oxide de fer* ou de *manganèse*.

Outre ces six substances, une couche végétale féconde contient en quantité plus ou moins grande, non une substance, mais une matière appelée *humus* ou terreau qui provient de la décomposition des débris végétaux que la terre renferme ou qui lui ont été livrés pour engrais.

---

(1) Couche végétale, terre, sol, terrain, sont quatre termes qui expriment la même chose dans le langage ordinaire. L'expression de *couche végétale* convient mieux à la démonstration.

Si ces diverses substances existaient dans la terre en proportions telles que les défauts des unes fussent détruits par les qualités des autres, tous les terrains seraient féconds, la science serait inutile, l'expérience pratique de nos cultivateurs suffirait pour obtenir de la terre les produits les plus abondants. Mais il n'en est pas ainsi : tantôt c'est le sable qui domine, tantôt c'est l'argile; souvent la chaux manque; souvent elle est en trop grande abondance; quelquefois il y a trop de silice ou d'oxide de fer. Et comme l'excès ou le défaut de l'une de ces substances nuit à la végétation des plantes, il importe aux agriculteurs de les connaître, afin de ne confier à la terre qu'ils cultivent que les semences sympathiques à sa nature, et de savoir quels sont les amendements que la mauvaise constitution de son terrain réclame.

Nous allons donc analyser chacune des substances dont les terres se composent, et dire leur nature et leurs effets dans le sol; nous indiquerons ensuite, d'après les meilleurs agronomes, les moyens de combattre leurs vices et de tirer avantage de leurs vertus.

De la silice.

La silice doit son nom au caillou dont elle est un détritus, c'est-à-dire dont elle est formée. Ce caillou est appelé *silex*; il est si dur, qu'il produit des étincelles de feu quand on le frappe avec l'acier : c'est pour cela qu'on lui donne le nom de pierre à feu.

On trouve la silice dans presque toutes les
terres et surtout dans les terrains sablonneux;
on la trouve aussi dans presque toutes les pierres;
mais elle est toujours combinée avec de l'alumine, de l'oxide de fer ou tout autre substance
minérale. Quand, par des procédés chimiques,
on est parvenu à la séparer des corps étrangers
avec lesquels elle est combinée, elle n'est plus
qu'une poussière blanche très-fine et très-dure
au toucher. Elle n'éprouve aucune altération au
feu et ne se délaye pas dans l'eau; les alcalis
seuls peuvent la dissoudre.

Presque toutes les eaux de source, en s'évaporant, laissent au fond du vase un résidu qui
renferme une assez grande quantité de silice.

C'est avec la terre fortement empreinte de silice que l'on fait le verre. On sépare la silice de
la terre au moyen de lavages souvent répétés :
la silice étant insoluble dans l'eau, reste au fond
du vase et on la combine avec des alcalis.

Les terrains sablonneux, formés par les allu-
vions du Drac et de l'Isère, contiennent beaucoup de silice, mais pas assez pour qu'elle nuise
à leur fécondité.

Cependant, les investigations de nos chimistes
s'étant portées sur la cendre des végétaux, on
a reconnu que la cendre des tiges de blé renferme 40 p. % de silice; celle des tiges de
seigle 63 p. %.; celle des tiges d'orge 63 p.
%. D'où il suit incontestablement que la silice,
malgré sa dureté, est une substance soluble qui
joue un grand rôle dans la nutrition et la constitution des végétaux. On va même jusqu'à dire

que l'épiderme du bambou (espèce de jonc américain) en est presque exclusivement formé.

De l'alumine.

L'alumine est la principale des parties constituantes d'un sel appelé *alun*; de là est venu l nom qu'on lui a donné.

On trouve l'alumine en abondance dans les terres vulgairement désignées sous les noms de terre grasse, terre glaise, terre argileuse. Après la silice, l'alumine est la substance qui abonde le plus dans les terres de nos contrées. Elle est aussi l'une des parties constituantes de la plupart des pierres; elle se trouve quelquefois dans la cendre de certains végétaux. Elle est en si grande quantité dans l'argile, que des chimistes la considèrent comme étant l'argile pure. Et en effet, sans l'alumine, l'argile ne serait ni assez ductile, ni assez tenace pour faire de la faïence et n'aurait pas la propriété de se durcir au feu.

L'alumine est une substance pulvérulente, blanche et douce au toucher, composée de 47 parties d'oxygène et de 53 parties d'aluminium ; elle est inodore; déposée sur la langue, elle produit une sensation particulière qui provient de l'absorption de l'humidité qu'elle attire à elle. On ne la rencontre jamais pure dans la nature; elle est toujours combinée avec d'autres terres et des oxydes métalliques; quelquefois aussi avec des acides. Pour l'obtenir pure, il faut avoir recours à des procédés chimiques. On la sépare d'abord de l'alun, avec lequel elle est combinée, avec de l'acide sulfurique. Lorsque l'alun a été dissous dans l'eau, on neutralise l'acide sulfurique avec de l'alcali, et l'alumine se précipite au fond du vase.

L'alumine a une grande affinité pour l'eau, c'est-à-dire qu'elle en absorbe une grande quantité; mais elle n'est pas dissoute par elle. Seule, elle forme les pierres précieuses : les rubis, les saphirs, les topazes, etc., ne sont que de l'alumine colorée par des oxydes métalliques.

De l'oxyde de fer.

L'oxyde de fer est du fer qui s'est oxydé par le contact de l'humidité, c'est-à-dire qui a absorbé une certaine quantité d'oxygène. La rouille qui se forme sur les lames de couteaux, sur les outils d'agriculture qu'on laisse à l'humidité, n'est que le résultat de cette oxydation.

L'oxyde de fer, quand il n'est pas en trop grande quantité, est plus favorable que nuisible à la végétation. Il attire et retient les gaz ammoniacaux si nécessaires au développement des plantes; il brunit ou rougit plus ou moins la terre selon son degré d'oxydation, lui donnant ainsi la propriété d'absorber les rayons solaires et de hâter la végétation. On a même remarqué, dit M. de Gasparin, que les vignobles dont la terre est blanche et qui est par conséquent dépourvue d'oxyde de fer, ne produisent qu'un vin sans alcool et qui ne se conserve pas longtemps.

On a nié l'influence de l'oxyde de fer sur la
végétation; on le considérait comme neutre;
mais on a bien été forcé de l'admettre, quand on
en a trouvé dans presque toutes les cendres des
végétaux. Il y agit surtout quand il est à l'état
de peroxide, en leur communiquant la grande
quantité d'oxygène dont il est alors trop chargé.

L'oxyde de fer se combine aisément avec plusieurs acides. Combiné avec l'acide sulfurique,
il produit le *sulfate de fer* vulgairement appelé
vitriol, dont les agriculteurs se servent, au lieu
de chaux, pour préserver leurs semences de la
carie et du charbon. Si ce sulfate de fer se
trouvait en grande quantité dans un terrain,
il pourrait nuire à la végétation. Mais, en faible quantité, et surtout quand il est mêlé avec
du plâtre, de la chaux ou des débris de végétaux, il donne de la vigueur aux plantes et active leur développement. Nous y reviendrons en
traitant des engrais.

L'oxyde de fer, combiné avec l'acide phos-
phorique, produit le *phosphate de fer* qui est
très-nuisible à la végétation; mais nos terres en
sont généralement dépourvues. On en a trouvé,
dit-on, dans les terres tourbeuses de la Verpil-
lière.

De l'argile.

L'argile n'est pas une substance simple; elle
se compose de trois éléments : l'alumine, la silice et l'oxyde de fer.

L'argile est tellement combinée avec la silice

et l'alumine par le Créateur suprême, qu'elle a
des propriétés qu'un mélange des mêmes substances fait par la main des hommes ne saurait
avoir. Elle a probablement été produite par la
décomposition de certaines pierres, telles que les
schistes et le feldspath, qui est une espèce de
granit très-dur donnant des étincelles comme le
silex. Plusieurs minéraux compactes composés
d'alumine, de silice et d'oxyde de fer et décomposés par l'action incessante de l'atmosphère
se sont probablement aussi transformés en argile.

Quoi qu'il en soit, les trois substances dont
l'argile est composée, l'alumine, la silice et
l'oxyde de fer, sont combinées en elle dans des
proportions très-variées. Rarement l'alumine y
domine; on en a trouvé qui contenait 93 p. %
de silice à l'état gélatineux. L'oxyde de fer s'y
trouve depuis 1 jusqu'à 12 p. %. On y rencontre quelquefois une faible quantité d'oxyde
de manganèse, métal qui a une grande affinité
avec l'oxygène (1).

L'argile est tantôt blanche, tantôt grise,
brune, rouge, noire même, suivant les différentes substances qu'elle contient ou dont elle est
formée. Le plus souvent ces couleurs sont dues
à la plus ou moins grande quantité d'oxyde de
fer ou de manganèse.

---

(1) Ordinairement, selon **M.** de Gasparin, l'argile se
compose de . . . . 52 parties de silice.
                                33   *id.*   d'alumine.
                                15   *id.*   d'eau.

Elle a une saveur particulière; elle absorbe promptement l'humidité de la langue et s'y attache fortement. Elle a aussi une odeur qu'on appelle *odeur de terre*, qui se développe énergiquement, lorsque, bien sèche, on l'arrose avec de l'eau. C'est cette odeur que l'on sent quand il tombe une forte pluie après une sècheresse.

Il y a deux espèces d'argile : l'argile grasse ou glaise et l'argile maigre.

L'argile grasse est très-ductile et très-malléable : c'est celle qui contient une grande quantité d'alumine. L'argile maigre est moins tenace et se brise facilement : c'est celle qui contient peu d'alumine.

L'argile saturée d'eau ne s'en laisse plus pénétrer; c'est ce qui fait que dans les champs trop argileux l'eau de la pluie reste à la surface du sol jusqu'à ce qu'elle se soit évaporée. C'est aussi ce qui donne naissance aux étangs et aux marais privés d'écoulement; le fond en est toujours argileux. Mais le bien est toujours à côté du mal; c'est aux couches inférieures d'argile que nous devons la plus grande partie de nos sources. L'eau ne pouvant plus les pénétrer, coule, se fraye un passage au travers des bancs de roches calcaires ou siliceuses, au travers des couches de terre perméable et surgit aussitôt qu'elle rencontre un jour à son niveau.

L'argile, en séchant, perd toujours de son volume. L'eau qu'elle contenait s'étant évaporée, les particules d'argile se sont rapprochées; mais, le moindre obstacle, une petite pierre, une buche de paille, des brins d'herbe, arrêtent ce rap-

prochement et occasionnent des fentes, des crevasses qui vont en s'élargissant à mesure que
le terrain se dessèche. Cet effet a lieu pendant
les grandes chaleurs, sur tous les champs trop
argileux. Or, l'excès d'argile dans un terrain
est nuisible aux récoltes :

1º Parce que, en temps de pluie, elle conserve trop longtemps l'eau dont elle est imprégnée;

2º Parce que, en temps sec, elle se durcit
trop et qu'elle résiste à la pénétration des racines des plantes dans le sol;

3º Parce que, en hiver comme en été,
pendant les gelées comme pendant les sèche-
resses, il se forme, dans la couche végétale, des
fentes et des crevasses par lesquelles les racines
des plantes sont déchirées ou mises en contact
avec l'air atmosphérique, ce qui est nuisible à
leur végétation;

4º Parce que l'argile s'incorpore les sucs nourriciers des engrais et ne les abandonne aux plantes que quand elle en est saturée;

5º Parce qu'elle rend la culture du sol difficile;
car, en temps humide, elle se réduit en boue; et,
en temps sec, elle se durcit au point que la charrue ne peut la diviser.

Cependant l'argile a la propriété d'absorber
tous les gaz, toutes les substances de l'atmosphère. Ces gaz, ces substances, joints à l'action
de l'air, contribuent à l'ameublir et à la rendre
propre à la végétation des plantes. C'est pour
cette raison que plus on travaille une terre ar-

gileuse, plus souvent on y met la bêche, la herse, la charrue, plus on la rend fertile.

Du sable.

Le sable est une poussière de pierres détachées des montagnes par les eaux, et qui, en roulant, se sont réduites en très-petits fragments ronds ou anguleux, selon la matière plus ou moins dure dont elles sont formées. Ces pierres sont ordinairement du *silex*, dont je vous ai dit la nature en vous parlant de la *silice ;* cependant, on trouve dans le sable des fragments de *quartz*, qui est une substance minérale de la classe des pierres, d'une apparence nitreuse semblable à celle du cristal et d'une grande dureté. Ces fragments de quartz sont plus gros et plus anguleux que ceux qui proviennent du silex, et ils brillent au soleil.

Plus le sable est gros et anguleux, plus il contient de fragments de quartz, plus aussi il convient pour faire du mortier ; c'est le contraire pour l'agriculture, parce qu'il est moins propre à la végétation des plantes. Le sable le plus grossier est appelé gravier ; le plus fin est appelé *sablon*. Le sablon contient presque toujours un peu d'alumine et d'oxyde de fer : nos terrains d'alluvion en sont presque entièrement composés.

Ces terrains d'alluvion sont très-fertiles quand ils contiennent une assez forte proportion d'argile, de marne et de chaux. Mais le sable est nuisible quand il entre avec excès dans la composition du sol. En voici les raisons :

1° Il laisse trop facilement écouler l'eau et les sucs fertilisants qu'elle entraîne ;

2° Il ne se combine pas avec l'humus et ne s'empreint pas ou n'absorbe pas les gaz fertilisants de l'atmosphère;

3° Le sable étant trop prompt à s'échauffer et à se refroidir, rend les influences de la gelée et de la chaleur trop sensibles aux plantes.

C'est au sable qui se trouve en couches prolongées entre deux terres, au-dessous de la superficie du sol, que nous devons les sources les plus pures. L'eau, en coulant au travers du sable, y dépose les matières qu'elle charrie et gagne en limpidité en y prolongeant sa course.

De la Chaux.

La chaux est une substance extrêmement abondante dans la nature. Dans plusieurs contrées, on la trouve à la surface du sol; dans d'autres, elle existe à des profondeurs diverses. Des montagnes même en sont formées, et les pierres dont elles sont composées sont dites *calcaires*, c'est-à-dire contenant de la chaux. On la trouve encore jusque dans le corps des animaux; les os, les coquillages de toutes les espèces, ne sont que de la chaux à l'état concret, c'est-à-dire coagulée ou fixée. Elle est l'une des parties constituantes des végétaux; enfin, elle est en dissolution dans la plupart des eaux naturelles.

La chaux se combine avec tous les acides qu'elle rencontre. Combinée avec l'acide carbonique, elle forme le carbonate de chaux. Les pierres calcaires qui la contiennent en cet état sont dures, de couleur grise, jaunâtre ou rou-

geâtre, et quelquefois de diverses couleurs : la
grise est la meilleure. Sa cassure est terreuse,
écailleuse et schisteuse; celle qui se casse à
angles vifs, qui est dure et sonore, produit la
meilleure chaux pour construire. Cependant,
elle n'est jamais assez dure pour donner des étincelles lorsqu'on la frappe avec l'acier.

D'après les analyses qui ont été faites par les
chimistes, les pierres calcaires bonnes pour faire
de la chaux contiennent 56 parties de chaux
pure, 40 parties d'acide carbonique et 4 parties
d'eau à l'état solide. — Total : 100.

Ces mêmes pierres, cuites au four dit *four à
chaux*, ont perdu, par l'action du feu, tout l'acide
carbonique et toute l'eau qu'elles contenaient,
et ne sont plus que de la chaux pure, vive, propre à faire du mortier. Si, sur cette chaux, on
jette une quantité d'eau égale au quart de son
poids, la pâte ou poudre qui en résulte n'est pas
mouillée; la chaux absorbe toute l'eau et la réduit à l'état solide. L'eau, en se combinant ainsi
avec la chaux, en se solidifiant perd tout le calorique qui la tenait à l'état liquide. Le calorique,
mis pour ainsi dire en liberté, s'échappe au dehors
et produit cette chaleur, cette ébullition si sur-
prenante quand on éteint de la chaux.

La chaux pure ne se combine pas avec l'hydrogène, avec l'azote ni avec le carbone, mais
elle s'unit avec eux en les décomposant; c'est ce
qui explique pourquoi tous les corps organisés,
tant du règne animal que du règne végétal, sont
attaqués, décomposés et détruits par elle. Quand
on recouvre de chaux les cadavres d'hommes ou

d'animaux morts de maladies contagieuses, ils sont détruits, réduits en poudre friable, sans qu'ils exhalent ces odeurs malfaisantes qui accompagnent leur putréfaction.

La chaux éteinte, absorbant de nouveau l'acide carbonique contenu dans l'air, a encore assez de causticité, de force pour accélérer la dissolution des corps animaux et végétaux; c'est sur cette faculté que repose le grand effet qu'elle produit comme engrais. Elle rend l'argile plus friable, plus meuble et facilite son desséchement. Au contraire, elle semble donner plus de consistance au sable parce qu'elle augmente son adhésion avec l'eau et qu'elle s'unit intimement avec lui par le moyen de l'humus qui leur sert d'intermédiaire.

Mais un excès de chaux est très-nuisible, surtout dans les terrains sablonneux et crayeux parce qu'elle ne conserve pas l'humidité, et que dans les temps chauds, elle se dessèche et se réduit en poudre; parce qu'elle consume promptement le fumier et l'humus en favorisant trop leur passage dans les plantes et ne leur en réservant point pour la dernière période de leur végétation, de telle sorte qu'elles fournissent considérablement en paille et peu en grains.

Les terrains qui contiennent trop de chaux, sont poreux, légers et très-perméables à l'eau; ils sont facilement labourés, forment une pâte sans consistance et ne reçoivent pas de retraite sensible par le feu. L'air les pénètre promptement et y vivifie les germes à une assez grande profondeur; mais l'eau qui s'y infiltre sans résistance s'en échappe avec une égale facilité. Ainsi,

ils sont alternativement inondés et desséchés, et
les plantes qui ne sauraient résister à ces variations, languissent et meurent pour peu que la
sécheresse ou l'humidité se prolonge.

De l'humus.

L'humus ou terreau, nous l'avons déjà dit, n'est
pas une substance, c'est une matière noire, pulvérulente lorsqu'elle est sèche, molle et grasse au
toucher quand elle est humide et provenant de la
décomposition des débris animaux et végétaux
qui se sont trouvés sur le sol ou qu'on lui a livrés
comme engrais. Il a toujours de l'analogie avec
les corps dont il est le produit; cependant il
contient moins d'oxigène mais plus d'azote et de
carbone que les débris végétaux qui l'ont formé.
Ces trois gaz se combinent en lui et produisent
de l'acide carbonique qui agit puissamment sur
la végétation des plantes. Mais, la végétation des
plantes, le contact de l'air et l'action de l'acide
carbonique consument à la longue l'humus; et si
on ne le remplaçait pas par de nouveaux engrais,
le terrain qui en était le plus abondamment
pourvu, finirait par devenir stérile; car, excepté
l'eau, l'humus est la seule matière qui fournit un
aliment aux végétaux. Cet aliment est 1° l'azote
qu'il contient et qui est le produit des végétaux
dont le terreau est formée; 2° de l'acide carbonique qui se dégage pendant sa fermentation,
qui imprégne l'eau existante dans le terreau, et
forme au pied de la plante, et sous l'abri de ses
feuilles, une atmosphère surchargée de cet acide.
Cette eau, ainsi chargée d'acide carbonique,

agit sur les silicates alcalins insolubles qui se trouvent dans le sol, les décompose et met ainsi leurs éléments à la disposition des végétaux (1).

L'humus produit des effets divers sur les terrains ; et ces effets sont relatifs à la substance qui domine dans le sol.

Un terrain argileux renfermant beaucoup d'humus est très-fertile parce que l'humus le divise et permet aux plantes d'étendre leurs racines; il conserve longtemps sa fécondité parce que l'argile, par sa tenacité, retient les particules d'humus qui sont mélangées avec elle, et les protége contre l'influence de l'air.

Un terrain sablonneux possédant une assez grande quantité d'humus, est aussi très-fertile quand il ne lui manque pas d'humidité. Mais comme dans le sable, il y a absence de cohésion, l'air atmosphérique pénètre plus aisément dans toutes les molécules de l'humus, le décompose et épuise bien vite la fécondité du terrain.

Toutefois, dans les terrains humides, l'humus se décompose et prend une acidité qui est sensible à l'odorat. Cette acidité est produite par des plantes qui, comme la bruyère, contiennent beaucoup de *tanin* et nuit à la végétation. Les prairies qui en sont imprégnées ne produisent qu'un foin aigre que les bestiaux refusent de manger.

Les terrains dépourvus d'humus sont dits *effrités* à cause de leur ressemblance avec les matières qui ont subi l'action du feu et qu'on appelle *frites*.

_____

(1) Gasparin, t. 1, p. 109.

CHAPITRE III.

DU GYPSE OU PLATRE, DE LA MARNE ET DE LA CRAIE.

Outre les substances que nous venons d'analyser, on trouve dans quelques localités diverses matières qui, répandues sur le sol, forment un engrais très-puissant quand elles sont employées avec discernement; ce sont : *le gypse*, *la marne et la craie*.

Du gypse ou plâtre.

Nous avons dit dans le chapitre précédent que la chaux se combinait aisément avec tous les acides et surtout avec l'acide carbonique. Il est un autre acide avec lequel la chaux a la plus grande affinité, c'est l'acide sulfurique.

Unie ou combinée avec l'acide carbonique, la chaux prend le nom de carbonate de chaux; combinée avec l'acide sulfurique elle prend celui de sulfate de chaux ou mélange de soufre et de chaux. Ce mélange reçoit le nom de gypse.

Suivant les expériences faites par les chimistes, le gypse se compose de trente-trois parties de chaux, de quarante-trois parties d'acide sulfurique et de vingt-quatre parties d'eau réduite à l'état solide, c'est-à-dire cristallisée. D'après cela tout homme peut faire du gypse à volonté : il n'a qu'à étendre quarante-trois grammes d'acide sulfurique dans vingt-quatre grammes d'eau, verser cette liqueur sur trente-trois grammes de chaux sortant du four ; il se fera une combinaison des trois corps et cette combinaison sera du sulfate de chaux appelé gypse.

Eh bien ! cette opération chimique est faite par la nature dans toutes les contrées où la chaux et le soufre abondent. Des montagnes de gypse se sont formées et l'industrie humaine s'en est emparée pour le faire servir à nos besoins.

Pour utiliser le gypse on le fait calciner comme la chaux, pour lui faire perdre l'eau cristallisée qu'il contenait et on le réduit en poudre. En cet état on lui donne le nom de *plâtre* dont on se sert pour construction ou pour engrais.

On ignore encore comment le plâtre peut agir sur les plantes comme principe fertilisant ; mais ce que l'on sait bien c'est qu'il produit des effets étonnants sur les trèfles, sur le sainfoin, sur les pois et même sur les raves, en développant prodigieusement leur végétation. Toutefois, on a remarqué qu'il opérait plus énergiquement sur les terres fortes que sur les terres légères, plus aussi sur un terrain sec que sur un terrain humide (1).

---

(1) Quand on veut rechercher le gypse dans une terre, on la lessive avec de l'eau distillée qui le dissout, et l'on précipite l'acide sulfurique par le moyen du nitrate de baryte. On calcule alors aisément par les équivalents le poids du sulfate de chaux que contenait la terre. — Gasparin, tom. i, p. 91.

On a aussi remarqué qu'il ne produisait que peu d'effet sur le sol nu, et qu'il fallait le répandre sur les trèfles et sur le sainfoin quand ces plantes ont huit ou dix centimètres de hauteur (1).

Quelques terrains cependant n'en ont éprouvé aucun effet sensible; on en a recherché la cause et l'on a reconnu que ces terrains en renfermaient déjà une assez forte proportion dans leur constitution naturelle, ou qu'on en avait répandu trop à la fois. Le trop est un défaut en toutes choses. Il est peut-être arrivé que le plâtre était brûlé par la cuisson, ce qui lui enlève toute sa vertu.

Quand le plâtre est pur, c'est-à-dire quand il ne contient point de carbonate de chaux, ce qui arrive quelquefois, cinq cents ou six cents kilos suffisent par hectare.

Les sources qui viennent des montagnes de gypse, ou qui les traversent, donnent une eau dure ou crue parce qu'elle contient du gypse en dissolution. Cette eau est peu propre aux usages de la cuisine et à la distillation.

L'eau qui renferme du sulfate de chaux est appelée *séléniteuse;* elle forme des dépôts dans les tuyaux qui la conduisent.

Quand le sulfate de chaux est mêlé à des matières organiques, l'eau abandonnée à elle-même répand, au bout de quelque temps, une odeur d'œufs pourris.

---

(1) M. Boussingaut croit, au contraire, que le plâtre agit utilement sur les prairies artificielles en portant de la chaux dans le sol. — (*Economie rurale,* tom. II, p. 233.)

Les terrains qui abondent en gypse sont froids
et humides en hiver, secs et pulvérulents en été.

De la marne.

La marne est une combinaison de carbonate de
chaux et d'argile. On n'a point encore découvert
comment la nature opère cette combinaison; car
lorsqu'on a voulu mélanger ces deux substances,
on n'a fait rien de semblable à la marne naturelle.
On a cependant cherché à savoir dans quelles
proportions elles existent ensemble. Tantôt la
chaux et l'argile sont en parties égales; tantôt
l'une de ces deux substances prédomine l'autre
d'un quart, d'un tiers; c'est ce qui a fait donner à
la marne le nom de marne argileuse quand elle
renferme plus d'argile que de chaux, et celui de
marne calcaire quand elle contient plus de chaux
que d'argile.

On trouve la marne dans presque toutes les
localités, mais surtout dans les localités voisines
des montagnes calcaires, dans des ravins, dans
des chemins creux, etc. Si elle n'existe pas à la
surface du sol, elle est dans quelque couche inférieure. Quelques plantes peuvent indiquer son
existence : telles sont les diverses variétés de sauge
et de tussilage quand elles sont rassemblées en
grand nombre et déploient une grande richesse
de végétation. Le trèfle jaune est aussi un indice,
les ronces, etc.

Fréquemment la marne est recouverte d'argile.
Là où l'on trouve l'argile entremêlée de grains
de chaux, on peut être assuré de trouver de la
marne; mais il faut savoir en distinguer la variété : celle de dessus peut être de la marne argi-

leuse et celle de dessous de la marne calcaire ;
comme la marne argileuse convient peu à un terrain trop argileux, de même la marne calcaire
convient peu à un terrain trop calcaire.

La marne est de différentes couleurs, selon les
substances qu'elle contient : l'humus la rend
bleuâtre, grise ou noire ; les oxides de fer ou de
manganèse la rendent jaunâtre ou rougeâtre ; le
bitume la rend brune et lui donne une odeur bi-
tumineuse quand on en frotte les morceaux les
uns contre les autres.

La marne est quelquefois douce et molle comme
de la poussière ou du moins elle a assez peu de
consistance pour qu'on puisse la broyer entre ses
doigts ; quelquefois elle a la dureté de la pierre.
La première est appelée marne terreuse ; la seconde, marne concrète.

La marne concrète se distingue encore par sa
contexture : si elle est composée de lames superposées les unes sur les autres et que sa cassure
soit terne et inégale, c'est une marne schisteuse.
Si elle n'a point de couches uniformes et si elle
saute en morceaux irréguliers quand on la brise,
c'est une marne pierreuse.

Mais sa couleur, sa consistance et sa contexture
ne font rien à sa qualité ; elle a toujours plus ou
moins de carbonate de chaux ou plus ou moins
d'argile. C'est là l'essentiel à savoir, quand on
veut l'employer comme engrais ou comme amendement.

Toute espèce de marne, même la marne pierreuse, devient molle dans l'eau et s'y pulvérise
promptement quand l'argile et la chaux sont en

égale quantité ou à peu près; c'est même cette propriété qui la fait reconnaître. Il n'est donc pas nécessaire de la pulvériser ni de l'humecter avant de la répandre sur le sol qu'on veut modifier; l'humidité de l'atmosphère suffit pour la réduire en poudre. Cependant, pour la marne concrète, le concours de la gelée est nécessaire; alors on répand cette marne avant l'hiver.

Quelques marnes, cependant, résistent à la pulvérisation; il ne faudrait pas, pour cela, la rejeter d'une manière absolue, car cette résistance ne provient que d'une trop grande quantité de carbonate de chaux ou d'une trop grande quantité d'argile qui ne se résolvent pas en poudre quand ils sont à l'état de pureté.

Souvent la marne contient d'autres substances : les plus ordinaires sont la magnésie, le gypse et le sable.

Une petite quantité de ces substances ne change point sa propriété; il est même utile que le sable y soit en assez grande proportion, car il facilite la pulvérisation. Mais s'il y avait 60, 70, 80 pour cent de sable, ce ne serait plus de la marne, mais du *sable marneux*, dont l'effet ne pourrait être bon que sur un terrain trop argileux.

Pour s'assurer de la bonté de la marne, on en fait sécher un kilogramme environ au soleil ou au feu, et on la réduit en poudre. On en pèse une portion que l'on délaye dans un vase avec de l'eau. Ensuite on verse goutte à goutte un peu d'acide nitreux sur le mélange, jusqu'à ce que l'effervescence occasionnée par l'acide soit éteinte. On met alors dans un autre vase autant d'acide nitreux qu'on en a mis dans le premier, et on y ajoute une demi-cueillerée d'eau. On laisse tomber dans ce second mélange, et peu à peu, du carbonate de chaux bien pulvérisé, jusqu'à ce qu'il ne se produise plus d'effervescence. La quantité d'acide étant la même dans les deux vases, la quantité de carbonate de chaux employée dans la seconde expérience sera exactement la même que celle qui se trouvait dans la marne employée dans la première.

On emploie la marne sur les récoltes en végétation, surtout dans les terres légères. L'argile que contient la marne ajoute alors à la consistance du sol; et la marne détruit une grande quantité de mauvaises herbes, notamment l'oseille sauvage, dont les terres légères sont infestées.

On peut douter de l'utilité de la marne sur les prairies humides, principalement si l'herbe est mêlée de joncs. Pour la rendre efficace, il faudrait en mettre une quantité très-considérable; et même alors, la partie argileuse de la marne, partie très-utile sur les terres légères, serait perdue sur les prairies basses qui sont en général d'une terre grasse et substantielle. La chaux serait donc, pour ces prairies basses comme pour tous les terrains humides, un amendement préférable, parce que la chaux, non-seulement tue toutes les plantes nuisibles, telles que les joncs et les roseaux, mais encore elle en accélère la putréfaction et enrichit le sol en épurant ses productions.

De la craie.

La craie, vous la connaissez tous, puisque vous vous en servez journellement pour tracer des lignes ou des chiffres sur le tableau. Je vous dirai seulement qu'elle est une matière calcaire pulvérulente, formée par l'assemblage d'une quantité innombrable de petites coquilles, et qui se compose de cinquante-six parties de chaux et de quarante-quatre parties d'acide carbonique, et que, dans les contrées où elle abonde, on l'emploie comme la marne et le plâtre pour activer la végétation des prairies artificielles, et comme la chaux pour diviser les terrains argileux. On la réduit en poudre et on la répand sur le sol en petite quantité. Ou bien, on la mélange avec du fumier qui, ainsi préparé et bien consommé, est un amendement très-utile pour les prairies basses et humides. La craie dont il est imprégné, détruit, en peu de temps, la mousse, les joncs et les mauvaises herbes qui viennent en si grand nombre dans ces prairies.

La craie est aisément détrempée par l'action de l'eau. Les terrains qui en contiennent une très-grande quantité, et qu'on appelle *crayeux*, sont froids et humides en hiver, pulvérulents et secs en été. Après quelques jours de pluie, la surface du sol ressemble à de la bouillie; mais ces terrains se sèchent promptement et sont très-faciles à travailler, ce qui compense en partie leurs défauts.

CHAPITRE IV.

ANALYSE DES TERRES.

En chimie, on appelle analyse, l'art de séparer les substances, les principes ou les éléments qui composent un corps. Faire l'analyse d'une terre, ou analyser une terre, c'est donc séparer les diverses substances dont elle se compose, dans le but de reconnaître quelles sont les substances qui s'y trouvent en abondance et celles qui lui manquent ou qui y sont en trop petite quantité.

Cette opération est d'autant plus importante, qu'elle guide le cultivateur dans le choix de ses amendements, dans la marche et la durée des assolements et des semences qu'il doit confier à la terre qu'il cultive.

Il y a plusieurs sortes d'analyses ; mais, en agriculture, on se borne à en indiquer deux : l'analyse mécanique et l'analyse chimique.

On appelle analyse mécanique, celle qui se fait par des moyens mécaniques, tels que le pesage, le lavage, le broiement, la pression, la dessication, etc.

On appelle analyse chimique, celle que l'on obtient par des acides, des réactifs que l'on met en contact avec la terre qu'on veut analyser.

Pour le plus grand nombre des agriculteurs, l'analyse mécanique suffit; car les terres arables se divisent en deux grandes catégories : les terres argileuses et les terres sablonneuses; ou pour employer les termes de nos campagnes, en terres fortes et en terres légères; il leur suffira donc de savoir si la terre qu'ils vont cultiver contient plus d'argile que de sable, ou plus de sable que d'argile; et peut-être dans quelle proportion ces deux substances s'y trouvent.

Mais l'agriculteur qui voudra cultiver des plantes étrangères à sa localité, qui voudra cultiver en grand des racines, des plantes potagères que l'on commence à demander à nos contrées, devra nécessairement avoir recours à l'analyse chimique; non à cette analyse précise et rigoureuse, dont les Dawy, les de Gasparin, les Boussingaut, les Peliget nous donnent les procédés : les chimistes seuls peuvent les employer; mais à une analyse simple et pratique que j'ai trouvée dans plusieurs auteurs, notamment dans l'excellente chimie agricole de M. Malaguty (1).

Commençons par l'analyse mécanique, pour connaître dans quelle proportion le sable et l'argile se trouvent dans une terre quelconque.

Prenez environ un kilogramme de cette terre; faites la sécher à l'air ou dans un four. Quand

---

(1) 1 vol. in-12, de 3 fr. 50. — Tout agriculteur un peu intelligent doit avoir ce livre.

elle sera bien sèche, broyez-la fortement entre vos doigts, pulvérisez-la, nettoyez la des pierres, des débris d'herbe, de paille, de racine qu'elle pourrait contenir, en la criblant dans un tamis de crin dont les mailles auront un millimètre et demi de diamètre.

Cela fait, mettez dans un vase cent grammes de la terre tamisée; versez dans ce même vase trois cents ou quatre cents grammes d'eau; remuez le mélange avec une spatule de bois, jusqu'à ce que la terre soit complétement délayée. Laissez reposer le liquide pendant quelques instants, pour donner aux parties les plus lourdes le temps de se précipiter au fond du vase; puis versez avec précaution le liquide trouble dans un autre vase, de manière à ne perdre aucune partie du liquide et à laisser dans le premier vase toutes les parties lourdes.

Répétez l'opération avec ce qui sera resté dans le premier vase, en y ajoutant cent grammes d'eau, et décantez dans le second vase.

Si le liquide est encore bien trouble, refaites l'opération une troisième fois.

Ce qui sera resté au fond du premier vase, sera du sable. Ce qui aura coulé avec l'eau dans le second vase, sera de l'argile.

Pour savoir maintenant quelle est la quantité de sable et quelle est celle de l'argile, vous n'avez qu'à filtrer séparément le contenu des deux vases, le faire sécher et peser : le poids de chacune des deux substances vous indiquera leur proportion.

Supposons que le sable pèse soixante grammes, et l'argile quarante grammes, la terre contient 60 p. % de sable et 40 p. % d'argile. Ainsi que M. Malaguty le fait observer, ce n'est qu'un à peu près, attendu qu'il est resté un peu d'argile dans le sable et qu'il s'est écoulé quelques grains de sable dans l'argile. Cet à peu près est d'autant plus suffisant qu'il y a compensation.

Mais, comme je le disais tout à l'heure, l'agriculteur intelligent qui voudra étendre sa culture aux plantes étrangères à sa localité, aux plantes que l'industrie recherche, aux racines dont la consommation va toujours croissant, voudra savoir si la terre contient les substances que ces diverses plantes affectionnent et dont elles se nourrissent. En effet, le sable et l'argile ne nourrissent pas les plantes; ils ne sont que le point d'appui des plantes, que l'enveloppe des principes nutritifs dont elles se nourrissent. Cela est si vrai, que la meilleure terre du monde finirait par devenir complétement improductive si on la cultivait toujours sans lui donner des engrais.

Procédons à cette analyse.

Prenez une certaine quantité de la meilleure terre du pays (d'un jardin, par exemple, où la plante que vous voulez cultiver acquiert le plus grand développement en même temps qu'elle y est d'une qualité supérieure) et autant de votre propre terre, en ayant soin de les prendre toutes deux dans la couche végétale, mais au-dessous du sol actif, pour que vous ne soyez pas induit à erreur par la plus grande quantité d'engrais

que l'une d'elles aurait pu recevoir. Traitez une
portion de ces deux terres par l'analyse mécanique pour connaître leur quantité réciproque
de sable et d'argile. Cette quantité réciproque
étant connue, prenez cinquante grammes de
ces deux terres bien séchées et bien tamisées.
Versez sur chacune d'elles une égale quantité
d'acide muriatique (quelques gouttes suffisent).
Si l'une de ces deux terres contient de la chaux,
il se produira une certaine effervescence qui
n'aura pas lieu sur la terre qui en sera dépourvue. Si les deux terres en contiennent, ce qui
est le cas le plus ordinaire, l'effervescence sera
en rapport avec la quantité de chaux contenue
dans chacune d'elles; c'est-à-dire plus forte dans
la terre qui en contiendra le plus, et moins forte
sur celle qui en contiendra le moins.

Cette chaux sera, bien entendu, du carbonate
de chaux, puisque vous n'en avez pas séparé le
carbone par la cuisson; et ce carbonate de chaux
sera mêlé à du carbonate de magnésie. Mais ce
dernier carbonate est ordinairement en si petite
proportion, qu'il n'est pas essentiel de s'en
préoccuper.

Quant à la quantité de chaux contenue dans
chacune de ces deux terres, il serait très-bien
de la connaître; mais il suffit, pour la pratique,
de savoir si la terre que l'on cultive en contient
plus ou moins que la terre qui sert de type ou
de comparaison.

L'une des deux terres, peut-être même toutes
deux, peuvent contenir du sulfate de chaux.
Prenez de nouveau vingt-cinq grammes de ces

deux terres, faites les bouillir séparément dans
de l'eau de pluie; remuez le mélange pendant
l'ébullition et jetez le dans un filtre de papier lavé
préalablement avec de l'acide muriatique étendu
dans quatre fois son volume d'eau pour le dé-
barasser de tous les sulfates et de tous les sels
calcaires qu'il renferme dans son tissu (1). Quand
le mélange aura été filtré, versez sur le liquide
filtré deux ou trois gouttes de chlorure de ba-
rium dissous. Il se produira un trouble qui sera
plus ou moins prononcé selon la quantité de
sulfate de chaux. Si l'une des deux terres ne
renferme point de sulfate de chaux, ce trouble
n'aura pas lieu, ou s'il était faible et qu'il pro-
vînt d'une autre cause que de la présence du
sulfate de chaux, un peu d'acide nitrique versé
dans le liquide le ferait disparaître.

Voici un autre procédé que donne le docteur
Darwy; il pourra servir de contre-épreuve.

Mêlez soixante et quinze grammes de terre
avec vingt-cinq grammes de charbon pulvérisé;
soumettez le mélange dans un creuset pendant
une heure et demie à la température rouge.
Etendez le mélange dans un quart de litre d'eau
distillée et faites le bouillir pendant un quart
d'heure; filtrez la liqueur et exposez-la pendant
quelques jours à l'air dans un vase ouvert. Si la
terre contient une quantité tant soit peu considérable de sulfate de chaux, il se formera au

---

(1) On met quelquefois du plâtre dans la pâte du papier
pour augmenter sa force ou son poids.

fond du vase un précipité blanc dont le poids indiquera la proportion.

On a bien souvent conseillé l'emploi du noir animal comme engrais ; et il en a été de ce noir animal comme du plâtre, c'est-à-dire qu'il a produit de grands effets sur certaines terres et qu'il a été nul sur certaines autres. C'est que cet engrais renferme une quantité considérable de phosphates et que par conséquent il devait être sans effet sur les terres qui en contenaient aussi beaucoup. Or, il est important de savoir si les deux terres que vous analysez en contiennent, ou en sont dépourvues.

Répandez quelques gouttes d'acide nitrique sur vingt grammes de chacune des deux terres tamisée, séchée, etc.. Si l'une de ces terres renferme des phosphates, l'acide nitrique s'en emparera, dissoudra toutes les matières calcaires, toute la magnésie, l'oxyde de fer, et enlèvera à l'argile une portion de son alumine.

Faites bouillir le mélange pendant dix ou douze minutes. Ajoutez-y assez d'eau pour le rendre liquide ; filtrez et lavez le filtre. Faites sécher la liqueur au bain-marie (1) et versez sur le résidu dix à douze grammes d'esprit de vin, aiguisé de deux ou trois gouttes d'acide nitrique.

Après quelques minutes de contact entre le résidu et l'esprit de vin, filtrez de nouveau et

---

(1) La matière à dessécher est mise dans une capsule qui recouvre une autre capsule contenant de l'eau et que l'on place sur un réchaud pour faire bouillir.

versez sur la liqueur filtrée une petite quantité d'acétate de plomb dissous dans de l'eau.

Si l'une des deux terres que vous analysez renferme des phosphates, il se formera un précipité au moment que l'on versera la dissolution. Si l'une des deux terres ne renferme point de phosphates, il ne se formera point de précipité.

Cependant, il y a nécessairement une différence dans la couleur des deux terres; l'une est plus brune ou plus noire que l'autre. Cette couleur plus foncée peut provenir ou d'une plus grande quantité d'humus ou d'une plus forte dose d'oxyde de fer.

Pour s'en assurer, on place une boule de cette terre dans un creuset et on la fait chauffer en plein air jusqu'à l'incandescence.

Si la couleur noire provient de l'humus, la terre deviendra blanche par la raison bien simple que l'humus sera brûlé et aura disparu. Si elle est due à une plus grande dose d'oxyde de fer ou de manganèse, la terre restera noire.

Ce procédé sert aussi à déterminer la quantité d'humus; mais il demande alors un peu plus de précautions : — Pesez la boule de terre avant de la mettre dans le creuset, et pendant qu'elle est en incandescence, versez-y quelques gouttes de nitrate d'ammoniaque ou une dissolution de potasse, et remuez avec une verge de verre. La couleur noire étant complétement disparue par suite de l'incandescence, retirez le creuset du feu; laissez refroidir et pesez la boule de terre. La différence du poids, après l'incandescence, sera précisément la quantité d'humus qui se trouvait dans la terre.

Opérez de même sur l'autre terre et vous aurez la proportion d'humus dans les deux échantillons.

L'humus, vous le savez déjà, peut être acide et nuire par conséquent à la végétation. Voici encore le moyen de s'en assurer : — Teignez une bande de papier en bleu avec du suc de tournesol. Trempez cette bande dans une pâte liquide faite avec de la terre que vous analysez, et de l'eau courante. Si la bande de papier devient rouge, c'est qu'il y a de l'acidité dans l'humus.

L'humus acide se fait aussi reconnaître à l'odeur de tourbe brûlée qu'il répand quand il est mis en ignition. Si au contraire il répand une odeur de plumes brûlées, c'est une preuve qu'il provient d'engrais animaux et qu'il est riche en principes fertilisants; en d'autres termes, qu'il contient beaucoup d'azote, principe de la fertilité.

Par ces procédés et cette comparaison, on arrive à savoir quelles sont les principales substances qui composent le bon terrain et celles qui manquent ou qui sont en trop grande abondance dans le mauvais.

Si la proportion d'argile est trop forte, il faut y transporter du sable.

Si l'argile est seulement trop tenace, ce qui arrive quand elle est pure ou qu'elle est trop fortement empreinte d'alumine, il faut y transporter un peu de chaux.

Si le sable est en trop grande quantité, il faut y transporter de l'argile ou de la marne.

Si l'oxyde de fer est trop abondant, on peut le décomposer par une adjonction de chaux ou de plâtre.

Si l'humus est trop abondant, l'écobuage (brûler la terre) est le meilleur moyen d'y remédier.

Si l'humus manque, il faut y suppléer par des engrais.

Si enfin le terrain manque de chaux, il faut lui en donner. S'il en a trop, il faut diminuer son influence par une adjonction d'argile ou de marne.

Certainement, le meilleur terrain d'un pays, d'une commune, même d'un canton, peut être inférieur aux bons terrains d'une autre contrée; aussi les procédés que j'indique n'ont qu'une valeur relative. Cependant, il en est des terres comme de tout autre chose : on ne doit améliorer que progressivement; car, un amendement sur une grande échelle est très-coûteux; et la dépense faite pourrait être, non-seulement inutile, mais encore funeste, si l'analyse du terrain avait été mal faite. En procédant par petite fraction, on peut corriger une erreur si elle a été commise ou persévérer dans l'amendement adopté, s'il a été suivi de bons résultats. Quand on a relevé son terrain au degré de valeur du meilleur sol du pays, on peut le relever encore en le comparant à un terrain supérieur et arriver ainsi à une amélioration complète. En agri-

culture, il est toujours utile d'agir avec prudence.

Toutefois, les agriculteurs qui voudront faire
une analyse plus rigoureuse et plus précise,
trouveront les moyens d'y arriver, dans la chimie agricole de M. Malaguti.

CHAPITRE V.

—

DE LA CONSTITUTION DES TERRAINS.

Vous savez ce que, en agriculture, on appelle terrain agricole, couche végétale et sous-sol. Vous connaissez les différentes substances dont cette couche végétale peut se composer; vous avez retenu, sans doute, les effets que chacune de ces substances produit dans le sol, ainsi que les inconvénients qui résultent de leur excès. Aujourd'hui, je vais vous dire dans quelle proportion ces substances doivent se trouver pour constituer un terrain fertile.

Tous les agronomes, du moins ceux que j'ai étudiés, pensent qu'une couche végétale qui serait composée de cinquante parties de sable et de cinquante parties d'argile formerait le terrain le plus fertile et le plus propre à toute espèce de culture, par la raison, dit M. Pfluguer, qu'il réunirait tous les avantages de l'argile et du sable sans avoir les inconvénients de leur excès. Ils disent aussi que les parties de sable peuvent monter à soixante ou descendre à quarante sans nuire sensiblement à la fécondité du sol. Il en est de même de l'argile. Seulement si les parties d'argile montaient à soixante, on rendrait le terrain plus parfait en lui donnant une quantité de chaux

égale à la quantité d'argile pure, ce qui rétablirait
à peu près l'équilibre, car la chaux favorisant
comme le sable la division de l'argile, le terrain
offrirait les mêmes avantages de culture et de fécondité. De là suivent les trois constitutions suivantes:

1° Argile.............. 50 } 100
   Sable.............. 50 }

2° Sable .... 60 } 100
   Argile............. 40 }

3° Argile.............. 55 }
   Sable.............. 35 } 100
   Chaux............. 10 }

Mais on comprend que ces trois constitutions
de terrain ne sont que trois types donnés par la
théorie pour guider les agriculteurs dans leurs
amendements, car la constitution naturelle des
terrains variant à l'infini, il serait bien cruel qu'il
n'y eût de fertiles que les trois seuls terrains qui
seraient constitués de cette sorte. Ce qu'il y a de
remarquable dans ces trois types, c'est que le
sable et l'argile y sont considérés comme les
deux bases principales de la constitution des terrains. Je crois que les agronomes ont bien raison,
car l'alumine est partie intégrante de l'argile; la
silice se confond avec le sable; la chaux est plutôt
un amendement qu'une base, car on ne la trouve,
en grande quantité, que dans des régions excep-
tionnelles.

Voici, au surplus, trois autres types de terrain
que les célèbres agronomes Chaptal et Dawy donnent comme étant très-fertiles, chacun dans son
espèce : blé, chanvre et racines. Je les trouve
reproduits dans le dictionnaire d'agriculture de
François de Neufchâteau.

Terrain à blé.

Sur cinq parties de ce terrain, trois parties étaient du sable siliceux, ce qui équivaut à soixante pour cent de l'ensemble du terrain. Les deux autres parties contenaient :

Carbonate de chaux.............	28	
Silice......................	32	100
Alumine (argile pure)..........	29	
Humus.....................	11	

La fertilité de ce terrain pour le blé, prouve la solidité des principes que nous énoncions tout à l'heure, à savoir : 1° que la quantité de sable pouvait monter à soixante pour cent sans nuire à la fécondité du sol; 2° que la quantité de chaux devait être égale à la quantité d'argile pure.

Terrain à chanvre.

Sable grossier.................	49	
Carbonate de chaux.............	25	100
Silice	16	
Alumine.....................	10	

Ce terrain est très-sablonneux car si l'on réunit la silice au sable, on voit qu'il contient soixante-cinq parties de sable de diverses espèces. Si la proportion d'argile est faible, c'est qu'elle est pure et que d'ailleurs les vingt-cinq parties de chaux compensent la petite quantité d'argile. Ainsi, un terrain qui contiendrait soixante-cinq parties de sable et trente-cinq parties d'argile se rapprocherait bien de ce type et produirait d'aussi belles récoltes de chanvre si on le labourait plus profond et si on lui donnait des engrais plus actifs : du purin, par exemple. Un peu de chaux,

même de la chaux éteinte, ne ferait qu'ajouter à
sa fécondité.

Terrain à betterave, carotte, turneps.

Sur neuf parties, ce terrain en avait huit de
sable ce qui fait environ quatre-vingt-huit pour
cent, la neuvième matière était une partie pulvérulente composée de toutes les autres substances,
savoir :

Carbonate de chaux.............	63	
Silice........................	15	
Alumine......................	11	100
Oxide de fer,.................	3	
Matières végétales (humus).......	5	
Eau........................	3	

Ainsi, ce terrain excellent pour les racines
n'aurait pas assez de consistance pour produire
de bonnes récoltes de froment, puisque le sable y
entre pour quatre-vingt-huit pour cent et la
chaux et l'argile seulement pour dix pour cent.
L'orge même n'y réussirait pas. Mais il vous
prouve que toute espèce de terrain cultivé avec
intelligence peut donner d'excellents produits :
il s'agit seulement, comme je vous l'ai déjà dit de
ne lui confier que des semences sympathiques à
sa nature.

CHAPITRE VI.

CLASSIFICATION DES TERRAINS D'APRÈS LEUR NATURE,
LEUR TEMPÉRATURE ET LEUR HYGROSCOPICITÉ.

Un terrain est appelé *dur*, *tenace*, *intraitable*, quand cinq ou six jours après la pluie, il est encore assez mouillé pour s'attacher à la herse ou à la charrue comme une pâte glutineuse ; et que devenu sec, il se durcit comme de la brique , ou se sépare en mottes qu'on ne peut diviser qu'avec des outils pointus ou tranchants. Cette espèce de terrain contient ordinairement plus de quatre-vingts pour cent d'argile.

Il est appelé *gros*, *raide*, *fort*, quand au labourage ou à la culture à la bêche, il forme des mottes qui ne peuvent être brisées qu'à coups de maillet ou par une herse très-lourde précédée du rouleau. Ces terrains contiennent plus de soixante parties d'argile sur cent.

Il est appelé *meuble*, *léger*, lorsque les mottes qu'il forme au labourage ou à la culture se brisent ou s'émiettent à un faible coup du pied ou de la bêche. Ces terrains ne contiennent ordinairement que de vingt à quarante parties d'argile sur cent.

Il est appelé *friable*, *mouvant*, lorsque étant sec

il se réduit de lui-même en poudre sans former de mottes. Ce sont les terrains qui contiennent plus de quatre-vingts parties de sable sur cent.

On dit qu'un terrain est *effrité* quand il est presque entièrement dépourvu d'humus. On effrite un terrain en employant trop souvent l'écobuage pour détruire l'herbe.

On distingue encore les terrains d'après leur température :

On les dit *froids* quand ils conservent longtemps l'humidité et qu'ils s'échauffent difficilement au soleil. Ce sont les terrains argileux dépourvus de chaux.

On les dit *chauds* quand ils perdent vite l'eau qu'ils ont reçue et qu'ils sont promptement pénétrés de la chaleur du soleil. Ce sont les terrains sablonneux et calcaires. Ils sont d'autant plus chauds que leur couleur est plus foncée.

On les dit *brûlants* quand l'eau ne fait que les traverser et qu'ils sont, par conséquent, plus tôt secs et plus promptement échauffés que les précédents. Ce sont les terrains dépourvus d'argile et presque uniquement composés de matières calcaires. Leur couche végétale a ordinairement peu de profondeur et repose presque toujours sur un sous-sol de cailloux roulés.

Les terrains reçoivent encore d'autres noms par rapport à leur degré d'humidité, ou, en d'autres termes, par rapport à leur faculté de retenir ou de perdre les eaux pluviales, et d'attirer l'humidité de l'atmosphère, faculté que M. de Gasparin appelle hygroscopicité.

On les appelle *humides* quand ils gardent l'eau

trop longtemps. Les plantes y pourrissent; ce sont les terrains trop argileux.

On les appelle *secs* quand ils perdent l'eau trop promptement. Les plantes y jaunissent d'abord, se dessèchent et meurent. Ce sont les terrains crayeux, trop calcaires ou trop sablonneux.

On les appelle *frais* quand ils ne sont ni trop humides ni trop secs. Ils ne sont ni trop humides ni trop secs, lorsque deux ou trois jours après la pluie, ils ne retiennent que 0,23 d'eau de leur poids; et que douze ou quinze jours après ils en retiennent encore 0,15 à 33 centimètres de profondeur. Ce sont les meilleurs terrains car outre leur bonne constitution, ils ont nécessairement une couche végétale très-profonde.

Pour apprécier la quantité d'eau qu'une terre retient, par conséquent, pour reconnaître si elle est fraîche, sèche ou humide, on prend un kilogramme de cette terre à trente-trois centimètres de profondeur; on la fait dessécher dans un four chauffé à 100 degrés. Quand elle est bien sèche on la pèse : le poids qu'elle a perdu est la quantité d'eau qu'elle contenait. Les terres qui, à trente-trois centimètres de profondeur, dans l'été, et après sept ou huit jours de beau temps, retiennent de quinze à vingt pour cent d'eau de leur poids, sont réputées terres fraîches; celles qui en retiennent de trente à cinquante pour cent, sont humides; celles qui n'en retiennent que dix sont sèches.

Cependant un terrain peut être sec ou humide par des causes indépendantes de sa nature.

Quand une mince couche de terre végétale

repose sur un sous-sol de sable pur ou de cailloux
roulés, elle doit perdre très-vite l'eau qu'elle a
reçue et être sèche. Quand, au contraire, elle
repose sur une couche imperméable d'argile, elle
doit conserver l'eau très-longtemps et être humide. C'est donc à reconnaître la nature de cette
couche inférieure qu'il faut d'abord s'attacher et
y apporter les améliorations dont nous avons
parlé dans les chapitres précédents.

La position des terrains au levant, au couchant
ou au midi, leur pente plus ou moins rapide, sont
encore des causes qui influent sur la température et sur l'hygroscopicité de la terre. On conçoit
aisément qu'un terrain tourné au levant se réchauffe plus promptement et devient plus vite
sec qu'un terrain tourné au couchant, puisque le
soleil le darde de ses rayons dès le matin, dissipe
les brouillards et dessèche le sol humecté par la
rosée ; tandis que le terrain tourné au couchant
reste dans l'humidité jusqu'à une heure plus ou
moins avancée de la journée. Il faut donc tenir
compte de cette différence de position dans ses
appréciations.

Cependant il ne faudrait pas en conclure rien
de défavorable aux terrains au couchant, car si le
levant est avantageux à la vigne, aux arbres fruitiers, aux céréales même, le couchant favorise les
grands végétaux, les prairies, les récoltes vertes,
et n'est pas exposé, au printemps, au soleil du
matin qui brûle les plantes chargées de givre.

Quant à la pente du terrain, si elle excède 0^{m}05
par mètre, il n'y a aucune base certaine pour
apprécier la température et l'hygroscopicité de la

terre; ces deux natures seront toujours en rapport avec la pente subordonnée toutefois à
l'orientation et à la couche inférieure du sol.

De toutes les expositions, dit M. de Gasparin,
celle du midi est la plus avantageuse. En hiver,
elle jouit toute la journée d'un soleil direct; en
été, au lever du soleil, les rayons ne lui arrivent
pas immédiatement; ils la frappent obliquement
pendant longtemps et l'abandonnent de bonne
heure le soir; la chaleur reçue s'accroit et diminue dans une progression régulière, au lieu de
lui venir et de la quitter brusquement comme cela
arrive au levant et au couchant.

CHAPITRE VII.

—

DE L'AMENDEMENT DES TERRES.

Multum adeo rastris glebas qui frangit inertes
Vimineasque trahit crates juvat arva ; neque illum
Flava Ceres alto nequidquam spectat Olympo
Etc. G. de Virg.

Dans l'état d'extrême division où se trouve notre territoire, il est impossible de ne cultiver qu'une seule espèce de denrées. Chaque propriétaire, chaque fermier, veut avoir dans la petite terre qu'il cultive : du chanvre, des pommes de terre, du blé, des légumes, des arbres fruitiers tout aussi bien que des betteraves et des carottes. Il peut arriver aussi que dans un vaste domaine, les terres soit toutes ou en grande partie constituées comme le dernier type dont je parlais tout à l'heure, chapitre IV. Dans l'un et l'autre cas il faut amender son terrain (1), c'est-à-dire corriger

_____

(1) Je dois prévenir ici que le mot terrain ne doit s'entendre que de la couche végétale.

ses défauts, ou en d'autres termes, lui donner les qualités qu'il n'a pas (1).

On amende un terrain par divers moyens :

1° Par le mélange des terres de nature et d'effets opposés ;

2° Par des labours plus ou moins profonds selon l'épaisseur de la couche végétale ;

3° Par des défoncements à la bêche ou à la pioche, selon la nature du sous-sol ;

4° Par des dessèchements au moyen de saignées ou au moyen du drainage ;

5° Par l'écobuage.

De l'amendement par le mélange des terres.

Nous avons vu que l'argile et le sable sont les deux bases principales sur lesquelles reposent la constitution des terres cultivables; les terrains sont donc divisés en deux premières catégories qui tirent leur nom de la substance qui y domine : terrain argileux, quand l'argile domine; terrain sablonneux, quand le sable domine.

Nous avons vu que le terrain le plus parfait serait celui qui contiendrait cinquante pour cent d'argile et cinquante pour cent de sable; mais que l'une de ces deux substances peut monter

---

(1) C'est une opération coûteuse, sans doute, et c'est à cause de cela que tant de terrains restent sans valeur et ne donnent que des produits insignifiants; mais si une terre stérile, ingrate, trop sèche ou trop humide produit dix fois plus après qu'on y a dépensé le quart, le tiers ou la moitié de sa valeur primitive, il y aurait folie et même crime à ne pas faire cette dépense.

jusqu'à soixante pour cent ou descendre à quarante, sans nuire sensiblement à la fécondité du
sol. C'est donc à ces proportions d'argile et de
sable qu'il faut tendre quand on veut amender un
terrain d'une manière utile.

Ainsi, quand un terrain argileux ne contient
que dix parties de sable sur cent, on peut lui en
donner de vingt à quarante parties avec la certitude d'augmenter sa fécondité. Cependant si
l'argile était trop tenace, ce qui proviendrait de
la grande quantité d'alumine dont elle serait composée, il faudrait ajouter au sable, une certaine
quantité de chaux.

La chaux produit toujours de bons effets sur
les terrains trop argileux. Non-seulement elle
rend l'argile plus friable, plus meuble et facilite
son dessèchement; mais encore elle favorise la
décomposition des sucs nourriciers que l'argile
retient et s'incorpore, et sépare les substances
végétales ou animales qui adhèrent trop fortement à l'argile. Elle empêche la formation des
acides qui se produisent si facilement dans le sol
et les neutralise quand ils y existent. On a remarqué même qu'un champ amendé avec de la chaux
produit un grain à enveloppe plus mince et qui,
par conséquent, renferme plus de farine et moins
de son.

Cependant il faudrait bien se garder de répandre trop de chaux sur un terrain argileux, car,
alors on tomberait dans les inconvénients d'un
excès contraire; inconvénients que nous avons
signalés en traitant de la chaux. La proportion
la plus avantageuse, selon M. Pfluguer est une

quantité égale à la quantité d'argile pure contenue dans le sol. D'après d'autres agronomes, dix
pour cent de chaux apportés sur un terrain où
l'argile domine trop fortement le sable, élève la
valeur de ce terrain en proportion de la quantité
d'humus qu'il renferme (1).

Ce que nous avons dit d'un terrain trop argileux, s'applique à un terrain trop sablonneux,
mais dans un sens inverse.

En général, un terrain trop sablonneux et il
l'est trop quand la proportion de sable excède
soixante pour cent, ne peut pas supporter les
cultures fréquentes qui lui sont cependant si
nécessaires pour détruire les mauvaises herbes
qui y croissent si vite et en si grande abondance
surtout quand il contient beaucoup d'humus.

Contenant soixante-dix parties de sable sur
cent, il ne pourrait donner de bonnes récoltes de
froment, qu'autant qu'il serait soumis à une culture savante. L'orge cependant y réussirait bien
si son exposition était bonne et si l'été n'était
pas trop sec. Les récoltes de seigle y sont assu-
rées.

Cette espèce de terrain est toujours facile à
travailler; mais au lieu d'adhérer au fumier, de

_____

(1) En Angleterre, on répand cent hectolitres de chaux
par hectare ; on augmente la dose sur les terrains tourbeux
en proportion de la quantité de tourbe qu'ils contiennent.
La chaux dite hydraulique est plus favorable à la croissance des fourrages et de la paille qu'à celle du grain ; ce
n'est donc pas elle qu'il faut employer comme engrais. Elle
abonde en silicate d'alumine et demanderait un traitement
particulier ; laissons-la aux entrepreneurs de bâtiments.

se l'approprier comme font les terrains argileux,
ils le décomposent et le laissent librement passer
dans les plantes. D'où il suit, qu'il faut les fumer
peu à la fois et souvent. Mais les fréquents labours
leur donnent une incohérence telle, que les céréales y viennent mal. C'est pourquoi ils ont besoin d'être laissés en repos ou d'être mis en prairies artificielles. Après trois ou quatre années de
ce repos qui est loin d'être improductif, le chanvre, les pommes de terre, l'orge et le seigle y
réussissent très-bien.

Mais si la proportion de sable atteignait quatre-
vingt ou quatre-vingt-cinq parties de sable sur
cent, le seigle et le blé noir sont les seules productions qu'on en peut espérer.

Si pourtant ce terrain est profond et repose
sur un sous-sol d'argile, une culture habile le
rendrait propre à la betterave.

Si la proportion de sable atteignait quatre-
vingt-dix ou quatre-vingt-quinze parties sur cent,
le terrain ne peut produire que quelques herbages pour les moutons.

Nous avons vu que le sable est un excellent
amendement pour les terrains argileux, parce
qu'il divise les molécules de l'argile, les empêche
d'adhérer entre elles et rend par conséquent le
terrain perméable à l'eau. L'argile sera donc,
par les motifs contraires, un excellent amendement pour les terrains trop sablonneux. Ainsi,
un terrain renfermant quatre-vingt-cinq parties
de sable et quinze parties d'argile, d'humus,
de chaux, de silice, etc., sera élevé à une

grande valeur et à une grande fécondité, si on
lui donne de vingt à trente parties d'argile.

L'argile mouillée étant exposée à la gelée, se
déchire et se divise en petits fragments. Or,
avant de l'employer à l'amendement d'un terrain, on la fait geler après l'avoir mouillée.
Alors, déliée et divisée dans toutes ses parties,
elle s'amalgame et se mêle mieux avec le sable
et lui donne la consistance qui lui manquait.

On peut aussi amender un terrain trop sablonneux avec de la chaux éteinte. Cette chaux
lui donnera plus de consistance en augmentant
l'adhésion du sable avec l'eau et en s'unissant
intimement avec lui par le moyen de l'humus.
— Toutefois, il faut user de ce moyen avec modération, tout aussi bien pour les terrains sablonneux que pour les terrains argileux : lorsque
la chaux est mêlée en trop forte proportion
avec une trop grande quantité de sable, elle
forme un terrain trop sec et trop chaud, sur
lequel on ne peut espérer de bonnes récoltes,
même avec beaucoup d'engrais, que des seuls
végétaux qui supportent très-bien la sécheresse :
— quinze pour cent est le maximum de chaux
qu'un terrain doit contenir. Ainsi, si un terrain
contenait ce maximum de chaux, ce serait une
faute de lui en donner. C'est pour cela qu'il est
si nécessaire d'analyser ses terres avant de les
amender.

La marne argileuse serait bien préférable,
attendu que l'argile qu'elle contient ajoute à la
consistance du sol. Dans les pays où on emploie
la marne comme engrais sur les prairies artifi-

cielles ou comme amendement, en aussi grande quantité que nous employons le plâtre, l'expérience a démontré que si la chaux était un excellent amendement pour les terrains profonds et argileux, dans les prairies aigres et humides, la marne produisait des effets surprenants sur les terres graveleuses ou sablonneuses converties en prairies artificielles.

La marne calcaire est excellente sur tous les terrains, mais surtout sur ceux qui sont dépourvus de carbonate de chaux, car elle en contient 245 kilogrammes par mètre cube, pesant 1400 kilogrammes, ou à peu près le sixième de son poids. Quant à la quantité de marne qu'il faut répandre sur un champ, il faut savoir que la terre pèse de 1200 à 1500 kilogrammes le mètre cube, par conséquent à peu près autant que la marne; que les labours n'ont que de quatorze à seize centimètres de profondeur; que dès lors le poids de la terre à amender n'est par mètre carré que les quinze centièmes du poids d'un mètre cube, ce qui fait 225 kilogrammes.

Il ne faut donner à cette étendue de terre, un mètre carré, qu'un dixième de chaux; c'est donc 2,25.

Or le mètre cube de marne contenant 245 kilogrammes de carbonate de chaux, c'est à peu près le centième d'un mètre cube de marne, soit 14 kilogrammes que l'on peut répandre sur un mètre carré de terre : ce qui fait 140,000 kilogrammes par hectare ou cent mètres cubes.

De l'amendement des terres par des labours profonds.

L'amendement des terres par des labours profonds est toujours utile dans les terrains dont la couche végétale est épaisse. Une couche végétale est épaisse, quand elle a plus de trente centimètres.

Cette opération n'est ni longue ni dispendieuse, car on ne doit la pratiquer sur le même terrain que tous les quatre, cinq ou six ans, c'est-à-dire au renouvellement de l'assollement; et on peut y procéder, soit en passant deux fois dans le même sillon si l'on n'a que la petite charrue ordinaire, soit en se servant d'une charrue plus puissante qui pénètre fort avant dans le sol.

Malgré la facilité et la simplicité de cette opération, il n'est pas rare de voir d'excellents terrains à couche végétale très-épaisse, qui depuis un grand nombre d'années n'ont été labourés que par la même charrue, sans qu'il soit venu à la pensée de leur propriétaire ou de leur fermier d'approfondir leurs labours. Les pieds des hommes, des bœufs ou des chevaux, le poids des voitures et des tombereaux y ont tellement serré la terre au-dessous des sillons invariables de profondeur, c'est-à-dire neuf ou dix centimètres, qu'il s'y est formé une croûte dure, épaisse et imperméable à l'eau. D'où il suit nécessairement que ces terrains, tout excellents qu'ils sont, souffrent alternativement de l'humidité et de la sécheresse, et ne donnent que des récoltes rares, grêles, de mauvaise qualité et sujettes à verser. En effet, dans une couche de terre meuble qui n'a que huit ou neuf centimètres d'épaisseur, sous laquelle existe une croûte de terre dure et imperméable, les racines des plantes, même celles du blé qui peuvent s'enfoncer à vingt ou vingt-cinq centimètres, sont gênées dans leur mouvement naturel; elles sont obligées de s'étendre les unes sur les autres, de se disputer l'espace et la nourriture nécessaires à leur végétation. Les plus faibles succombent dans la lutte; et les plus fortes, bientôt affaiblies par l'humidité et la sécheresse, grainent peu et n'en versent pas moins.

Par un labour profond, pratiqué à chaque renouvellement de l'assolement, on ramène à la surface du sol une terre vierge qui n'a besoin que d'engrais et du contact de l'air pour devenir fertile, et on augmente l'épaisseur de la terre meuble (1). Alors les racines vont chercher à une plus grande profondeur la nourriture dont elles ont besoin; le même espace de terrain suffit à un plus grand nombre de plantes; les racines sont plus longues, plus chevelues ou plus charnues, selon leur espèce; les tiges plus fortement attachées au sol et recevant plus de nourriture sont plus vigoureuses et plus développées; et, quoiqu'elles soient plus chargées de grains, les tiges des céréales sont moins sujettes à verser.

---

(1) Cette opération est toujours avantageuse, surtout dans les terrains d'alluvion.

L'épaisseur de la terre ameublie par la culture a encore l'avantage d'affermir le sol contre les effets de l'humidité et de la sécheresse : les eaux pluviales ont plus d'espace à parcourir avant d'arriver à la croûte de terre dure et imperméable qui les retenait et d'où elles refluaient à la surface. Cette épaisseur de terre en absorbe une plus grande quantité et les conserve plus longtemps ; et bien loin de tenir les racines comme dans un bain en temps humide, et de les dessécher en temps sec, elle leur rendra, par aspiration ou capillarité, une partie de la grande quantité d'eau qu'elle aura absorbée et conservée, lorsque la surface du sol sera échauffée par les rayons solaires. Ce phénomène se fait remarquer dans les jardins quand l'arrosage a été abondant. C'est précisément parce que ce phénomène a lieu, que l'on a érigé en principe, qu'un arrosement abondant vaut mieux que trois arrosements superficiels. En principe, une terre n'obtient son plus haut degré de production qu'autant qu'elle possède un sol ameubli d'au moins 0,50 de profondeur. C'est au point qu'un terrain négligé pendant longtemps par des fermiers ignorants, et qui rendait sept hectolitres de blé par hectare, m'en a rendu seize en 1854, après un double labour à 0,30 de profondeur, sans engrais, et vingt-un hectolitres en 1856, après des betteraves et du maïs récoltés en 1855 ; plantes qui pourtant ne sont pas favorables au blé.

Mais tous les terrains ne sont pas comme les nôtres, situés au pied de coteaux fertiles, dont

l'humus et une partie de la terre ont été entraînés dans la plaine par les eaux ou arrosés par
une rivière limoneuse dont les dépôts onctueux
et féconds ont successivement élevé le sol. La
majeure partie des terrains cultivés n'a qu'une
faible couche de terre végétale qui varie de huit
à seize centimètres d'épaisseur. Dans cette situation, il ne faut pratiquer des labours profonds qu'après s'être assuré de leur opportunité;
car la couche qui se trouve au-dessous, c'est-à-
dire le sous-sol, pourrait gâter une couche végétale qui, si elle n'est pas très-productive,
donne encore de passables récoltes quand elle
est cultivée avec intelligence.

Il peut arriver en effet qu'une faible couche
végétale sablonneuse ait un sous-sol d'argile;
comme aussi il n'est pas rare de rencontrer un
sous-sol de sable pur sous une faible couche
végétale argileuse. Dans ces deux hypothèses,
il ne faut pas se laisser entraîner par ce principe, que le meilleur de tous les terrains est
celui qui contient cinquante parties d'argile et
cinquante parties de sable; il faut au contraire
remarquer que la croûte qui s'est formée sous
les sillons a intercepté toute communication entre la terre cultivée et le sous-sol, et que par conséquent, le sous-sol, sable ou argile est dépourvu d'humus. Un labour trop profond amènerait
à la surface une trop grande quantité de terre
stérile que le temps seul et des engrais puissants et abondants peuvent rendre fertile. Or,
plus la couche de terre végétale est mince,
moins il faut approfondir le labour de défonce-

ment, sauf à y revenir au renouvellement de
l'assollement. En règle générale, le labour de
défoncement ne doit pas amener à la surface
plus de six ou sept centimètres de terre neuve.

Dans les montagnes, notamment sur les plateaux élevés de la France, une faible couche de
terre végétale de quelques centimètres recouvre
un sous-sol de cailloux roulés. — Dans ce cas,
il est nécessaire de s'assurer de l'épaisseur de la
couche de terre végétale. Si elle n'a que dix à
vingt centimètres d'épaisseur, un défoncement
qui détruirait la croûte de terre qui s'est formée
au-dessous des sillons et qui entretient un peu
d'humidité, serait plus nuisible qu'utile; un défoncement qui atteindrait le sous-sol de cailloux
serait funeste, puisqu'il n'amènerait que des
cailloux à la surface. Il faut donc laisser ces
terrains superficiels à leur production naturelle :
le seigle, l'avoine et le blé noir. Si pourtant les
cailloux étaient calcaires, ce qui est facile à re-
connaitre à leur couleur grise et terne, à leur
toucher rude et à leurs crevasses, l'esparcette
et toutes les plantes fourragères de la même famille, les gesses, les feverolles, les lentilles y
réussiraient très-bien, après un défoncement à
la charrue qui irait jusqu'aux cailloux, parce
que les pierres à chaux absorbent beaucoup
d'eau et se laissent facilement pénétrer par les
racines de ces plantes.

Sur le penchant des côteaux, une très-mince
couche de terre cache quelquefois uu sous-sol
de schiste argileux. Il ne faudrait pas croire ce
terrain impraticable aux améliorations. Le schiste

argileux se laisse facilement entamer par la charrue, et il devient friable quand il a été exposé
au contact de l'air. On peut donc, par des labours, améliorer la couche végétale en la rendant plus épaisse.

Dans la même situation, un sous-sol de granit
exclut toute amélioration de la couche végétale,
par mélange des terres et par défoncement à la
charrue. Il faut nécessairement, si elle est trop
mince, augmenter son épaisseur par des terres
transportées ; et si elle est suffisamment épaisse,
on doit se borner à améliorer sa constitution.
Ce qu'il y a de plus à craindre sur ces terrains,
c'est de détruire l'adhérence du sol au granit.
Sans cette adhérence, les labours annuels et les
eaux pluviales l'entraîneraient au bas du coteau.
Or, ce qu'il y a de mieux à faire, c'est de le convertir en prairie.

De l'amendement des terres par défoncement à la pioche.

Des labours profonds, répétés à chaque renouvellement d'assolement, améliorent sans
doute un terrain ; et à la rigueur, on peut s'y
tenir quand on ne veut ou quand on ne peut
cultiver que les céréales et les récoltes qui ordinairement les précèdent, comme le chanvre ou
la pomme de terre, etc. Mais il est constaté et
avéré qu'un défoncement plus entier, plus profond, est beaucoup plus durable, et donne au
sol une bien plus grande énergie végétative.
D'autre part, il est des plantes qui sont d'autant
plus développées qu'elles ont été semées sur un

terrain plus profondément ameubli : telles sont la carotte, la betterave, les navets, etc. Il en est d'autres, telles que le houblon, la garance, la luzerne, etc., qui s'enfoncent tant que leurs racines ne rencontrent point d'obstacle.

Un tel défoncement devant aller au moins jusqu'à un mètre, ne peut être pratiqué que par la pioche et la pelle et à tranchée ouverte. Cette opération, toujours très-longue et très-coûteuse, ne doit être entreprise qu'après une étude approfondie de la nature et de la position du terrain. Cette étude se fait au moyen de deux ou trois tranchées perpendiculaires faites aux lieux où, le cas échéant, il serait utile ou moins nuisible de planter, soit des mûriers, soit des arbres fruitiers. Ces tranchées ou fossés doivent être assez larges et assez longs pour pouvoir juger de la constitution du sous-sol et de ses couches inférieures.

Si à trente, quarante ou cinquante centimètres de profondeur vous trouviez une nappe d'eau ou un roc vif, il y aurait folie à entreprendre un défoncement d'un mètre.

Si au contraire vous rencontrez un sous-sol et des couches inférieures composés des mêmes substances que la couche végétale, entreprenez votre défoncement et étendez-le tant que vos ressources physiques et pécuniaires vous le permettront; la terre n'est pas ingrate; elle vous aura bientôt rendu le travail et l'argent que vous lui aurez prêtés. Mais entre ces deux positions extrêmes, l'une en mal et l'autre en bien,

il en est une foule d'intermédiaires dont je vais
essayer de vous retracer les plus ordinaires.

Sous une couche végétale argileuse existe
assez souvent un sous-sol de sable. Si ce sous-sol
de sable est à trente ou quarante centimètres de
la surface, et s'il est suffisamment épais, un défoncement profond serait inutile, à moins que
la proportion d'argile dans la couche végétale ne
fût trop forte. Si le sous-sol de sable n'est qu'à
dix ou vingt centimètres, ou ce qui revient au
même, si la couche végétale argileuse n'a que
dix ou vingt centimètres d'épaisseur, il suffira
d'amener à la surface une assez grande quantité
de sable pour que l'argile conserve à une certaine profondeur l'humidité qu'elle pourra recevoir. Si la couche d'argile a quarante ou cinquante centimètres d'épaisseur, approfondissez,
mêlez l'argile avec le sable, le résultat sera toujours avantageux.

Un terrain sablonneux repose souvent sur un
sous-sol d'argile; c'est le cas précédent renversé; il ne s'agit donc que de renverser les instructions précédentes, c'est-à-dire d'appliquer à
l'argile ce qui a été dit pour le sable, et au sable
ce qui a été dit pour l'argile.

Mais une couche végétale argileuse peut avoir
un sous-sol épais d'argile pure. Ce cas se présente assez souvent au pied de certains coteaux.
S'il était possible de faire de la brique avec ce
sous-sol, ce serait le meilleur parti à prendre.
Mais si quelque obstacle s'y opposait, il faudrait
ajouter au défoncement une assez forte proportion de sable. Quelquefois ces terrains sont

humides. Alors des fossés à moitié remplis de pierres ou un drainage bien entendu sont indispensables.

Assez fréquemment une couche de sable ou de graviers forme le sous-sol d'une couche végétale argileuse; ce sous-sol est ordinairement très-mince et il a au-dessous de lui une autre couche d'argile imperméable. Ces sortes de terrains existent presque toujours près des torrents, sur ou auprès des anciens cônes que leurs déjections ont formés. Les eaux pluviales s'amassent dans la couche de sable ou de graviers qui est entre deux et refluent à la surface quand le terrain est horizontal; et même elles entraînent dans cette couche de sable toutes les parties solubles des engrais. Quand le terrain est en pente, tous ces inconvénients existent à un plus haut degré et la couche végétale devient stérile.

Un défoncement, quel qu'il soit, est toujours utile dans ces sortes de terrain; mais il y a plusieurs choses à considérer.

Si la couche végétale est mince et caillouteuse, ce qui arrive souvent, il faudrait en sortir les cailloux au moyen d'une claie, et la réunir à part, afin de ne pas la mélanger avec le sous-sol de sable ou de gravier; puis continuer le défoncement pour mélanger le sous-sol avec une partie de la couche imperméable d'argile. Si au contraire la couche végétale est épaisse, c'est avec elle qu'il faut mélanger le sous-sol de sable, en faisant tomber au fond de la tranchée les cailloux qui peuvent être dans les deux couches.

Quelquefois le sous-sol est une argile mar-

neuse ou calcaire, quoique la couche végétale
ne présente aucune trace de chaux. Ici les défoncements à la pioche ou à la charrue produisent des effet étonnants : le terrain est amélioré
pour longtemps, parce que l'argile marneuse ou
calcaire, quelque tenace qu'elle soit dans la
couche inférieure, se pulvérise au contact de
l'air et se mêle facilement avec le sol.

Un terrain sablonneux a bien souvent un sous-
sol de sable. Si le sable de ce sous-sol est mouvant et profond, le terrain est sec; s'il a de la
consistance, s'il est mélangé de terre, si enfin il
est de nature à conserver l'humidité, le terrain
est frais et fécond. Dans la première hypothèse,
un défoncement à la pioche serait funeste, parce
que l'on donnerait à la couche végétale un sable
stérile qui augmenterait encore la sécheresse du
terrain. Dans la seconde, un défoncement profond est inutile. Dans les deux cas, on doit se
borner à rompre avec la charrue la croûte qui
se forme naturellement sous les sillons.

Enfin le sous-sol est quelquefois composé
d'une substance métallique appelée *ocre* ou *fer
hydraté terreux*. C'est le plus funeste de tous : il
empoisonne toutes les racines qui peuvent l'atteindre. On reconnaît sa présence à la terre
brune et âpre au toucher qui le recouvre. Il n'est
qu'un moyen d'améliorer le terrain qui le recouvre, c'est d'y transporter des terres. Malgré
cette augmentation de la couche végétale, il
serait encore imprudent d'y planter des arbres :
ils périraient aussitôt que leurs racines touche-
raient au sous-sol.

En résumé, toutes les fois que le sol est profond et qu'il n'est composé que de terre végétale, il y a avantage à le défoncer, attendu que l'on ramène à la surface une terre vierge qui n'a besoin que du contact de l'air pour devenir fertile. Le défoncement n'a point de règles fixes : la nature du terrain et la nature des semences qu'on veut lui confier en déterminent le mode et la profondeur.

Un défoncement est encore utile dans les terrains composés de plusieurs couches de différentes natures, telles que sable, argile, tuf, marne, etc.; il suffit souvent pour assécher un terrain trop humide, car son humidité pouvait provenir de l'imperméabilité de ses couches supérieures.

Au contraire, les défoncements profonds sont nuisibles dans les terrains légers, calcaires ou sablonneux, dont la couche végétale est mince et qui ne repose pas sur un sous-sol d'argile ou de marne. Dans ces terrains, un double labour ou un défoncement à la bêche, doit toujours suffire, à moins que le sol ne soit pierreux. Dans ce dernier cas, il faut recourir à la pioche.

Je terminerai par une observation qui peut être appliquée à toutes les opérations agricoles. Il ne faut améliorer une terre que progressivement; d'abord pour ne pas dépenser trop de forces et trop d'argent à la fois, ensuite pour pouvoir réparer une faute si elle avait été commise.

Amendement par écobuage.

On appelle écobuage l'opération qui a pour but de faire brûler la croûte supérieure d'un terrain longtemps abandonné à lui-même, ou d'une prairie naturelle ou artificielle, et que l'on veut soumettre à une culture régulière.

On enlève la croûte supérieure du terrain jusqu'à la profondeur des racines des herbes, au moyen de la charrue sans versoir ou d'une houe à large fer tranchant et recourbé en dedans. Quand cette croûte est bien sèche, on la rassemble en petits tas coniques, l'herbe en dedans, sur un fagot de chenevottes, de broussailles sèches ou de menu bois et on y met le feu. Dès que le feu est bien allumé, on recouvre les tas avec de la terre, de manière à boucher tous les trous et à concentrer la chaleur. On les laisse ainsi quelques jours en ayant soin de les visiter de temps en temps pour rallumer les tas qui se seraient trop vite éteints et relever les terres, les gazons ou les cendres qui se seraient écartés. Les cendres s'éventeraient et perdraient tous leurs sels alcalins si l'ou ne prenait pas cette précaution.

Quand les fourneaux sont bien refroidis ou quelques jours avant l'ensemencement, car si les tas ont été bien relevés en pointe, ils n'ont eu rien à redouter de la pluie, on répand la terre brûlée et la cendre sur toutes les parties du champ, sans en laisser sur la place occupée par les fourneaux, parce qu'elle n'en a pas besoin.

Cette opération produit d'excellents effets sur un terrain inculte qu'on veut défricher, sur une vieille prairie naturelle ou artificielle qu'on veut mettre en culture et même sur un terrain long-temps négligé : elle les nettoie, les purge des mauvaises herbes et des insectes qui les ont en-vahis, et rend gélatineuse la silice des silicates terreux contenus dans les végétaux brûlés.

On la pratique encore avec avantage sur les terrains tourbeux et sur les terrains trop argi-leux. Elle dispose les argiles à la séparation de leurs principes minéraux et les sature des gaz des éléments organiques qu'elles contenaient; elle les rend poreuses et susceptibles de retenir les gaz atmosphériques.

Elle fait plus de bien que de mal sur les ter-rains trop blancs, parce qu'elle les rend plus foncés et par conséquent aptes à s'échauffer par l'action des rayons solaires.

Mais elle est plus nuisible qu'utile sur les ter-rains légers cultivés, sur ceux qui contiennent soixante pour cent de sable et surtout qui en contiennent quatre-vingt pour cent. En voici la raison, d'après F. de Neufchateau, l'un de nos agronomes les plus distingués.

« L'action du feu dans l'écobuage, dit-il, n'est pas sensible sur la silice; elle dégage de la chaux une petite quantité d'acide carbonique; elle vaporise une partie de l'eau de cohésion de l'argile; elle détruit les matières animales et vé-gétales; elle n'altère que légèrement les oxydes et elle augmente la quantité des sels par la combustion des parties fibreuses et ligneuses des végétaux qui se trouvent dans la terre. »

Il résulte donc de cette action du feu, que si l'écobuage a lieu sur un terrain sablonneux, il détruit toutes les parties animales et végétales (l'humus et l'azote) qui s'y trouvent, et appauvrit la terre pour longtemps.

Si, outre le sable et le calcaire, le terrain contient une petite quantité d'argile, l'écobuage enlève à cette argile sa ténacité et la transforme en une matière plus ou moins semblable au sable, selon que la chaleur a été plus ou moins forte. Par conséquent, le sol a perdu ce qui lui donnait de la consistance et celui de ses éléments (l'humus) qui était le plus nécessaire à la végétation.

Les inconvénients sont à peu près les mêmes si le calcaire domine. Dans ces différents cas on détruit l'humus contenu dans ces terrains et la grande quantité de sels que l'écobuage y introduit est plus nuisible qu'utile.

Lorsque le terrain qu'on veut écobuer est formé d'argile pure, l'écobuage en transforme une certaine quantité en matière pulvérulente et maigre qui ayant perdu la faculté de s'agglutiner à la manière de l'argile, agit comme amendement, divise le sol et le rend plus perméable à l'eau.

Voilà bien un avantage mais il est acheté par la perte de l'humus que le feu a détruit. On aurait obtenu le même résultat sans perte d'humus, en répandant sur le terrain quelques tombereaux de sable.

Dans tous les cas, il faut éviter de donner trop

de chaleur aux fourneaux, c'est le seul moyen de conserver une partie de l'humus et du carbonate d'ammoniaque contenus dans la terre et les gazons soumis à cette opération. Après l'écobuage la terre doit être noire et non pas rouge ; une terre rouge est trop brûlée.

Cependant je vous citerai l'opinion de M. Grollier, agronome de la Nièvre :

« L'écobuage, dit-il, équivaut le plus souvent à une bonne fumure ; les cendres terreuses des mauvaises houilles sont d'un bon effet sur les sols en général ; les terres provenant du curage des mares gagnent beaucoup à être brûlées.

« Ecobuer un sol argileux ou marneux alors même qu'il ne s'y rencontrerait pas de débris végétaux, c'est fabriquer un engrais, c'est produire des silicates solubles.

« Les terres cuites sont, pour certaines plantes, des engrais préférables aux meilleurs fumiers. Après l'écobuage on obtient de bonnes récoltes surtout de navette de colza et de moutarde. »

Les principes posés dans le premier paragraphe sont vrais. Et si au lieu d'employer l'expression trop vague de *le plus souvent*, il avait précisé les terrains comme il les précise dans le second paragraphe, nous serions complètement de son avis car il confirme nos observations précédentes. C'est ce défaut de précision des terrains qui a fait croire à une grande diversité d'opinions sur les effets de l'écobuage et qui a induit à erreur la presque totalité des agriculteurs.

Concluons, de tout ce qui précède, que l'écobuage a des avantages incontestables sur les ter-

rains qu'on veut défricher, sur les vieilles prairies qu'on veut livrer à la culture et même sur
un terrain longtemps négligé et envahi par les
herbes sauvages; mais que lorsqu'il s'agit d'un
terrain bien cultivé, il ne doit être pratiqué qu'a-
près s'être assuré, par l'analyse de la terre, que
le terrain n'a rien à y perdre, c'est-à-dire s'il est
plus argileux que sablonneux; que s'il a pour
but de diviser le sol et de le rendre plus perméable à l'eau, il peut être fructueusement remplacé
par du sable; que si on ne veut que détruire les
herbes spontanées advenues pendant et depuis
la dernière récolte, un peu de chaux pulvérisée
et même éteinte obtiendra le même résultat à
bien meilleur marché dans tous les pays où la
chaux abonde.

Après l'écobuage d'un terrain inculte ou d'une
vieille prairie, la récolte qui réussit le mieux
(sans engrais) est, selon M. de Gasparin, celle des
pommes de terre qui y sont d'une qualité supérieure et qui n'exigent presque aucun sarclage.
Le blé, en première récolte, risque d'y verser;
mais si on le sème en seconde récolte avec trèfle
au printemps, on entre dans une série d'assolements qui reproduisent les engrais nécessaires à
la fécondité du sol.

De l'amendement des terrains par dessèche-
ment : fossés, tranchées, drainage.

Nous avons déjà fait ressortir que la trop grande humidité d'un terrain est l'une des principales causes de stérilité. Nous rappellerons seulement que, sur les terres arables trop humides,

les semences périssent fréquemment, les plantes sont sans vigueur, la maturité des récoltes est tardive et la moisson difficile; que sur les prairies trop humides, les joncs, les prèles, les mousses envahissent le sol et que le peu de foin qu'elles produisent est aigre, peu nutritif et même funeste aux animaux.

Les causes de la trop grande humidité d'un terrain sont nombreuses; mais on peut les ramener à trois principales : la position, le défaut d'écoulement, la constitution. Ces trois causes sont représentées ou se rencontrent dans les trois types de terrains qui suivent :

1° Les terrains bas, quelle que soit leur constitution, qui reçoivent les eaux des champs voisins et qui manquent d'écoulement;

2° Les terrains à mince couche végétale sablonneuse reposant sur une couche d'argile imperméable;

3° Les terrains à couche végétale d'argile reposant sur un sous-sol d'argile imperméable.

Pour ces trois types de terrains, les amendements par mélange ou transport de terre, ou par défoncement du sol ne seraient pas infructueux, sans doute; mais ils ne feraient disparaître l'humidité, cause principale de leur stérilité, qu'en changeant complétement leur position ou leur constitution par des apports de terre considérables et par conséquent trop coûteux. Il a donc fallu recourir à des desséchements.

Le premier mode d'asséchement qui s'est présenté à la pensée de nos anciens agronomes a été de creuser tout autour du terrain des fossés profonds et de pratiquer sur le terrain, de distance en distance, de petites saignées pour réunir les eaux qui refluaient à la surface et les conduire dans le fossé circulaire. Ce fossé, bientôt rempli et manquant d'écoulement, le terrain n'était asséché que momentanément. On eut recours à l'Administration et on obtint d'elle des fossés de décharge, des canaux, des règlements, des lois même qui, tout efficaces qu'ils furent, n'asséchèrent que les terrains suffisamment inclinés ou assez perméables pour rendre toute l'eau qui les traversait.

Dans certaines contrées on en vint à cultiver la terre en *billons*, c'est-à-dire en bandes ou planches que l'on fait au moyen d'une charrue à deux versoirs qui rejette la terre à droite et à gauche et forme ainsi, quand toute la surface du champ est labourée, une suite d'ados plus ou moins larges et qui sont séparés par des raies profondes.(1).

Mais c'était une perte de terrain et par conséquent de produit trop considérable pour que l'on ne cherchât pas les moyens d'y remédier.

Le célèbre agronome français Olivier de Serres, qui vivait dans le dix-septième siècle, inventa des tranchées couvertes que nous appelons *clapisses* en Dauphiné. Ce sont des fossés plus ou moins profonds, à moitié remplis de pierres, sur lesquelles on rejette la terre extraite de la tranchée.

---

(1) On cultive aussi en billons les terres légères et peu profondes de l'Orléanais et de la Sologne.

Olivier de Serres décrit la place, la pente, la forme, la largeur, la profondeur, le nombre de ces fossés selon la conformation du terrain, les divisant en fossé mère ou principal, et en fossés conducteurs des eaux qu'ils vont chercher dans toutes les parties du champ pour les amener au fossé principal. Il savait déjà, cet habile et illustre agronome, que dans un terrain à couche ou sous-sol imperméable, l'eau était partout et refluait à la surface par pénétration, aspiration ou capillarité, et il voulait en tarir toutes les sources. Bien plus, il conseillait de réunir ces eaux dans des aqueducs et de les faire servir à l'arrosage des prairies et même à la boisson des fermes et des ménages.

Les fossés-mères devaient être aussi larges et profonds que possible; les fossés conducteurs n'avaient que trois pieds de large sur autant de profondeur; les uns et les autres étaient garnis au fond de pierres concassées, de manière à laisser deux pieds de terre entre les pierres et la surface du sol. A défaut de pierres, il proposait de les remplacer par de la paille de seigle mise en petits faisceaux d'un pied d'épaisseur, liés au centre et aux deux bouts avec la même paille. Mais alors la forme du fossé change : il a deux pieds six pouces de largeur jusqu'à la profondeur de trois pieds, taillés à angles droits; c'est-à-dire sans aucun talus. A partir de cette profondeur, on fait une retraite sur la largeur de six pouces de chaque côté, et on creuse encore d'un pied. Les faisceaux de paille coupés de manière à bien remplir la largeur du fossé sont placés sur la retraite en guise de plancher, l'un touchant l'autre et immédiatement recouverts de terre.

On voit par là que les fossés avaient une profondeur totale de quatre pieds, dont un de vide pour le passage des eaux, un pied occupé par les faisceaux de paille et deux de terre. Cette épaisseur de terre est jugée suffisante pour toute espèce de récoltes.

Vous vous étonnerez peut-être que des faisceaux de paille puissent former un plancher capable de résister à l'humidité de l'eau et au poids de soixante-six centimètres de terre. Olivier de Serres affirme qu'ils résisteront plus de cent ans à ces deux agents de destruction. Je crois à cette affirmation. Cependant M. Yvart, éditeur d'une nouvelle édition de ses œuvres en 1804, fait remarquer qu'il serait prudent de remplacer les faisceaux de paille par des bourrées d'aune, bois qui se conserve très-bien dans l'eau.

L'Angleterre, dont le climat est bien plus brumeux que celui de la France, et dont les terres sont généralement plus humides que les nôtres, a adopté le système de dessèchement d'Olivier de Serres et l'a perfectionné en cherchant à le rendre moins coûteux. Ses agriculteurs substituèrent d'abord des puits perdus aux fossés aqueducs, afin de gagner de l'espace; mais s'apercevant bientôt que s'ils gagnaient du terrain arable, ils perdaient une eau bien précieuse dans certaines localités, ils la firent surgir à la surface comme d'un puits artésien, et au moyen de tuyaux de différentes matières, ils

la conduisirent dans les lieux où elle était
utile.

Vers 1810, ils firent usage de tuiles pour
obvier aux inconvénients de l'obstruction des
pierres et de la décomposition de la paille ou du
bois. L'une de ces tuiles était plate et servait de
semelle à une autre tuile creuse comme celles
de nos toits. Ils les plaçaient ainsi au fond de la
tranchée, dont ils réduisaient la profondeur à
deux pieds six pouces, et la largeur au fond,
à l'espace occupé par la tuile semelle. C'était
une grande amélioration et une notable économie de temps et d'argent. Ce système eut un
succès étonnant en Angleterre pendant plus de
trente années : on le considérait comme le dernier mot de la science du *drainage*, expression
anglaise qui veut dire dessèchement et que nous
avons bien voulu adopter.

On inventa des machines pour la fabrication
de ces tuiles, qu'ils appelaient *til-drain*. Dès
que les mécaniciens s'en mêlèrent, ils trouvè-
rent des machines à fabriquer des *til-drains* d'une
seule pièce, c'est-à-dire des tuyaux où la tuile
creuse adhérait à la tuile plate et s'emboîtait
aisément l'une dans l'autre. De là, à un tuyau
cylindrique comme on les fait aujourd'hui, il
n'y avait qu'un pas : ce pas fut bientôt franchi,
car il y avait encore économie dans la fabrication et la pose des drains. En effet, il suffit de
donner à la tranchée soixante-cinq ou soixante
et dix centimètres de largeur jusqu'à la moitié
de sa profondeur, puis de creuser en retraite
(comme dans le système d'Olivier de Serres) et

en talus, en ne laissant au fond que l'espace nécessaire aux drains qui n'ont que de six à huit
centimètres de diamètre.

Dès lors, le drainage des terres a fait rage en
Angleterre. Les grands propriétaires, le parle-
ment, le gouvernement, les sociétés d'agriculture ont lutté de zèle, d'ardeur et d'encouragements pour cet amendement qui assainit l'air
aussi bien que les terres et qui double la qualité
et la quantité des récoltes. En sera-t-il de même
en France? je le désire; car beaucoup de terrains ne sont improductifs qu'à cause de leur
trop grande humidité.

Je me permettrai une seule observation. Ce
mode de desséchement n'exhaussant pas le terrain comme celui de notre Olivier de Serres, ne
peut être pratiqué avec fruit que dans les localités assez éloignées des cours d'eau, ou assez
élevées au-dessus de leur niveau pour n'avoir
rien à redouter de leur voisinage et de leurs in-
filtrations.

Cependant, comme ce puissant et fécond
amendement du drainage est généralement
adopté en Angleterre, terre classique pour l'a-
griculture; comme le nord de la France l'a déjà
employé avec succès, je crois devoir emprunter
au *Manuel du drainage* de M. Barral les signes
extérieurs auxquels on reconnaît qu'un terrain
a besoin d'être drainé.

« Partout où quelques heures après la pluie,
on aperçoit de l'eau qui séjourne dans les sillons.

» Partout où la terre est forte, grasse; où elle

s'attache aux souliers; où le pied, soit des hommes, soit des chevaux, laisse après son passage des cavités où l'eau séjourne comme dans de petites citernes.

» Partout où le bétail ne peut pénétrer après un temps pluvieux sans enfoncer dans une sorte de boue;

» Partout où le soleil forme sur la terre une croûte dure, légèrement fendillée, resserrant comme dans un étau les racines des plantes;

» Partout où l'on voit les dépressions du terrain notablement plus humides que le reste des pièces, trois ou quatre jours après les pluies;

» Partout où un bâton enfoncé dans le sol à une profondeur de quarante ou cinquante centimètres, forme un trou qui ressemble à une sorte de puits au fond duquel l'eau stagnante s'aperçoit;

» Partout où la tradition a consacré, comme avantageux, l'usage de la culture en billons;

» On peut affirmer que le drainage produira de bons effets. »

Tout en maintenant mon observation sur l'opportunité du drainage dans les localités voisines des cours d'eau ou à leur niveau, je me hâte de dire que le prix de cette importante amélioration ne doit plus effrayer : il est déjà descendu à 230 francs par hectare de surface et il tend à baisser encore par suite de la simplification de la pose des drains et des machines inventées pour l'opérer.

Un nouveau procédé, disent les journaux, fait descendre ce prix à 165 francs par hectare.

CHAPITRE VIII.

—

DES ENGRAIS.

La fertilité de la terre dépend de la présence de certains principes végétaux et minéraux qui servent de nourriture aux plantes ; mais comme chaque récolte produite enlève à la terre une assez grande quantité de ces principes, il est indispensable de les lui rendre pour perpétuer sa fertilité : c'est ce que l'on fait au moyen des engrais.

On appelle engrais toutes les matières animales et végétales susceptibles de se métamorphoser par la fermentation en substances liquides et gazeuses que les plantes absorbent dans leur végétation.

Le procédé de cette métamorphose est ce qu'on appelle décomposition et putréfaction.

Les principaux agents de décomposition et de putréfaction sont : l'air, l'humidité et la chaleur.

Les matières animales étant composées d'une multitude de substances plus ou moins analogues au corps qui les a produites, fermentent et arrivent promptement au dernier degré de la fermentation, qui est la putréfaction. Elles absorbent de l'oxygène, dégagent de l'acide carbonique, de l'ammoniaque et de l'azote, et fournissent des composés liquides de différentes natures, en même temps que des dépôts solides, mélangés de terre, de sels et de carbone. Elles agissent sur les plantes comme aliment et comme stimulant.

Les matières végétales fermentent et se décomposent lentement, à moins qu'on ne hâte leur fermentation et leur décomposition par des agents chimiques. Quand elles n'ont encore subi aucune altération, elles s'échauffent à l'air et à l'humidité, absorbent alors de l'oxygène, dégagent de l'acide carbonique, laissent couler un liquide noirâtre et finissent aussi par laisser un résidu composé de sels, de terre et de carbone, et qu'on appelle terreau. Elles agissent sur les plantes comme aliment et comme rafraîchissant.

Les principaux engrais animaux sont :

Les cadavres des animaux (1);

Les poissons;

Les os (2);

La corne;

---

(1) A Paris, on sait apprécier la puissance de cet engrais. On fait bouillir la chair des chevaux dans des chaudières, on la dessèche au moyen de la chaleur même qui sert à la cuisson; on la pulvérise ensuite et on la vend ainsi pulvérisée, 16 fr. 50 les 100 kilogrammes. Cet engrais renferme 13,04 d'azote pour 100.

Gasp., tom. I, pag. 519.

(2) En Angleterre, on mêle vingt kilogrammes de poudre d'os avec cent kilogrammes d'acide sulfurique; on y

Les cheveux, les poils, les déchets de laine, les plumes;

Les rognures et les débris de cuir et de peau;

Les lits de vers à soie;

Les déjections de l'homme, des animaux et des oiseaux domestiques;

L'urine des hommes et des animaux.

Les principaux engrais végétaux sont :

Les mauvaises herbes;

Les herbes marines;

Le tan;

La tourbe;

Le marc de raisin, de poire, de pomme et de bière;

Les pailles sèches;

Le genièvre, le buis, ⎱
Les plantes oléagineuses, ⎰ enterrés en
Le sarment et les feuilles de vigne, ⎰ vert.

Toute espèce de feuilles et d'herbes, telles que bruyère, fougère, les roseaux, les joncs, le petit genet, les mousses, etc., etc.

Les engrais animaux sont ceux qui contiennent le plus de principes propres à favoriser la végétation des plantes. Leur action, généralement plus prompte que celle des engrais végétaux, est en proportion de la faculté fermentescible de

---

ajoute trente litres d'eau, on agite le mélange : au bout de vingt-quatre heures, ce mélange a pris la consistance d'une bouillie épaisse que l'on délaye dans dix hectolitres d'eau et que l'on porte en cet état sur les champs.

Gasp., tom. I, pag. 530.

chaque matière. Les chairs d'animaux se putré-
fient très-promptement et agissent sur la végétation des plantes dès le moment de leur enfouissement. Les déjections solides et liquides des
animaux agissent presque avec la même promptitude. Les os, la corne, les poils, etc., se décomposent et agissent plus lentement; leur effet
est par conséquent moins prompt et moins puissant, mais plus durable.

Dans les fermes où l'on élève beaucoup de bêtes
à laine, on a l'habitude de fumer les terres éloignées en y faisant parquer les moutons. C'est
un excellent procédé; mais pour en retirer tout
le profit qu'on en espère, il faut labourer profondément avant le parcage, et labourer légèrement après. Sans cette précaution, l'évaporation,
la pluie, etc., enlèvent à l'engrais la moitié de
sa valeur.

Les engrais végétaux ont plus ou moins besoin
de préparation, selon la quantité de mucilage et
de sucre qu'ils contiennent, surtout quand ils
sont secs. La paille, la bauche, les feuilles dont
on se sert pour litière ont besoin d'être soumises
à la fermentation pour former un engrais efficace; il en est de même du tan et surtout de la
tourbe qui contient une quantité considérable
d'acide et qui pour cette raison est si difficile à
mettre en fermentation, que malgré l'huile, l'alcali et la terre végétale qu'elle renferme, il ne
suffit pas de la mélanger avec des engrais animaux, il faut encore la dépouiller de son acide
et accélérer sa putréfaction par une forte dose de
chaux, environ le cinquième de son poids.

Le marc de raisin, quand on ne l'a pas employé à faire de l'eau-de-vie ou de la piquette, est un excellent engrais pour les oliviers, la vigne et les asperges. Il y a entre le marc de raisin et le marc de poire, de pomme et de bière, appelé drèche, cette différence, que le marc de raisin doit être répandu sur les terres froides, les autres sur les terres chaudes.

Les plantes oléagineuses, semées sur un terrain qu'on veut amender par ce moyen, doivent être enfouies au moment de leur floraison ; c'est alors qu'elles ont acquis toute leur puissance fertilisante : le mucilage et le sucre qu'elles renferment sont dans leur plus grand développement à cette époque.

Le genièvre, le buis surtout, entrent assez vite en fermentation et forment un excellent engrais pour la vigne et les plantations de mûriers. Cependant, selon plusieurs agriculteurs très-expérimentés, le jeune sarment de vigne garni de ses feuilles doit être préféré pour la vigne ; et un mélange de tan, de corne, de cuir ou de peau, convient encore mieux aux mûriers.

De tout ce qui précède, il résulte que les engrais animaux sont plus actifs, parce qu'ils sont plus promptement réduits à l'état d'aliment pour les plantes ; et que les engrais végétaux le sont moins, parce qu'ils fermentent et se décomposent plus lentement ; mais ils sont plus durables.

Pour obvier à l'inconvénient qui résulte de la promptitude des engrais animaux et de la lenteur des engrais végétaux à se putréfier, on les mélange ; c'est ce qu'on fait au moyen de la li-

tière qu'on met sous les chevaux; les bœufs, les
vaches et les moutons. En cet état, les engrais
reçoivent le nom de fumier.

Le fumier de cheval, d'âne et de mulet est
chaud et léger; il active la végétation des plantes plus que tous les autres. Moins il est consommé, plus il convient aux terres argileuses,
froides et humides; il les échauffe, les divise et
les rend plus susceptibles d'être imprégnées des
émanations atmosphériques. Il doit être préféré
à tout autre pour le jardinage et surtout pour les
couches chaudes.

Le fumier de bœuf et de vache est humide,
gras, froid et compact; celui de vache surtout :
il contient plus d'excréments que tous les autres; c'est pour cela qu'il convient aux terres
sèches, chaudes, légères, siliceuses avec excès;
il leur donne de la fraîcheur par son humidité
propre et par les eaux pluviales qu'il garde très-
longtemps.

Toutefois, le fumier d'un animal bien nourri
est plus chaud et plus puissant que celui d'un
animal mal nourri. Cette chaleur et cette puissance sont en rapport avec la qualité des aliments. Si l'on ne fait manger aux animaux que
des matières peu nutritives et contenant beaucoup de fibres ou des principes d'une décomposition difficile, telles que de la paille, du mauvais
foin, ces matières n'agissent pas activement sur
le corps des bestiaux et sortent de leurs intestins
presque telles qu'elles y sont entrées.

Au contraire, un fourrage nourrissant, des racines, du grain surtout contenant beaucoup d'a-

midon, de gluten, de mucilage et de principes
sucrés, donnent de l'embonpoint, de la force et
de la vigueur aux animaux; ils détachent de
leur corps une plus grande quantité de molécules
animales, parce que ces molécules sont repro-
duites chaque jour par l'action des aliments.
Par conséquent, leurs déjections liquides et solides étant plus animalisées et plus abondantes,
fournissent un fumier plus chaud, plus actif et
plus puissant.

Le fumier de mouton, de chèvre, de lapin est
très-actif; mais les crottins de ces animaux se
pulvérisent difficilement; il en résulte que leur
fumier n'agit sur la végétation des plantes, la
première année, que par la paille qu'il renferme
et par l'urine dont elle est imprégnée. Les effets
se font sentir avec plus d'avantage les années
suivantes. Avant de l'employer, on doit en former des tas qu'on arrose fréquemment afin de
hâter la décomposition de la paille (1).

Le fumier de cochon est très-froid quand on
nourrit cet animal avec des laitues, des choux,
des raves, des pommes de terre, du son, du
lait caillé; mais quand on lui donne des glands,
des châtaignes, de l'orge ou d'autres grains, sa
chair est plus succulente, son lard est plus ferme,
et son fumier, plus abondant en carbone, est

---

(1) Cent moutons bien nourris donnent par année cinquante ou soixante voitures de fumier qui, excepté les
excréments humains, valent autant que quatre-vingts
ou quatre-vingt-dix voitures de tout autre engrais, surtout pour les terrains argileux et froids.

plus chaud et plus énergique. Mélangé avec le fumier de cheval, qui est très-peu humide, il produit d'excellents effets.

Le fumier des volailles et celui des pigeons, appelé colombine, sont très-chauds et très-actifs; mais il est rare que les cultivateurs de nos contrées songent à le recueillir et à l'employer séparément; cependant ils en tireraient un grand profit : la vigne, les melons, les courges, le colza, en obtiennent une végétation extraordinaire. Les Flamands le conservent avec soin pour les plants de tabac; ils le mélangent chaque mois avec de la terre franche et en font de petits tas qu'ils placent sous des hangars. Nous devrions suivre cet exemple.

Je conviens que dans les contrées de petite culture où l'insuffisance intellectuelle et pécuniaire des cultivateurs est en rapport avec l'exiguité des fermes et des propriétés, il est difficile, pour ne pas dire impossible, de séparer les engrais et de les donner aux terres et aux récoltes qui en profiteraient le plus. Les cultivateurs les mêlent, les entassent et les laissent pendant plusieurs mois exposés à la pluie et au soleil; puis, à l'époque des labours, ils les portent tels quels sur leurs terres et les enfouissent, frais ou consommés, comme ils arrivent au bout de leur trident. Cette négligence aggrave encore leur situation. Voici d'après M. Bosc la meilleure manière de disposer les fumiers pour en tirer le meilleur parti possible dans les petites fermes.

A quelque distance des écuries, à l'exposition

du nord., on fait une fosse carrée d'un mètre
de profondeur, légèrement inclinée d'un côté et
d'une étendue proportionnée à la quantité de
fumier qui doit y entrer. On en pave le sol avec
de larges pierres plates ou bien avec une couche
d'argile, et, de trois côtés, on l'entoure d'un
mur haut d'un mètre trente-cinq centimètres à
partir du fond de la fosse. On y dépose le fumier
à mesure qu'on le sort de l'écurie, en ayant
soin de le répandre également et de le tasser
avec les pieds. Au bas, du côté incliné, on pratique un réservoir assez profond et d'une largeur proportionnée à celle de la fosse, et dans
lequel se rendent, par un petit aqueduc, les
eaux pluviales qui traversent le fumier, eaux
qu'on rejette, pendant la sécheresse, sur le tas,
avec les urines, les eaux de lessive, de vaisselle,
etc., qu'on y aura introduites.

J'ajouterai à ces conseils que, si la disposition
des bâtiments le permet, il serait avantageux de
placer ce réservoir entre la fosse et l'écurie, afin
qu'il pût recevoir en même temps les eaux de la
fosse et les urines de l'écurie. Mais la disposition des bâtiments ne permet pas toujours d'agir
ainsi, et même empêche de trouver une place
au nord pour y creuser la fosse au fumier. Dans
ce dernier cas, il est indispensable d'abriter la
fosse des rayons du soleil et du vent par des
murs ou des arbres, afin d'éviter un trop prompt
desséchement du fumier.

La paille, le chaume, les feuilles, quand on en
a trop pour la litière des bestiaux, les grandes
plantes inutiles, les tiges de pois, des haricots,

des pommes de terre, des maïs, les racines du
chanvre, du lin, et en général toutes les matières végétales amoncelées et mouillées surtout
avec les eaux de la fosse dont je viens de parler,
se transforment en un fumier qui est sans doute
moins actif que celui qui sort de l'écurie, mais
qui n'est pourtant pas à dédaigner. Il est excellent pour les pépinières de vignes, de cerisiers,
du mûriers, etc. Si sa décomposition était trop
lente pour les besoins de la ferme, on l'active-
rait par de la chaux réduite en poudre que l'on
étend sur le fumier par couche. On rendra l'eau
de la fosse encore plus efficace en y ajoutant de
la suie, des plâtras, du salpêtre, des cendres et
du sulfate de fer dont la quantité varie selon la
masse des matières végétales à décomposer.

Nous avons dit en commençant ce chapitre
que les engrais animaux agissaient sur les plantes comme stimulant, et les engrais végétaux
comme rafraîchissant. Ces deux expressions
peuvent être traduites ainsi : les engrais animaux poussent à la production ; les engrais végétaux rendent à la terre ce qu'elle a perdu par la
production.

D'après cela, on a agité la question de savoir
s'il ne serait pas utile d'alterner sur le même
terrain ces deux natures d'engrais; l'agronome
Pfluguer est pour l'affirmative. M. Jouffrey a tant
de foi dans la nécessité de rendre à la terre ce
qu'elle a perdu par la production, qu'il recom-
mande par-dessus toutes choses l'emploi des engrais végétaux, et qu'il donne de très-longs
détails sur la manière de les préparer. M. Par-

mentier, à qui nous devons l'introduction de la
pomme de terre en France, va plus loin : il conseille de fumer de temps en temps les terres avec
des engrais minéraux tels que la suie des fonde-
ries métalliques, la chaux, la marne, les cendres, la houille, la tourbe, le plâtre, etc.

Quelque efficaces que soient ces engrais, ils
ne doivent être employés qu'à défaut du fumier
d'étable ou d'écurie qui est et qui sera toujours
le meilleur, le plus commode et le moins coûteux. — Les autres engrais, si je puis parler
ainsi, ne sont que ses auxiliaires.

Mais il ne suffit pas d'apporter beaucoup d'engrais sur un champ, il faut encore le diviser et
le répandre le plus également possible sur toute
la surface, afin que toutes les parties soient également fumées. Si toutes les parties d'un champ
n'étaient pas également fumées, les unes produiraient de belles plantes, hautes et bien nourries, les autres n'en produiraient que de petites,
faibles et languissantes. On voit souvent des
champs de blé ou de chanvre dont les tiges sont
inégales et dont la couleur verte est plus foncée
dans quelques endroits (c'est ce que dans le
langage de nos campagnes on appelle *boucheté* et
jailleté); cette inégalité de taille et de couleur
provient en grande partie du peu de soin que le
cultivateur a mis dans la répartition du fumier.

On a posé cette question : Vaut-il mieux employer le fumier frais ou l'employer consommé ?

Il serait bien long de traiter à fond et de résoudre cette question. Je me bornerai donc à
vous dire que le fumier frais dure plus long-

temps, parce qu'il ne se convertit en aliment pour les plantes que quand il est arrivé à son dernier degré de décomposition, et que le fumier bien consommé, étant arrivé à ce dernier degré, est plus vite absorbé par la végétation. En second lieu, certaines plantes telles que le chanvre et la betterave demandent un fumier qui les nourrisse promptement, tandis que, au contraire, la pomme de terre exige un fumier frais, plus excitant que nourrissant. La nature du terrain doit guider aussi dans le choix du fumier : les terrains argileux pouvant supporter un assolement plus long que celui des terrains sablonneux, et ayant aussi besoin d'être divisés et ameublis, le fumier frais à paille longue et non encore complétement décomposé, leur convient mieux que le fumier consommé. C'est à l'agriculteur à profiter de ces principes et de ces données dans la culture de ses terres.

Il est encore une observation importante à faire sur les engrais, observation que M. de Gasparin et les célèbres chimistes Payen et Boussingaut n'ont pas laissé échapper : c'est qu'un engrais est d'autant plus puissant qu'il contient plus d'azote. Ils ont donc analysé tous les engrais pour connaître leur valeur intrinsèque et leur valeur relative. Voici quelques-uns des résultats qu'ils ont obtenus :

		k	
La chair de cheval, cuite, séchée et pulvérisée, contient, par 100 kil.,		13,04	d'azote.
La chair de morue, sèche,	id.,	10,86	id.
La chair de hareng, id.,	id.,	10,54	id.
Le sang, id.,	id.,	14,87	id.
Les os pulvérisés, id.,	id.,	7,58	id.
Les déchets de laine, id.,	id.,	17,98	id.
Excréments de vache, secs,	id.,	2,30	id.

Excréments de cheval, secs, par 100 kil.,			2,21	d'azote.
Id. de mouton, *id.*,	*id.*,		1,73	*id.*
Id. *id.*, imprégnés d'urine,	*id.*,		2,99	*id.*
Id. de pigeon, secs,	*id.*,		8,30	*id.*
Le buis à l'état vert,	*id.*,		1,17	*id.*
Id. à l'état sec,	*id.*,		2,89	*id.*
Le marc de raisin, sec,	*id.*,		1,80	*id.*
Le fumier d'écurie, sec et sans excès de litière et abrité des eaux de pluie,	*id.*,		2,00	*id.*

Vous voyez par ce tableau que le fumier d'étable ou d'écurie, seul engrais employé dans nos campagnes, ne contient que 2 ou 2,20 d'azote pour cent. C'est bien peu. Or, si vous laissez ce fumier exposé à l'air et au soleil pendant plusieurs mois, il aura perdu les deux tiers de sa faible quantité d'azote, et par conséquent presque toute sa puissance sur la végétation.

Pour obvier à ce grave inconvénient, on répand sur le tas de fumier du sulfate de fer dissous dans l'eau du réservoir à purin : il en faut environ un kilogramme par quintal métrique de fumier. Ce sulfate de fer change le carbonate d'ammoniaque qui s'évapore aisément en sulfate d'ammoniaque qui, étant un principe fixe, ne s'évapore plus et met obstacle à la déperdition de l'azote. On peut alors choisir son temps pour transporter le fumier dans les champs.

M. Malaguti, professeur de chimie et auteur d'un excellent traité de chimie agricole, préfère l'acide sulfurique au sulfate de fer, parce qu'il est plus puissant et moins cher. Mais convenant que l'emploi de cet acide peut être dangereux si l'on manque des précautions qu'il exige, il conseille aux agriculteurs de se servir du sulfate de fer, quoiqu'il soit un peu plus coûteux. C'est aussi le conseil que nous leur donnons : il vaut mieux dépenser quelques dix centimes de plus que de se brûler les mains, s'asphyxier ou mettre le feu à ses écuries.

Au reste, voici un autre procédé que les savants avaient repoussé il y a trente ou quarante ans comme funeste à la santé des bestiaux, et que je trouve préconisé dans un récent traité sur l'*Elève des bêtes à cornes*, par M. de Villeroy, praticien renommé, et dans un compte rendu de la colonie de Mettray, année 1853, par M. Latour. De plus, il est approuvé par M. de Gasparin.

« Après divers essais, dit M. Latour, voici la méthode définitivement adoptée : l'étable étant creusée à un mètre de profondeur au-dessous du sol, on étend une couche de terre ou de marne sèche d'environ 0,10, afin d'absorber les urines qui pourraient s'échapper par infiltration; puis on fait la litière avec une couche de terre ou de marne sèche d'environ 0,03 alternant avec une couche de paille, condition indispensable pour empêcher la déperdition de l'ammoniaque. Les crèches sont mobiles et se relèvent au fur et à mesure que le fumier monte sous les bestiaux.

» L'engrais fabriqué ainsi est onctueux; il est imprégné de toutes les urines; il ne se dessèche ni par les vents, ni par les ardeurs du soleil pendant l'été; il n'a pas à craindre non plus d'être lavé pendant l'hiver par les pluies. L'agriculteur évite ainsi la mise en forme dans les cours et

l'arrosage avec le purin, qui entraîne une dépense considérable. Le piétinement des animaux
arrête l'évaporation des gaz; nous le constatons
chaque jour par l'odorat, excellent appréciateur
en pareil cas, si nous n'avons pas recours au
flacon inventé par M. le docteur Brame, contenant
de l'amiante imbibée d'acide chlorydrique. »

La longue accumulation pendant deux mois
environ d'une couche de fumier aussi épaisse,
nous faisait craindre d'abord pour la santé des
animaux, et nous appréhendions aussi le ramol-
lissement de la corne des pieds. Mais l'expérience
est venue nous prouver que ces craintes n'étaient
pas fondées; nous n'avons pas eu de maladies
plus fréquentes parmi les bestiaux qui séjour-
naient sans cesse sur le fumier que parmi ceux
dont les étables étaient nettoyées tous les jours.

M. Emile Gueymard, ingénieur en chef des
mines, dont la science agronomique est si connue et si appréciée, nous a donné dans le *Courrier de l'Isère* un procédé bien plus simple :
« Pour les engrais d'écurie, dit-il, il faut employer la litière convenablement; elle doit être
imbibée par les urines des animaux dans toutes
ses parties. Si la litière est trop abondante, elle
ne serait pénétrée d'urine qu'imparfaitement, et
il y a perte. Si la litière est rare, les urines
seront trop abondantes et elles s'écouleront en
dehors du lit des bestiaux; il faut alors les
recueillir très-précieusement dans des fosses à
purin.

» Tous les soirs, quand on apporte la litière,
on jettera quelques poignées de plâtre sur le lit

des bestiaux, puis on éparpillera la litière. Le
plâtre fin a la propriété de fixer le carbonate
d'ammoniaque volatil et de le convertir en sulfate d'ammoniaque fixe. On augmente par là la
puissance de l'engrais et on rend les écuries
très-salubres. Quand le plâtre est cher dans une
localité, et que les couperoses sont à bon marché *(proto-sulfates de fer)*, on peut les employer
avec plus de succès encore. On peut, pour une
écurie de dix animaux (vaches, bœufs, chevaux),
dissoudre cinq cents grammes de couperose dans
deux mille grammes d'eau (deux litres) et arroser le fumier qui se trouve sous les animaux,
puis étendre la litière. La couperose convertit le
carbonate d'ammoniaque volatil en sulfate fixe;
de plus, elle décompose l'hydrosulfate d'ammoniaque qui est très-insalubre et qui oxyde tous
les métaux dans les écuries. Cette décomposition
donne lieu aussi à du sulfate d'ammoniaque.

» Ainsi, avec douze sacs de plâtre environ par
an, pesant l'un cent kil., ou bien avec cent quatre-vingts kil. de couperose, on augmentera la
puissance de l'engrais et on détruira les mauvaises odeurs; il n'en restera pas trace, et la
dépense est nulle en présence de la valeur que
le fumier a acquise par le plâtre ou la couperose. » (Voir le *Courrier de l'Isère* des 9, 11, 13
et 16 février 1858.)

QUATRIÈME PARTIE.

AGRICULTURE PRATIQUE.

~ꙮ~

At prius ignotum ferro quàm scindimus æquor ,
Ventos et varium cœli prædiscere morem
Cura sit , ac patrios cultusque , habitusque locorum,
Et quid quæque ferat regio , et quid quæque recuset.
G. de Virg.

CHAPITRE PREMIER.

—

DES INSTRUMENTS D'AGRICULTURE.

Pour que la terre soit rendue apte à produire des grains et des fruits, il faut qu'elle soit défoncée à une certaine profondeur, purgée de toutes espèces d'herbes et de racines, retournée, divisée, ameublie, etc. La pioche, la bêche et le râteau sont certainement les meilleurs et les plus simples outils dont on puisse se servir pour préparer la terre à cette production; mais leur

11

emploi étant trop long et trop dispendieux pour
de vastes étendues de terrain, on a dû chercher
des instruments plus expéditifs avec lesquels on
pût obtenir les mêmes résultats. On a inventé
plusieurs espèces de charrues, de herses et de
rouleaux. Depuis quelques années la rareté des
bras et le besoin de produire à bon marché se
faisant de plus en plus sentir, on a inventé des
batteuses, des moissonneuses, des faucheuses et
divers autres instruments d'une grande utilité,
sans doute, mais qui ne seront d'un usage général que quand ils auront été perfectionnés, sim-
plifiés et mis par conséquent à la portée des petits
propriétaires et des ouvriers de la campagne.

Je ne perdrai pas mon temps à vous décrire
la pioche, la bêche et le râteau, vous les connaissez tous. Je ne vous dirai rien non plus de
ces nouveaux instruments qui sont encore à l'é-
tat d'essai; bornons-nous aux trois instruments
qui sont d'un usage général pour la culture de
nos terres et à ceux qui en sont dérivés. Quand
vous les connaitrez bien, et surtout quand vous
saurez bien vous en servir, vous comprendrez
bien vite le mécanisme, les avantages et les im-
perfections des autres.

SECTION PREMIÈRE.

De la Charrue.

La charrue fut dans le principe aussi simple
que les besoins et la science agricole de ses in-

venteurs, aussi légère que la terre qu'ils culti-
vaient. C'était un fer de pioche fixé à un billot
de bois surmonté d'une longue flèche qu'on atta-
chait au joug des bœufs et à laquelle on adap-
tait un manche relevé en arrière pour la diriger.
Les Anciens l'appelaient *aratrum*, dont en français on a fait *araire*.

Cette charrue primitive fut modifiée ou plutôt
perfectionnée dès que l'on eut à labourer des
terrains plus compacts. On lui donna la forme et
les dimensions suivantes :

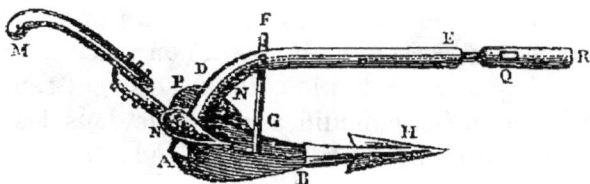

A B, le sep, morceau de bois d'un mètre de
long, terminé en pointe et recourbé pour recevoir le soc en fer H et glisser plus facilement
sur la terre. D E, la flèche ou age, pièce de bois
longue de trois mètres et recourbée en arrière
pour être assemblée avec le talon du sep. F G, un
ou quelquefois deux montants en fer d'environ
quarante centimètres de long, afin de lier l'age
au sep et éviter par conséquent tout écartement ;
M, le manche recourbé à son extrémité pour tenir
à la main du laboureur. PP, deux oreilles ou versoirs qui renversent à droite et à gauche la terre
coupée et soulevée par le soc. Ces deux versoirs
sont assujettis à l'age et au sep par de fortes
chevilles de bois. Q R, morceau de bois qui tient

à l'age par un étrier en fer plus ou moins long,
et qu'on attache au joug des bœufs.

Cette simple charrue est encore en usage dans
tout l'Orient et dans les terres légères du bas
Dauphiné, de la Provence et du Languedoc.
Dans quelques contrées, on y a ajouté une
espèce de couteau en fer appelé *coutre*, que l'on
fixe à l'age vers le milieu, entre son extrémité
et le montant de fer, en l'inclinant en avant, de
manière qu'il puisse entamer la superficie du
sol en avant du soc.

Dans d'autres pays, on a supprimé les deux
petits versoirs fixes et on les a remplacés par un
grand versoir mobile que l'on place à droite ou
à gauche, selon le côté où l'on veut renverser la
terre. Cette modification, utile dans les plaines,
puisqu'elle facilite l'action de la herse, est surtout avantageuse dans les terrains inclinés où il
est si nécessaire de toujours renverser la terre
du côté culminant.

Charrue de nos contrées.

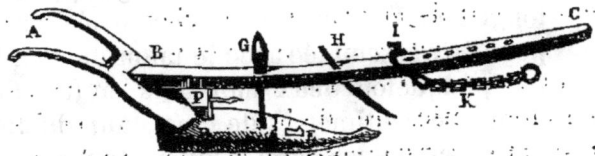

De B en C 2 m. 12 cent.

Dans d'autres pays encore, on y a ajouté un
avant-train à deux roues, qui supporte l'age et
le retient au moyen d'une clavette en fer qui est
embrassée par un anneau placé à l'extrémité de

la chaîne de traction. Cette clavette, au moyen
de trous pratiqués dans la flèche, est avancée ou
reculée selon la profondeur à donner au labour.
C'est à peu près la charrue de nos contrées; il
n'y a de différence que dans l'assemblage des
pièces et dans la forme du manche. Nous l'avons
fait double au lieu de simple qu'il était, dans
le but de faciliter la conduite de la charrue. Je
crois qu'on s'est trompé.

Ces modifications n'ont pas paru suffisantes
aux agriculteurs de la Brie et de la Champagne,
où les terres sont très-compactes; ils en ont
adopté une bien plus compliquée, dont voici le
dessin et la description.

Le soc A, dont la forme est indiquée isolément ci-après, est du côté gauche, en ligne
droite avec le sep K, parce que le versoir étant
du côté droit, le soc ne doit pas avoir d'aile
au côté opposé, afin qu'il ne soulève pas la terre
qui retomberait dans le sillon; l'autre côté forme
une aile tranchante plus en dehors que le versoir qui est en dessus. Il a une douille à son
extrémité, formée par le fer, repliée en dessous,
dans laquelle on fait entrer le sep. A dix centimètres de sa pointe en B, il est percé d'un
trou rond dans lequel la pointe d'une pièce de

fer, appelée gendarme, est reçue. Ce gendarme
C a environ six centimètres de largeur; il est
destiné à retenir les herbes qui iraient s'amasser entre les jambettes G G G qui soutiennent le
versoir et augmenteraient la difficulté du tir. La
flèche E a ordinairement trois mètres ou 3,30 de
longueur. Cette grande longueur lui est donnée, afin que la clavette de fer L, étant placée
au premier des cinq ou six trous, dont l'extrémité de la flèche est percée, on puisse donner
au soc toute l'*entrure* nécessaire pour faire un
profond sillon. Le versoir F, placé au côté droit
de la charrue, est une pièce de bois ou de zinc
un peu convexe en dehors, au-dessus de l'aile
du soc, et concave en dedans; la surface extérieure, au-dessus de l'aile du soc, a une con-
vexité plus saillante que celle qui est plus éloignée du soc; la surface intérieure est concave,
excepté la partie opposée à celle qui est au-
dessus de l'aile du soc. Ce versoir est très-soli-
dement uni au sep; son extrémité inférieure est
placée dans l'angle intérieur du gendarme C et
se trouve soutenu par les trois jambettes G G G,
dont l'une est placée directement sous la flèche
et entre dans le sep. La largeur de ce versoir
n'est pas égale d'un bout à l'autre; la partie
antérieure qui entre dans l'angle intérieur du
gendarme C est un peu plus large que la partie
postérieure; dans le haut, il est terminé en
ligne droite; ce n'est que par le bas que sa largeur diminue insensiblement. L'atelier H est
une espèce de jambette qui lie la flèche au sep
et la consolide en empêchant que la traction ne
fasse effort sur la mortaise qui, au point E 2,

unit la flèche au sep. C'est dans le même but
que le manche double D est traversé par la flèche
et fait corps avec le *sep* au moyen d'une mortaise. Le *coutre* I I est percé de plusieurs trous
très-rapprochés, pour pouvoir y faire passer une
cheville et l'élever ou l'abaisser à volonté. On
fixe le coutre au moyen de deux coins de bois
qu'on enfonce dans la mortaise de la flèche qu'il
traverse.

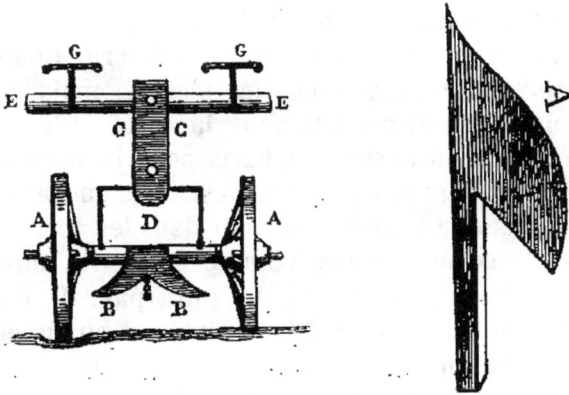

L'avant-train de cette charrue, dite champenoise, n'a de remarquable que l'inégalité de ses
roues. Le diamètre de celle de gauche a environ
dix centimètres de moins que celle de droite.
L'essieu qui supporte les roues est en fer et
passe dans la traverse, pièce de bois carrée B B;
un *têtard* fourchu C C est fixé par ses deux cornes avec des vis sur la traverse, dans laquelle
passe l'essieu. La *sellette* D s'élève de trente à
trente-deux centimètres au-dessus du *têtard*; elle
est échancrée dans son milieu pour recevoir la
flèche. A l'extrémité du *têtard* est une mortaise

latérale dans laquelle passe une autre traverse qui porte les *palonniers* G G. L'avant-train et l'arrière-train de cette charrue sont joints ensemble par deux chaînes, dont l'une a un anneau dans lequel on passe la flèche; l'autre chaîne, qui est terminée par un crochet, pend à un anneau qui est fixé au-dessous du *têtard*, vers son milieu. Le crochet de cette seconde chaîne s'accroche à l'un des anneaux de la première.

Dans les environs de Paris on se sert d'une charrue à peu près semblable à la charrue Champenoise que nous venons de décrire, mais elle est plus légère; ainsi le veut la terre. C'est la charrue qu'on désigne à Paris sous le nom de *charrue à versoir*. La légèreté est un grand avantage dans une charrue, surtout dans les terrains sablonneux ou crayeux comme ceux des environs de Paris, mais elle ne suffit pas. Il faut qu'elle puisse faire un labour profond ou superficiel à volonté; il faut qu'on puisse faire des sillons larges ou étroits selon les nécessités de la culture; il faut enfin qu'elle renverse bien la terre et qu'elle nettoie bien la raie. De plus, il faut qu'elle soit simple dans sa construction et d'un entretien facile et peu coûteux.

La charrue à versoir des environs de Paris ne réunissant pas plus tous ces avantages que les autres charrues, la société d'agriculture de Paris établit un concours pour le perfectionnement de cet instrument indispensable au cultivateur.

Un grand nombre de charrues furent présentées et aucune d'elles ne fut jugée digne du prix proposé. Cependant celle de M. Guillaume a été distinguée et déclarée la meilleure et la plus rapprochée de la perfection. Elle est d'une conduite facile; elle tient bien la raie, elle renverse bien la terre, enfin elle unit la solidité à la légèreté. Cependant M. Bosc, l'un des auteurs du Dictionnaire d'Agriculture, fait observer que la légèreté de cette charrue qui lui donne une supériorité si marquée dans les terres légères, présente quelques inconvénients dans les sols moins faciles à labourer. Quoi qu'il en soit, en voici le dessin et la description :

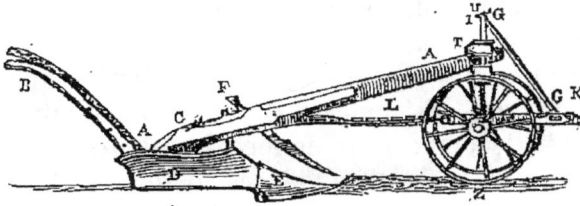

A A, la flèche; B, les mancherons; C, l'étançon; D, le versoir, derrière lequel est le sep; E, le soc; F, le coutre; G, l'allonge; K, le régulateur, I, arc-boutant; L, chaîne de traction; T, la sellette; U, porte-guides; Z, les roues.

Ce qui distingue cette charrue Guillaume, c'est la ligne de tirage qui, comme vous le voyez, part de la flèche, près du coutre, et se prolonge en ligne droite, par la chaîne de traction, jusqu'à la pièce de bois qui repose sur l'essieu et à laquelle sont attachés les palonniers. C'est cette ligne horizontale de tirage qui séduisit la société d'agriculture. Mais, comme le fait si judicieusement observer M. de Gasparin,

qui ne voit que la direction rectiligne (horizontale, droite) L L de la charrue et de l'avant-train,
ne change en rien l'angle de tirage partant du
poitrail du cheval et se rendant au point E, centre des résistances. La décomposition de forces
aura lieu tantôt sur le point d'attache de la chaîne
à la flèche, tantôt sur la sellette de l'avant-train,
selon que la charrue piquera en terre ou se re-
lèvera, si la flèche n'est pas trop solidement fixée
sur la sellette, et toujours sur celle-ci, si la flèche,
comme le fait M. Guillaume, y est solidement et
invariablement encastrée. En effet, les roues sont
plus basses que le poitrail du cheval; il y aura
donc une première décomposition de forces sur
l'avant-train; les roues sont plus élevées que le
centre des résistances; il y aura donc une seconde décomposition de forces toujours proportionnée à l'ouverture de ces angles, malgré la
disposition rectiligne et horizontale de la ligne
de tirage.

Il existe en France et surtout en Angleterre,
un grand nombre d'autres charrues plus ou
moins fortes, plus ou moins légères, plus simples ou plus compliquées les unes que les autres
et qui sont sans doute spéciales à la nature du
terrain et au genre de culture adopté dans chaque localité. Je me bornerai à vous signaler celle
de Norfolk, qui se rapproche beaucoup de la charrue Guillaume. Mais que dire de toutes cés charrues, quand on voit le célèbre directeur de la
ferme de Roville, M. Mathieu de Dombasle, qui
les a toutes vues et toutes essayées : celle de
Champagne, celle de Norfolk, celle de M. Guil-

laume comme toutes les autres, quand on le
voit, dis-je, leur préférer la simple araire dont
je vous ai fait la description au commencement
de ce chapitre, et qui depuis quelques années
reprend dans le nord de la France, le terrain que
les nouvelles charrues lui avaient fait perdre! Je
ne puis mieux terminer cette leçon qu'en vous
citant les propres paroles de ce savant et habile
praticien.

« On a reconnu, dit-il, que la charrue simple, appelée *araire*, donne un labour aussi bon et même
meilleur que les charrues à avant-train et qu'elle
exige moins de force de tirage. Partout où elle
est en usage depuis longtemps, on n'y attelle que
deux chevaux ou deux bœufs, même dans les
terres les plus fortes et les plus argileuses. Elle
exige beaucoup moins de réparations que celles
qui ont un avant-train. Elle peut labourer par
des temps très-humides, tandis que les roues de
la charrue à avant-train s'embarrassent de terre
et que les quatre ou six chevaux qui y sont atte-
lés piétinent le sol de la manière la plus fâcheuse.
Elle peut aussi labourer par de grandes sécheresses où il serait impossible à la charrue à
avant-train de piquer en terre.

» Si la charrue à avant-train est préférable
quand on veut rompre un pré, en se contentant
d'écroûter le gazon à quatre, cinq ou six centimètres d'épaisseur, ce qui se fait ordinairement
pour l'écobuage, l'araire reprend tous ses avantages quand on veut aller à dix ou douze centimètres de profondeur.

» Elle exige aussi beaucoup moins d'efforts du

laboureur. Elle fait des tournées beaucoup plus courtes, et laboure les deux extrémités du sillon aussi bien et aussi profondément que le milieu, ce qu'on ne peut obtenir des charrues à avant-train, pour peu que la terre soit dure.

» La charrue simple, ajoute-t-il, a cependant un inconvénient : elle est plus difficile à construire que la charrue à avant-train ; car si elle manque de précision dans l'une de ses parties, il est impossible d'exécuter un labour passable. Mais on s'aperçoit bien vite de son manque de précision, en la laissant aller toute seule. Si elle est mal ajustée, elle s'enfoncera trop ou sortira de terre; la largeur de raie diminuera ou augmentera. Mais si elle est bien ajustée (c'est-à-dire, je pense, si l'age et le soc sont bien dans l'axe du sep), elle filera régulièrement, sans changer de direction, l'espace de vingt, trente, quarante ou cinquante pas, pourvu que le sol soit net de pierres ou de racines. C'est ce degré de précision, si difficile à obtenir des ouvriers de la campagne, qui a été la principale cause de son abandon. »

Une autre cause non moins importante, c'est qu'elle demande plus d'adresse et d'attention de la part du laboureur. Sa conduite diffère entièrement de la conduite de la charrue à avant-train. En effet, lorsqu'on veut faire piquer la charrue simple, on doit soulever le manche au lieu d'appuyer; pour faire sortir le soc de terre, ou pour prendre moins de profondeur, on doit appuyer sur le manche au lieu de le soulever. Pour prendre plus de largeur de raie, on doit porter le manche à droite; et pour en prendre moins, il faut le porter à gauche.

Mais quand elle est bien faite, bien ajustée, elle n'exige aucun effort, ni même aucun mouvement du laboureur; elle fait sa direction toute seule, sauf quand elle rencontre une pierre ou une racine assez grosse pour l'en écarter. Elle persiste aussi dans la profondeur qu'on a déterminée au moyen du régulateur. Ce régulateur est une pièce de fer adaptée à l'extrémité de l'age et qui permet d'accrocher la volée des chevaux ou des bœufs, plus haut ou plus bas selon l'*entrure* qu'on veut donner à la charrue, et à droite ou à gauche selon la largeur de raie qu'on désire obtenir.

Il faut bien que ces avantages soient réels, puisque M. de Gasparin ne met au-dessus de cette charrue, sans avant-train, qu'une légère charrue à avant-train, dont les roues seraient assez élevées pour que leur rayon approchât le plus possible de la hauteur de l'épaule des chevaux ou de la tête des bœufs qui doivent la tirer.

On conçoit en effet que, plus la ligne de traction sera horizontale, moins le tirage sera difficile, attendu qu'il n'y aura point ou presque point de décomposition de forces. Mais des roues de soixante et dix à quatre-vingts centimètres de rayon quand on laboure avec des bœufs, et de quatre-vingt-dix à cent centimètres de rayon quand on laboure avec des chevaux, pourront-elles être adoptées dans toutes les localités? il est permis d'en douter. Ce qu'il y a de bien certain, c'est que la charrue à avant-train, montée sur des roues basses, demande plus de tirage et fatigue par conséquent davantage les animaux que la charrue sans avant-train ; mais elle est plus commode pour les hommes.

Quoi qu'il en soit, voici les conditions générales d'une bonne charrue, selon M. de Gasparin : on ne craint pas de se tromper en suivant un tel maître.

L'équipage de charrue qui exige le moins de force de tirage et le moins de peine pour les hommes et les animaux, c'est la charrue à avant-train à roues élevées et dont le rayon approche le plus possible de la hauteur de l'épaule du cheval.

Le versoir doit avoir un écartement égal à la largeur du soc. Le versoir hélicoïde exige un peu plus de force que le versoir paraboloïde, mais il retourne complétement la terre que celui-ci ne fait que déplacer latéralement.

Versoir hélicoïde.

Le soc doit être égal à la largeur que l'on veut donner au sillon ; il doit marcher dans une direction parallèle à son axe, et jamais dans une direction oblique.

Le coutre doit aboutir à la pointe du soc ; son racourcissement ou sa suppression ne fait qu'augmenter les résistances ; sa direction doit être parallèle à l'axe du soc et jamais oblique.

On doit alléger le poids de la charrue autant que possible en lui conservant la solidité nécessaire.

SECTION DEUXIÈME.

HOUES A MAIN, HOUES A CHEVAL, EXTIRPATEURS.

Houe à main.

On appelle houe, un outil de fer dont on se sert pour piocher ou labourer le pied des arbres, des vignes et de toutes les plantes qui sont assez écartées pour permettre cette opération. Sa forme élémentaire dérive de celle des socs de charrue; mais on conçoit aisément qu'elle a dû varier selon la dureté, la tenacité et l'empierrement des terrains. Celles dont on se sert dans les vignes pierreuses ne pouvaient pas être aussi légères que celles des jardins. Il y en a par conséquent de lourdes, de légères, de rondes, de pointues, à une seule dent, à deux dents, etc. Mais toutes sont recourbées en dedans pour tirer à soi les herbes ou les pierres qu'on veut extirper. Cette variété de forme et de pesanteur est si grande de province à province, et même de commune à commune, qu'elle a influé sur son nom au point qu'il est inconnu dans nos campagnes : on l'y appelle *sape* quand elle est large au tranchant, *béca* ou *bécar* quand elle est à deux pointes, *piochon* quand elle est très-petite, etc.

Houe à cheval.

La nécessité d'ameublir et de purger d'herbes spontanées les espaces de terrain qui se trouvent entre les lignes de maïs, de pommes de terre, de colza et autres plantes qui exigent des sarclages et des binages répétés, a fait chercher les moyens de faire ces travaux au meilleur marché possible. On a eu l'idée d'adapter plusieurs houes ou petits socs triangulaires à un châssis de bois, ou à une flèche et d'en faire une petite charrue étroite tirée par un seul cheval. Cet instrument a été appelé houe à cheval. Il y en a une multitude, car une fois l'idée trouvée, tous les constructeurs d'instruments d'agriculture ont voulu l'arranger à leur guise ou selon la nature des terrains de leur localité. On en a donc fait de plus ou moins grandes, de plus ou moins fortes, de plus ou moins légères, et armées d'un nombre de socs correspondant à leur force et à leur dimension. Voici les plus usitées.

Extirpateur.

L'utilité et l'efficacité de la houe à cheval ayant été reconnue, on a étendu son emploi à toute espèce de culture. On a voulu s'en servir à

détruire et à extirper l'herbe qui croit spontanément et souvent en si grande abondance dans
les champs après les labours, à extirper les racines profondes que la herse ne pourrait atteindre; enfin, à nettoyer complétement le terrain,
etc. Alors, on a agrandi l'instrument et on y a
adapté un plus grand nombre de socs placés de
manière à diminuer la résistance et à soumettre
à leur action toutes les parties du champ. Cet
instrument, ainsi agrandi, a reçu le nom d'*extirpateur*. Voici les deux formes les plus en usage.

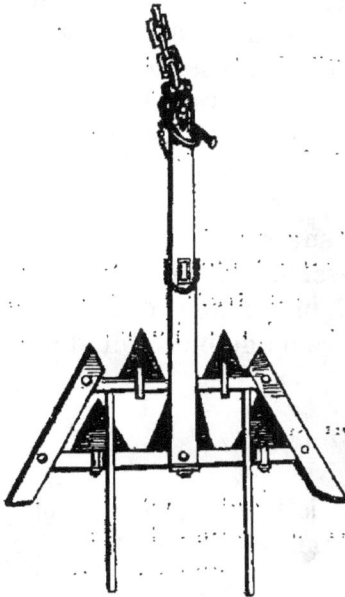

Extirpateur de Mathieu
de Dombasle.
Celui de Grignon est à peu près
semblable.

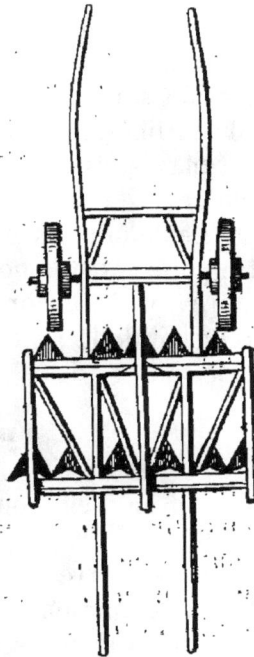

Extirp. Hayvar.

Quelle que soit la forme ou la disposition qu'on leur donne, dit encore M. de Gasparin, ils doivent tous être construits et jugés d'après les principes suivants :

1° Ne pas multiplier les socs mais plutôt leur donner toute la largeur dont ils sont susceptibles, car avec le nombre des socs on multiplie aussi le nombre des montants qui accroissent la résistance, et de plus, quand ils sont trop rapprochés, ils retiennent les herbes et engorgent l'instrument.

L'expérience a prouvé que pour qu'ils ne s'engorgent pas, les socs devaient être espacés de 60 à 70 centimètres; que par conséquent, en les disposant sur deux rangs, ils devaient avoir 60 à 70 centimètres de base, ceux du second rang étant placés vis-à-vis de l'intervalle de ceux du premier;

2° Les montants doivent avoir la force nécessaire pour résister non-seulement au tirage ordinaire, mais encore à un tirage excédant qui résulterait de la rencontre d'une pierre ou d'une racine.

Buttoir.

Quand on a eu trouvé la houe à cheval, pour ameublir la terre entre les lignes de maïs, de pommes de terre, etc., on a bien vite compris que l'ameublissement de la terre n'était que la moitié du travail nécessaire à la bonne culture de ces plantes; il fallait un instrument à peu près semblable pour les butter, c'est-à-dire pour amasser de la terre à leur pied. On a inventé le *buttoir*.

Cet instrument n'est autre chose qu'une age de charrue qui est armée à son arrière de deux versoirs qui sont fixes ou mobiles, selon le prix qu'on veut y mettre. Les versoirs fixes sont fortement assujettis à une espèce de sep qui tient à l'age et aux mancherons par un assemblage commun. Les versoirs mobiles peuvent s'écarter postérieurement pour donner plus de largeur au sillon, soit en jouant sur une charnière placée en avant à leur point de réunion, soit sur une charnière placée sur le sep, à l'origine de chacun d'eux.

Les versoirs fixes sont plus solides, moins chers et n'exigent presque point de réparations. Les versoirs mobiles sont très-utiles quand on a fait ses semis trop près ou trop écartés, faute très-facile à éviter.

Le buttoir n'étant destiné qu'à passer dans les intervalles des plantes semées en lignes, intervalles profondément labourées avant le semis et ameublis par la houe à cheval; enfin ne devant faire qu'un sillon de 12, 15 ou 16 centimètres (le plus ordinairement du moins), doit être fort léger et n'avoir qu'une petite roue. On en fait en fer forgé qui ne pèsent que 20 kilogrammes. Voici leur forme.

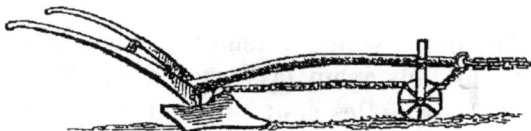

Buttoir de Mathieu de Dombasle.

Charrue à deux versoirs.

L'on n'a pas tardé à donner de l'extension au buttoir. On a voulu qu'il pût servir à des terres non labourées, non ameublies par des travaux récents; on a voulu qu'il pût entrer plus profondément en terre, qu'il pût ouvrir des sillons d'écoulement. Alors on lui a mis un avant-train à deux roues; on lui a mis un soc en avant des deux versoirs et un coutre en avant du soc.

On a fait une charrue à deux versoirs.

La Herse.

La herse est le rateau de la grande culture; elle est comme lui destinée à briser les mottes de terre soulevées par la charrue, à aplanir le terrain et à l'ameublir; elle sert aussi à diviser et à égaliser la semence répandue à la volée sur le terrain.

Ce sont donc des dents de fer, pointues et tranchantes en avant comme les coutres de charrue, assez longues pour pénétrer profondément dans la terre, assez épaisses pour que leur poids facilite cette pénétration; assez forte pour résister au tirage, à l'adhérence et à la tenacité de la terre.

Ces dents sont solidement enchassées dans un bâti de bois ayant la forme d'un triangle rectangulaire; elles sont plus ou moins nombreuses, selon les dimensions des bâtis et le nombre

des traverses; mais quelles que soient ces dimensions, les dents doivent être espacées de 25
centimètres au moins pour éviter l'engorgement,
et les traverses doivent être à 50 centimètres
l'une de l'autre pour faciliter le débourrement si
l'engorgement avait lieu. De plus, la place des
dents doit être calculée de telle sorte, que celles
de derrière répondent à l'intervalle de celles qui
les précèdent, car s'il en était autrement, la herse
tracerait des raies et n'émietterait pas le terrain.

La dureté, la tenacité de certains terrains a
fait inventer des herses plus lourdes et plus compliquées. On en a fait de quadrangulaires, de
quadrangulaires obliquangles. Mais toutes sont
établies d'après les mêmes principes. Celles dont
nous donnons ci-après la figure est généralе-
ment adoptée dans nos contrées. Si elle est trop
légère pour certains terrains, on se borne à la
charger de deux ou trois grosses pierres.

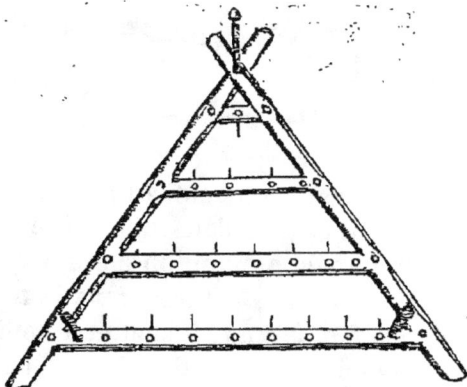

Scarificateurs.

On a bientôt voulu un instrument qui pût
ameublir la terre plus profondément que la herse.
Aussitôt que ce désir a été manifesté, l'instrument a été trouvé. La houe à cheval, l'extirpateur et la herse en fournissaient les éléments. En
effet il a suffi d'allonger les dents de la herse,
d'en faire des coutres et de les substituer aux
socs dont la houe à cheval et l'extirpateur sont
armés. On a fait ainsi un autre instrument auquel on a donné le nom de *scarificateurs* (*skari-
pheucin*, mot grec qui veut dire *découper*, *dé-
chiqueter*).

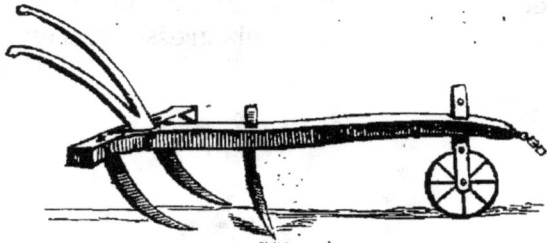

La petite roue, comme au buttoir et à l'extirpateur, tient et joue dans une pièce de bois mobile qu'on abaisse ou qu'on élève à volonté pour
régler l'entrure des coutres dans le terrain.

On en a fait à cinq, à sept et à neuf coutres ;
mais ces deux derniers devenant trop lourds et
trop difficiles à diriger, on les monte sur deux
roues et l'age porte sur un avant-train.

Le Rouleau.

Le rouleau est une pièce de bois de chêne ronde, longue de 2 mètres et ayant de 25 à 30 centimètres de diamètre. Cette pièce de bois est soutenue par deux axes de fer dans des brancards ou à un timon auxquels on attelle des bœufs ou des chevaux. On s'en sert pour briser les mottes ou prismes de terre soulevés par la charrue. Cette opération facilite éminemment l'action de la herse. Quoique les mottes paraissent encore entières après le passage du rouleau, la pression qu'elles ont subie a rompu leur adhérence, et elles se brisent aisément quand elles sont attaquées par les dents de la herse.

Sans le rouleau, la herse ne pourrait ni briser les mottes ni boucher les vides faits par la charrue, et une grande quantité de grains entrerait dans ces vides et serait étouffés par l'épaisseur de terre dont elle serait couverte. C'est bien souvent à l'oubli ou à la négligence d'employer le rouleau avant le hersage que, dans les terres fortes, on doit attribuer la rareté des plantes de blé dans un champ qu'on dit avoir été semé très-épais.

On s'en sert aussi pour raffermir un terrain qui a été soulevé par les gels et les dégels, pour chausser les plantes de blé et leur redonner le point d'appui qu'elles avaient perdu.

Dans les terrains où l'argile ne domine pas,
ce rouleau est bien suffisant, quoiqu'il ne pèse
que 80 à 100 kilogrammes; car, la terre étant
soulevée, il ne porte que sur les points saillants
qui seuls ont besoin d'être aplanis. D'ailleurs on
augmente son poids en se mettant à cheval sur
la traverse ou en la chargeant de deux pierres
ou de deux quartiers de fonte que l'on fixe avec
une clavette de fer.

Pour les terres très-dures, très-tenaces, on
augmente considérablement le poids et l'action
du rouleau en le garnissant de pointes de fer qui
pénètrent dans les mottes et les brisent en écartant les molécules.

On a inventé depuis peu un rouleau brisé,
c'est-à-dire dont la pièce principale est en deux

parties, reliées ensemble par un fort essieu de fer qui les traverse et qui est armé aux deux extrémités de boulons ou de clavettes pour empêcher la séparation des deux parties.

Aux contours, à tous les changements de direction, les deux parties roulant en sens opposé n'amoncellent pas la terre comme le rouleau d'une seule pièce.

(Sud-Est, octobre 1857.)

CHAPITRE II.

—

DE L'ASSOLEMENT DES TERRES.

———

Hic segetes, illic veniunt feliciùs uræ
Arborei fetus alibi, atque injussa virescunt
Gramina.
         G. de VIRG.

De l'assolement des terres.

Assolement pris dans un sens absolu, signifie arrangement du sol.

Il y a trois sortes d'assolement :

1° L'assolement général ou de disposition ;

2° L'assolement arable ou d'exécution ;

3° L'assolement partiel ou de rotation.

L'assolement général est l'art de diviser une terre, une propriété en plusieurs parties, de manière à pouvoir y récolter la même année : 1° du blé, des pommes de terre, des fruits, des légumes, du vin même, pour la nourriture de la famille et du personnel de la ferme; 2° du foin, des racines, de l'orge, de l'avoine pour les bestiaux ; 3° des denrées d'une vente facile et en rapport avec le climat, la nature du terrain et la situation des lieux.

Vous voyez de suite combien cette division est importante, puisqu'elle embrasse tout l'ensemble d'une exploitation et tous les besoins du cultivateur. Je m'étendrais avec complaisance sur les principes de cette division, car je les vois presque partout méconnus dans nos campagnes. Mais aujourd'hui toutes les terres incultes ont été défrichées; toutes les grandes propriétés ont été partagées en une foule de petits héritages qui se morcellent encore tous les jours; toutes ces petites parcelles de terrain ont été plantées à tort et à travers, de telle sorte que les principes d'un bon assolement général seraient sans application. Je me bornerai donc à vous donner quelques solutions que l'expérience a consacrées et érigées en axiômes.

Le jardin potager et le verger doivent être placés le plus près possible de la ferme, de manière à en être abrités du vent du nord et du vent le plus ordinaire dans la contrée.

Ne plantez pas des vignes dans les terrains humides ou assez plats pour retenir les eaux pluviales, attendu qu'elles ne vous rendraient jamais, ni en quantité, ni en qualité, l'intérêt des sommes d'argent et du travail qu'elles vous auraient coûtés. La vigne ne réussit bien, dans nos contrées, que sur les coteaux tournés au levant et au midi.

Créez des prairies partout où un cours d'eau et la pente du terrain vous offriront des moyens d'arrosage; créez-en dans les terres éloignées de

la ferme; créez-en partout où la terre trop légère ne peut supporter de nombreux labours :
vous n'en aurez jamais trop. Une grande quantité de foin nourrit un grand nombre de bestiaux ; un grand nombre de bestiaux produit
beaucoup d'engrais; beaucoup d'engrais double
la fertilité et par conséquent la production des
terres. D'ailleurs, c'est toujours une bonne et
lucrative spéculation que celle d'élever des bestiaux pour le travail ou la boucherie. Enfin, plus
il y a de prairies dans un domaine, moins il
faut de bras pour le cultiver; et moins il faut
de bras, plus il y a de profit.

Une prairie artificielle en luzerne ou en sainfoin, étant de première nécessité dans un domaine, soit pour varier la nourriture des bestiaux, soit pour améliorer une partie plus ou
moins considérable de terrain, une place assez
étendue doit lui être consacrée, pourvu que la
nature de la terre ne s'oppose pas à la culture
de ces plantes.

Nous entrerons dans de plus grands détails
au chapitre des prairies.

L'assolement arable ou d'exécution consiste à
diviser la partie du domaine destinée aux céréales, c'est-à-dire à la production du blé, en
plusieurs portions ou soles correspondant chacune à la quantité d'engrais dont on peut disposer chaque année, en combinant toutefois l'é-
tendue de la sole avec la nature du terrain.

En effet, si le terrain est argileux, chaque
sole devra être le sixième de la totalité de la
partie arable, parce que le terrain, conservant

plus longtemps l'engrais, la sole peut produire de bonnes récoltes pendant six années consécutives sans nouvel engrais. Si le terrain est sablonneux, l'étendue de chaque sole devra être du quart seulement de la totalité, parce que le terrain, conservant moins longtemps l'engrais, ne pourra produire de bonnes récoltes que pendant quatre années consécutives sans nouvel engrais.

Quant à la quantité d'engrais, elle est la même dans les deux cas, attendu que si la sole est moins étendue dans un terrain argileux, il faut fumer plus abondamment; et si la sole est plus grande dans un terrain sablonneux, il faut moins d'engrais à la fois, puisqu'il livre plus facilement cet engrais aux plantes qu'on lui confie et qu'il ne doit produire sur cet engrais que pendant quatre années.

Ainsi donc, si votre terrain est plus argileux que sablonneux, s'il peut par conséquent donner de bonnes récoltes pendant six années consécutives sans nouvel engrais, il faut diviser la partie du domaine destinée aux céréales en six soles d'une égale étendue.

Si votre terrain est plus sablonneux qu'argileux, et qu'il ne puisse donner de bonnes récoltes que pendant quatre années, vous le divisez en quatre soles.

S'il peut en donner pendant cinq ans, vous le divisez en cinq soles, etc., etc.

L'assolement partiel ou de rotation consiste dans l'art de faire produire à l'une des portions ou *soles* de l'assolement d'exécution, pendant quatre, cinq ou six années consécutives, une succession de récoltes sur un seul engrais enfoui au commencement de la première année.

Pour réussir dans cette intéressante partie de l'art agricole, il faut savoir que les plantes puisent dans la terre les substances qui sont analogues à leur constitution et nécessaires à leur développement; que par conséquent chaque récolte enlève au terrain sur lequel elle a vécu, une partie plus ou moins considérable de ces substances. On en a trouvé la preuve dans les cendres des plantes qu'on a fait brûler.

1000 kil. de paille d'avoine ont donné à l'analyse de leur cendre 54, 25 d'acide silicique et 26, 87 de soude et de potasse;

1000 kil. de paille de blé : 53, 30 d'acide silicique et 12, 90 de soude et de potasse;

1000 kil. de tiges de pommes de terre : 29, 81 d'acide silicique et 52, 44 de carbonates terreux;

1000 kil. de paille de maïs : 86, 25 de carbonates de soude et potasse, et 7, 50 seulement d'acide silicique;

1000 kil. de chanvre : 42, 05 de chaux, 31, 90 d'acide sulfurique;

1000 kil. de trèfle : 27, 10 potasse et soude, 24, 60 de chaux, 25, 00 d'acide carbonique;

1000 kil. de sarrazin, 33, 00 de chaux, 40, 35 d'acide carbonique.

Or, la terre qui pendant plusieurs années de suite ne produirait que l'une de ces récoltes, finirait par ne plus contenir les substances dont elle a un si grand besoin et ne pourrait plus la nourrir. D'où suit ce principe rigoureux qu'il

faut non-seulement alterner les récoltes, mais encore reculer autant qu'on le peut le retour d'une
récolte sur le même terrain, afin de lui donner
le temps de recouvrer les substances que cette
récolte a consommées.

Il faut savoir encore que l'intérêt de la terre,
c'est-à-dire son bon état, doit être combiné
avec l'intérêt de celui qui la cultive. Ces deux
intérêts sont inséparables. C'est pour avoir
voulu les séparer que tant d'agriculteurs ne
retirent de leurs travaux que de la peine sans
profit. Entrons dans quelques explications.

Vous avez vu dans les chapitres précédents
qu'il était indispensable de labourer très-pro-
fond une terre au renouvellement de l'assolement de rotation, c'est-à-dire tous les quatre,
cinq ou six ans, selon la nature du terrain;
qu'il fallait l'amender, la purger des herbes
spontanées, l'émietter pour ainsi dire par plusieurs labours, enfin lui rendre par de bons engrais la fertilité qu'elle a perdue en produisant
quatre, cinq ou six récoltes consécutives. Si
vous ne faites pas tous ces travaux, soit par négligence, soit par une économie mal entendue,
l'intérêt de la terre ne sera pas satisfait, car
vous ne lui aurez pas donné la puissance de
produire de bonnes récoltes pendant plusieurs
années sans nouvel engrais. Votre intérêt ne
sera pas satisfait non plus, car vos récoltes ne
seront abondantes ni en paille, ni en grains.

Je suppose que tous ces travaux ont été faits,
la terre n'a plus rien à vous demander; c'est
vous qui allez lui réclamer de bonnes et abon-

dantes récoltes qui vous récompensent largement des soins et des engrais que vous lui avez données.

Quelles récoltes lui réclamerez-vous, et dans quel ordre les lui réclamerez-vous?

Ces deux questions sont très-importantes.

La terre est votre débitrice, c'est vrai; mais il faut que vous soyez un créancier débonnaire ; plus vous serez bon pour elle, mieux elle vous payera : voici comment il faut s'y prendre.

Pour la première année, choisissez une récolte qui ne réussit bien que sur une terre nouvellement fumée, défoncée, amendée et nettoyée, et qui à cause de cela est toujours d'un prix élevé. Pour les années suivantes, combinez une succession de récoltes qui, loin de se nuire, s'entr'aident mutuellement, et qui rendent à la terre une partie des sucs nourriciers que chacune d'elles lui aura enlevés. Par ce moyen, vous serez, dès la première année, remboursé d'une forte partie de vos avances, peut-être même de la totalité; ce que vous retirerez les années suivantes sera peut-être tout bénéfice.

Dans le midi de la France, on sème de la garance que l'on ne cultive que pour sa racine et qui reste trois années en terre. Dans le nord, on sème du tabac, des choux, des carottes, des betteraves, etc. Dans nos contrées, dans l'intérieur de la France, on sème du chanvre, du maïs, des pommes de terre, etc. Toutes ces récoltes réussissent très-bien et même ne réussissent très-bien que sur une terre nouvellement défoncée, ameublie et fumée. De plus, les soins,

les sarclages, les binages qu'elles réclament, entretiennent la propreté et l'ameublissement de
la terre, et la rendent apte à produire, la seconde
année, une abondante récolte.

Quelle sera cette seconde récolte? Elle ne sera
pas semblable à la première ni une récolte analogue, car votre terre ayant perdu 42,05 de
chaux et 31,90 d'acide sulfurique, si c'était du
chanvre; 52,44 de carbonates terreux, si c'était
des pommes de terre; 86,25 de carbonates de
soude et potasse, si c'était du maïs, n'aurait
plus assez de ces substances pour nourrir cette
seconde récolte semblable ou analogue.

Elle sera donc du froment qui a surtout besoin de silice.

Arrive la troisième année. C'est à cette époque
qu'il faut se souvenir des principes : vous allez
en juger.

Le blé, à cause de la rareté et de l'exiguïté
de ses feuilles, laisse la terre exposée à l'influence du soleil et de l'atmosphère; ce qui favorise éminemment la multiplication des mauvaises herbes. En outre, il a été reconnu que les
plantes à feuilles rares et grêles (notamment le
blé), et à grosses et nombreuses graines, épuisent considérablement le sol, n'absorbent qu'une
très-minime portion des principes fertilisants de
l'atmosphère, et que par conséquent ce n'est que
dans la terre qu'elles puisent la nourriture dont
elles ont besoin pour amener leurs nombreuses
graines à maturité : c'est ainsi que le blé absorbe
une si grande quantité d'acide silicique (silice).
Or, il est évident que si vous semiez une seconde

fois du froment sur cette terre qui a déjà produit
une récolte de chanvre ou de pommes de terre,
ou de maïs, et une récolte de blé, vous auriez
contre le succès de cette seconde semence les
deux grands obstacles que je viens de signaler : la multiplication des mauvaises herbes et
l'épuisement de l'azote et de la silice, substances
si nécessaires au froment. La seconde récolte de
blé ne serait donc pas abondante. Et comme les
inconvénients résultant de la première récolte
de blé seraient encore aggravés par les inconvénients de la seconde, vous ne pourriez plus rien
semer sur cette terre la quatrième année, à moins
que vous ne la défonciez, ne l'amendiez, ne la
fumiez comme vous avez fait la première année,
ce qui serait un préjudice à vos intérêts et un
dérangement irréparable dans vos travaux ; car
vous auriez deux soles à traiter de cette sorte,
la même année.

Il est vrai que vous pourriez éviter ce dérangement en laissant cette terre en jachère, c'est-
à-dire sans culture pendant une année. Mais ce
serait une perte considérable de produits.

Heureusement nos agronomes instruits ont
trouvé le moyen d'obvier à tous ces inconvénients, en semant du trèfle sur le premier blé
aussitôt après l'hiver.

Le trèfle pousse très-vite, et, sans nuire à la
végétation du blé qui est déjà enraciné, il couvre
la terre de ses nombreuses feuilles et met obstacle à la multiplication des mauvaises herbes. Il
améliore aussi le chaume du blé que l'on fauche

après la moisson, et en fait un fourrage très-
utile pendant l'hiver.

C'est surtout l'année suivante, qui est la troisième de l'assolement, que le trèfle déploie tous
ses avantages ! D'abord, il ne coûte aucun travail, puisqu'il est bisannuel (durant deux ans)
et que vous l'avez semé la seconde année; ensuite il donne trois coupes d'un fourrage vert,
très-recherché des vaches, dont il augmente et
bonifie le lait. Ce n'est pas tout : ses cendres
prouvent qu'il a puisé dans l'air la plus grande
partie des principes nutritifs, nécessaires à sa
végétation, et qu'il n'a pris à la terre aucune
des substances nécessaires au blé. Bien loin de
lui en prendre, il lui a donné le temps de repro-
duire une partie de la silice, que le premier blé
lui avait enlevée.

De plus, il s'est écoulé plus d'un mois entre
la dernière coupe et l'époque des semailles; ses
feuilles ont repoussé; et ses feuilles, jointes à
ses racines, étant enterrées par la charrue, font
un engrais végétal qui rafraîchit et fertilise la
terre. M. Boussingault, l'un de nos plus célèbres
chimistes, a calculé qu'un hectare de trèfle qui
avait produit 2,500 kil. de foin, laissait 2,000
kil. de racines séchées au soleil et contenant
27,9 d'azote.

Voilà donc quatre années de production :

1re. Chanvre ou pommes de terre, ou maïs
ou betterave.

2me. Froment dans lequel on a semé du trèfle
au printemps.

3me. Trèfle.

4me. Blé ou avoine.

On pourrait s'en tenir là dans les terres sablonneuses, et recommencer la rotation de ces quatre récoltes. C'est ainsi que je fais cultiver ma terre de l'Ile, au bord de l'Isère. C'est aussi l'assolement le plus généralement suivi dans les terrains d'alluvion du haut Graisivaudan, qui ne sont pas assez profonds pour être cultivés en chenevière.

Dans les terrains où l'argile est plus abondant, on peut pousser plus loin l'assolement, parce que l'on a dû y mettre la première année une plus forte dose d'engrais; et que ces terrains, étant moins friables ou moins meubles, ne livrent pas aussi facilement l'engrais aux plantes qu'ils produisent. On pourra donc semer la cinquième année du seigle ou de l'avoine. Mais pour obtenir une bonne récolte, il est indispensable de la préparer par un semis de sarrazin (blé-noir) que l'on met en terre aussitôt après la moisson et que l'on enfouit quand il est en pleine fleur. Le sarrazin, par sa prompte végétation et le grand nombre de ses rameaux, étouffe les mauvaises herbes et fournit un excellent engrais. A la rigueur, on pourrait, au lieu de l'enfouir, attendre la maturité du grain, le recueillir et en tirer profit; mais ce sera aux dépens de la récolte de l'année suivante.

Dans quelques localités très-avancées en agriculture, on ne se borne pas à cette cinquième récolte ainsi préparée. On a tellement reconnu et constaté l'amélioration du sol par le blé noir,

que, après avoir enfoui le semis fait après la
récolte du second blé, on resème du blé noir au
printemps de la cinquième année et on en obtient
une récolte abondante. Après cette récolte de
blé noir, on peut avoir pour la sixième année
une assez bonne récolte de blé.

Vous voyez par là que l'art de bien faire l'assolement de rotation consiste : 1° à semer la
première année une récolte qui exige une terre
bien défoncée, bien préparée, bien nettoyée et
bien fumée, des sarclages et des binages répétés,
et qui précisément à cause de cela, est d'un prix
assez élevé pour indemniser le cultivateur de ses
dépenses, de ses travaux et de ses soins; 2° à
faire succéder les années suivantes à une récolte graminée qui a épuisé l'humus et la silice
de la terre, une récolte herbacée, feuillue ou
rameuse qui étouffe les mauvaises herbes, et
qui, par les principes fertilisants de l'atmosphère qu'elle absorbe, rend à la terre une partie des sucs nutritifs qu'elle a perdus.

Cet assolement, bon dans nos contrées, ne le
serait probablement pas dans d'autres; mais tous
les bons assolements partent du même principe :
faire précéder la récolte du blé d'une récolte
améliorante.

Dans les départements du Nord, aux environs
de Lille et de Douai, en Angleterre et en Allemagne, pays si avancés en agriculture, les meilleurs agriculteurs ont adopté plusieurs sortes
d'assolement, selon la nature du terrain. J'en
trouve la nomenclature dans la *Maison des champs*
de Pfluguer.

Assolement de six années.

1re ANNÉE, colza ou lin.
2e *id.*, froment.
3e *id.*, fèves.
4e *id.*, avoine avec trèfle.
5e *id.*, trèfle.
6e *id.*, froment.

Assolement de sept années.

1re ANNÉE, colza en pépinière.
2e *id.*, froment.
3e *id.*, mélange de vesces, pois, fèves et autres grains
      pour hiverner.
4e *id.*, colza pour graine.
5e *id.*, grains de mars et trèfle.
6e *id.*, trèfle.
7e *id.*, froment.

Assolement de quatre années.

1ro ANNÉE, navets.
2e *id.*, avoine ou orge avec trèfle.
3e *id.*, trèfle.
4e *id.*, froment.

C'est l'assolement tant vanté de Norfolk.

Assolement de dix années.

1re ANNÉE, pommes de terre.
2e *id.*, froment.
3e *id.*, betteraves ou carottes.
4e *id.*, froment.
5e *id.*, sarrasin.
6e *id.*, orge.
7e *id.*, fèves.
8e *id.*, avoine avec trèfle.
9e *id.*, trèfle.
10^c *id.*, froment.

Les raves et le colza pour plant sont ordinairement semés après le froment. Le pavot somnifère, très-utile en médecine, ou le pavot à huile et la cameline, autre plante oléagineuse, remplacent toutes les récoltes détruites par des hivers trop rigoureux. Le chou cavalier (grand chou ou chou collet) et le trèfle précèdent quelquefois le lin, qui est ordinairement suivi du froment ou du colza.

Dans l'arrondissement d'Horzebrouck, ville du département du Nord, et dont les terres sont généralement humides et alumineuses, les fèves et le froment se succèdent pendant très-longtemps. On y rencontre quelquefois cet assolement :

1re ANNÉE, tabac ou carottes, ou choux.
2e *id.*,   froment.
3e *id.*,   fèves ou lin.
4e *id.*,   froment.

Dans le canton de Bergues, ville du même département, on procède quelquefois ainsi :

1re ANNÉE, froment avec trèfle.
2e *id.*,   trèfle.
3e *id.*,   orge d'hiver ou de mars, ou avoine.
4e *id.*,   fèves ou colza, ou lin ou tabac.
5e *id.*,   froment.
6e *id.*,   fèves.

L'orge d'hiver et les fèves se succèdent souvent pendant plusieurs années. L'orge, si nécessaire à la fabrication de la bière, boisson habituelle du pays, précède et suit quelquefois le sainfoin, qui dure cinq ou six ans. Enfin, dans les terrains médiocres, le seigle est souvent substitué au froment.

Aux environs de Grenoble, sur les rives de l'Isère, on pratique également un assolement de six années, dont les trois premières sont en chanvre, plante qui, soit par sa nature, soit par sa culture spéciale, fait exception au principe de l'alternement des récoltes. Nous étudierons cette culture dans un chapitre particulier.

La 4e annéé, blé avec trèfle.
La 5e *id.*, trèfle.
La 6e *id.*, blé.

Toutefois, il ne faut pas oublier que la santé des bestiaux et surtout celle des vaches laitières réclament des racines pendant l'hiver et des fourrages verts pendant l'été; que par conséquent il est indispensable de consacrer à ces récoltes une portion de terrain correspondant au nombre de têtes qu'on doit nourrir : ce sont des betteraves ou des carottes, du maïs ou des poisettes, ou du trèfle incarnat, etc.

Cette portion de terre étant toujours prête à produire du blé ou du colza, est une réserve bien précieuse quand l'une de ces deux denrées vient à manquer et qu'elle acquiert un prix élevé. Plusieurs cultivateurs, au moyen de cette réserve, ont pu, cette année, doubler et tripler leur récolte de froment et réaliser de beaux bénéfices sans déranger leur assolement de rotation.

Souvent aussi l'on a des expériences à faire; on a une plante nouvelle, le sorgho, par exemple, à introduire dans sa culture. Cette réserve, toujours bien fumée, toujours sarclée, binée, toujours nette de mauvaises herbes, en fournit les moyens.

Enfin, quand cette réserve est en étendue égale à une des soles de l'assolement de rotation (c'est le conseil que je donne), on peut la changer de place et en faire l'une des soles de cet assolement. On aurait ainsi cinq soles, qui à supposer que l'assolement fût de quatre années, donneraient les résultats suivants :

TABLEAU DES CINQ SOLES.

	SOLE N° 1.	SOLE N° 2.	SOLE N° 3.	SOLE N° 4.	RÉSERVE. SOLE N° 5.
1re année..	Chanvre, Pom. de ter.	Blé.	Trèfle.	Blé.	Betterave.
2e id.	Blé.	Trèfle.	Blé.	Chanvre, Pom. de ter.	Maïs.
5e id.	Trèfle.	Blé.	Chanvre, Pom. de ter.	Blé.	Carotte.
4e id.	Blé.	Chanvre, Pom. de ter.	Blé.	Trèfle.	Poirette.

Vous voyez, d'après ce tableau, que si vous avez deux soles produisant du blé, vous n'en avez qu'une produisant du trèfle; et qu'ainsi la sole de réserve vient fort à propos vous donner les racines et le fourrage vert, si nécessaires à vos bestiaux. Elle y viendra encore mieux si vous la divisez en deux parts et si vous semez des racines dans l'une de ces parts et du fourrage dans l'autre, de manière à avoir la même année, racine et fourrage vert. Vous obtiendrez, par ce moyen, le résultat suivant :

1re PART.		2e PART.
1re année, betterave.		Maïs,
2e *id.*, maïs.		Betterave,
3e *id.*, carotte.		Poisette,
4e *id.*, poisette.		Carotte,

Cet ordre de succession n'est pas de rigueur, car on peut semer de la poisette après la betterave, comme du maïs après la carotte. Et comme la poisette ne donne qu'une seule coupe, on peut, après cette coupe, semer du maïs et avoir ainsi deux abondantes récoltes de fourrage vert. J'ajoute même que cette variété de nourriture est très-agréable et très-profitable aux bestiaux, surtout aux vaches, dont elle augmente et améliore le lait.

La cinquième année, la sole n° 1 a produit tout ce qu'elle pouvait donner sur l'engrais qu'elle a reçu la première année ; vous la transformez en sole de réserve, et la sole de réserve devient la sole n° 1. C'est alors que vous reconnaîtrez les immenses avantages de cette sole de réserve : elle sera d'autant plus fertile et productive en chanvre et en blé, qu'elle sera restée quatre années sans en produire.

La neuvième année, vous en faites autant pour la sole n° 2 et ainsi de suite jusqu'à la quatrième sole. De telle sorte, que toutes les soles de la ferme, au bout de vingt années, soient devenues soles de réserve.

Les baux de huit années avec repentir à la quatrième année et le morcellement incessant des héritages, ces deux fléaux de notre agriculture s'opposeront, je le sais bien, à cette marche régulière et améliorante du sol. Mais un fermier capable et bien famé obtiendra toujours des baux de dix-neuf ans; et, sans doute, bientôt l'agriculture devenant l'industrie la plus honorable et la plus importante, les propriétés se raffermiront dans les familles.

Quoi qu'il en soit, il est bien facile d'abréger ce terme de vingt ans que je viens d'assigner à la rotation de la sole de réserve : voici le moyen d'y procéder. Nous avons vu que dès la cinquième année elle prenait la place de la sole n° 1; dès la septième année, elle peut être substituée à la sole n° 3; dès la dixième, à la sole n° 4; dès la douzième, à la sole n° 2. — Mais, ne restant que deux ou trois ans à produire des racines et des fourrages, ses effets, pour l'amélioration du sol, ne seront pas aussi marqués et les avantages que je signalais tout-à-l'heure en seront diminués.

Je termine ce chapitre important par un conseil plus important encore. Ne laissez rien au hasard; ne vous contentez jamais d'un à peu près; rendez-vous un compte rigoureux de vos dépenses, de vos travaux; calculez tout, écrivez tout, car la mémoire est un guide trop souvent trompeur; mesurez vos terres, vos plus petites parcelles; pesez ou mesurez vos engrais, vos semences, tous vos produits; le mètre et le kilogramme seuls ne trompent jamais; seuls, ils rectifient le jugement, préviennent les erreurs et donnent une expérience positive et durable.

Mais, pour en retirer ces avantages, il faut que ces mesures et ces pesées soient inscrites sur un plan géométrique de la propriété et sur des registres de comptabilité soumis à des formes et à des règles assez compliquées pour être le sujet d'un traité particulier. Cependant je tâcherai de simplifier ces règles et je les enseignerai à ceux d'entre vous qui désireront compléter leur instruction.

Aujourd'hui je me bornerai à vous dire que si le domaine ou la terre que vous possédez est affermé, il est nécessaire que le plan géométrique soit à double exemplaire : l'un pour le fermier, l'autre pour vous, afin que, de votre cabinet, vous puissiez suivre toutes les opérations de votre fermier, prescrire ou contrôler des améliorations et vous opposer à des innovations dangereuses ou inutiles.

CHAPITRE III.

DU CHANVRE.

Le chanvre *(cannabis sativa)* est une plante de la famille des *urticées*. Sa racine est longue, pivotante et peu fibreuse; sa tige, droite, creuse, un peu velue, striée, s'élève de 1ᵐ50 à 5 ou 6 mètres, selon les climats, les saisons, les terrains, les engrais et la culture; ses feuilles sont digitées, dentées, d'un vert foncé et un peu velues; ses fleurs verdâtres sont en panicule sur les plantes mâles, et sessiles sur les plantes femelles (1); sa graine, huileuse, est enfermée dans une coque lisse et de forme ovoïde.

Le chanvre est unique dans son espèce, mais il change de nature selon l'écartement ou le rapprochement des tiges.

Très-rapprochées, c'est-à-dire à deux ou trois centimètres les unes des autres, elles sont simples, lisses, minces, et donnent une filasse fine, facile à détacher de la chenevotte et éminemment propre à faire du beau fil et de la belle toile.

Nos agriculteurs donnent à tort le nom de mâle à la plante femelle, et le nom de femelle à la plante mâle.

Ecartées les unes des autres à cinq ou six centimètres, les tiges sont plus grosses, plus vigoureuses et donnent une filasse plus grossière, plus tenace, excellente pour les cordages et les toiles à voiles de la marine.

Isolées, les tiges se ramifient, se couvrent de nodosités qui rendent le détachement de la filasse très-difficile; mais la graine qu'elles produisent est plus nourrie, plus huileuse, plus propre à la reproduction.

Cette plante est originaire de la haute Asie, où dans les temps les plus reculés, sa filasse servait à faire de la toile. Sa croissance est si prompte, qu'elle brave tous les climats; elle redoute la gelée, mais aussitôt que la température atteint dix ou douze degrés Réaumur, on la sème sans crainte, et en moins de quatre mois sa végétation est accomplie. On la cultive en Italie, en Russie, en Amérique, comme dans le nord et dans le midi de la France.

Mais, hélas! son règne est sur son déclin. La difficulté de réduire sa filasse en bourre la rend impropre au jeu des machines, et le lin, autre plante textile, inconnue dans nos contrées, s'apprête à lui enlever les derniers sujets que le coton lui avait laissés.

Qu'on ne se décourage pas pourtant; il a fallu vingt siècles pour lui ravir les toiles de luxe, il en faudra autant pour lui enlever les toiles de ménage et les toiles à voiles; et rien ne pourra peut-être le remplacer pour les cordages. Qui sait, au reste, ce que la science lui réserve? Un autre mode de culture, de rouissage, un autre pro-

cédé de filature, seront peut-être inventés, et
alors, son énergie, sa résistance le feront aisément triompher de ses rivaux. D'ailleurs, sa
culture est éminemment favorable à la terre qui,
l'année suivante, doit produire du froment.

De la culture du Chanvre.

Choix du terrain. — Le chanvre n'aime pas
les terrains forts, durs, raides, tenaces, compacts, secs, caillouteux. Il se plait au contraire
dans les terres douces, légères, sablonneuses et
assez profondes pour être fraîches pendant toute
la durée de sa végétation, sans être humides au
fond. C'est ainsi qu'il étale toute sa magnificence
de hauteur (quelquefois sept mètres) et de qualité
sur les rives du Pô, en Lombardie, sur les rives
de l'Isère, de la Loire et de la Marne, en France.
Il aime aussi la profondeur des vallons et les
terrains défrichés, dont il est la première récolte. Ce qu'il a de remarquable, c'est qu'il fait
exception au principe de l'alternement des récoltes posé par tous les auteurs. En effet,
dans les environs de Grenoble, il n'est pas rare
de le semer trois ou quatre années de suite sur
le même terrain. M. Pfluguer affirme qu'il devient
plus beau et plus fin quand on le sème plusieurs
années de suite sur une terre qui convient à sa
nature. M. de Gasparin confirme implicitement
cette opinion. « Auprès de chaque ferme, dit-il,
on trouve le plus souvent, en tous lieux, la chenevière, petit espace de terrain possédant les
qualités propres à la production du chanvre et

qui est sous la protection spéciale de la fermière
qui en tire la provision de toile de ménage. »
Dans la haute Saône, au rapport de M. Marc,
secrétaire perpétuel de la société d'agriculture
de Vesoul, on sème le chanvre, sur la même terre,
tous les deux ans; l'année intermédiaire, on y
sème du blé.

Choix des engrais. — Le chanvre, accomplissant en peu de temps toutes les phases de sa végétation, a besoin d'engrais pulvérulents, les plus
divisés, les plus avancés vers leur dissolution et
en même temps les plus riches en azote. Sur les
rives de la Marne, on fait usage de la poudrette,
du crottin de moutons et de la colombine, que
l'on réduit en poudre. En Lombardie, toute
espèce d'engrais pulvérulent est employé. Aux
environs de Grenoble, on se sert des boues des
rues et de la vidange des latrines, que l'on répand avant le semis, quand elle est encore liquide. Dans nos campagnes éloignées de la ville,
tous ces engrais font défaut et on ne songe guère
à se les procurer ou à les remplacer. Cela tient à
plusieurs causes : à l'incurie des propriétaires,
aux baux à court terme et à l'insuffisance des
moyens pécuniaires des fermiers (1).

---

(1) Que peut faire un fermier avec un bail de huit ou
neuf ans, portant un *repentir* à la quatrième ou à la cinquième année? Il ne se ruinera pas, car il n'aura fait
aucune amélioration; mais il ruinera la terre. J'en ai vu
qui, possédant des capitaux bien suffisants, ne voulaient
faire aucun travail à la terre, dans la crainte de faire
augmenter le prix de ferme.

Quoi qu'il en soit, voici un procédé dont l'essai n'est ni difficile, ni dispendieux, et qui est indiqué par M. de Gasparin. « Il faudrait, dit-il, aussitôt après avoir retiré le chanvre du routoir (fait exprès et à eau dormante), procéder à l'absorption des eaux, au moyen de matières pulvérulentes, que l'on mélange et auxquelles on ajouterait du plâtre et du sulfate de fer pour prévenir l'évaporation de l'ammoniaque. » Cet illustre agronome fonde le procédé qu'il indique, sur ce que 100 kil. de la plante se réduisent dans l'opération du rouissage à 58,8. Il reste dans le routoir, en feuilles et en gomme, 41,2, contenant 3,28 d'azote. Le bénéfice est assez grand pour déterminer l'adoption du procédé. Indépendamment de l'engrais qu'on en retirerait, la salubrité publique et notamment les agriculteurs y trouveraient l'immense avantage de neutraliser les gaz infects et malfaisants qui s'échappent des routoirs.

De la semence. — Quoique, scientifiquement parlant, il n'y ait qu'une seule espèce de chanvre, il y a une grande différence entre la plante à toile et la plante à cordages. La première est simple, mince, lisse; la seconde est quelquefois rameuse, grosse et souvent striée; elle acquiert aussi, en raison de son écartement, de l'abondance de nourriture et de l'influence de l'air, un bien plus grand développement.

On conçoit aisément que la graine qui provient d'une plante à toile produira difficilement une plante à cordage; de même qu'une graine

13

de plante à cordage perdra difficilement sa ru-
desse, sa ténacité, pour acquérir la finesse, le
moelleux d'une plante à toile. Or, si l'on veut
semer du chanvre à toile, il faut faire venir la
graine des contrées qui produisent la filasse la
plus douce et la plus fine. Si l'on veut semer du
chanvre à cordage, il faut tirer la semence des
pays, du Piémont, par exemple, où il est cultivé depuis longtemps et où il acquiert la plus
haute taille. Il y a même nécessité à renouveler
sa graine tous les ans, attendu qu'elle ne tarde-
rait pas à perdre ses qualités primitives par suite
du climat du terrain et du mode de culture qu'elle
aurait subis.

La graine recueillie l'année précédente est la
seule bonne; celle de deux ans peut avoir déjà
perdu sa vertu germinative; il faut en outre
qu'elle soit d'un beau gris foncé, bien pleine et
bien luisante. Celle qui est verdâtre n'est pas
assez mûre; la blanche est avortée; celle qui est
brune ou noire ou rance est vieille ou échauffée.
Quelque nouvelle et belle qu'elle soit, il est utile
de la vanner, afin de séparer celle qui, moins
nourrie et moins mûre, est plus légère.

La quantité par hectare varie selon le climat,
le terrain et la variété du chanvre.

Dans les terrains sablonno-argileux de la plaine
de Grenoble et de la haute Isère, où l'on cultive
le chanvre à toile, on sème vingt-cinq kilog. de
graine par trente-sept ares soixante-huit centiares de superficie. Dans les terrains plus secs
on en sème trente kilog.

Dans la vallée de la Loire on en sème de cin-

quante-cinq à soixante kilog. par hectare, ce qui
donne de quatre cent à quatre cent cinquante
tiges par mètre carré.

En Lombardie, où l'on ne cultive presque plus
que le chanvre à cordages, on en sème de cent
vingt-cinq à cent cinquante litres par hectare,
de manière que les tiges soient espacées de cinq
à six décimètres, et qu'il y ait environ trois cents
tiges par mètre carré, ce qui fait trois millions
de tiges par hectare. On réduit ce nombre par
des sarclages, selon le degré de force que l'on
veut donner à la filasse.

En somme, plus on sème épais, plus aussi il
y a de tiges; et plus il y a de tiges, plus la filasse
est fine et douce.

Préparation du terrain.

Dans nos contrées, surtout dans les localités
où le chanvre n'est que la première récolte de
l'assolement, on fait du chanvre sur une terre
épuisée par des récoltes précédentes et qu'on a
laissée en pâturage jusqu'à l'hiver. Au printemps
suivant on la brûle, on la laboure, on y répand
l'engrais de l'étable, on la laboure une seconde
fois, on la herse, on sème, on herse de nouveau
et on roule.

Cette méthode est contraire à tous les principes :

1° On a laissé l'herbe s'enraciner et se repro-
duire pour augmenter un mauvais pâturage que
quelques quintaux de foin auraient avantageusement remplacé :

2° On s'est mis dans la nécessité d'écobuer, opération longue et qui coûte dix fois plus que ne valait le pâturage et qui n'est bonne que pour les terrains argileux tenaces où le chanvre ne réussit pas ;

3° On a réuni tous les travaux à une seule époque qui, étant ordinairement pluvieuse, ne permet de les compléter que quand la saison favorable au semis est passée ;

4° On a fumé avec un engrais à divers degrés de consommation dont souvent le plus ancien a perdu toute sa force, et dont le plus récent n'est pas assez consommé pour profiter au chanvre.

Voyons maintenant comment on procède dans les pays renommés pour la beauté et la bonté de leurs chanvres.

Dans la vallée du haut Graisivaudan, en amont de Grenoble, on laboure profondément la terre aussitôt qu'on a fauché les chaumes ; vers la Toussaint on y transporte une demi fumure composée d'engrais de toutes sortes : boues et immondices des rues, curures de mares et de fossés, fumier d'écurie ou d'étable, feuilles vertes ou sèches, débris végétaux, etc., qu'on a mélangés et laissé fermenter. Ce fumier est enterré par un second labour de quinze ou seize centimètres de profondeur. Aussitôt après l'hiver, souvent dans les beaux jours de février ou au commencement de mars, on répand sur le sol trois cents ou trois cent cinquante quintaux métriques de vidange de latrines par trente-sept ares soixante-huit centiares de superficie ; on recouvre cette vidange par un troisième labour superficiel. A la fin d'avril, on fait un quatrième labour, on herse en tous sens, même avec le scarificateur; on sème, on herse de nouveau et on roule.

' En Lombardie, dans le Bolonais, on laboure aussitôt après la moisson, à 0,35 de profondeur, soit avec une puissante charrue, soit avec une grande bêche. Quand les herbes ont poussé, on répand sur le terrain la moitié du fumier jugé nécessaire et on l'enterre par un second labour en y semant en même temps des féveroles qui raffraichissent et fertilisent d'autant plus le terrain, qu'elles puisent dans l'atmosphère, comme le trèfle, la plus grande partie de leur nourriture, et qui, sèches, contiennent 5,50 d'azote pour cent. Lorsque les féveroles ont atteint quarante ou cinquante centimètres de hauteur, on les enfouit par un troisième labour. Le terrain passe l'hiver en cet état. Au commencement du printemps, lorsque la température est remontée à +neuf ou dix degrés, deux ou trois jours sereins leur suffisent pour accomplir leurs travaux. Ils transportent sur le terrain la seconde moitié de l'engrais sous forme pulvérulente, sèment la graine et la recouvrent par un ou deux hersages croisés. Aussitôt que le chanvre a levé, on lui donne un premier sarclage à la main avec de petites houes portatives. Quand le chanvre a atteint 0,30 de hauteur, un second sarclage a lieu et on éclaircit le plant, s'il est trop épais, pour faire du beau chanvre à cordage.

· Dans la vallée de la Loire, où l'on ne cultive que le chanvre à toile, mais où bientôt peut-être on sera obligé de cultiver le chanvre à cordage, on fait un labour de vingt-cinq ou vingt-sept centimètres de profondeur vers la fin d'octobre ou au commencement de novembre et on fume. Au mois d'avril, on donne un second labour plus superficiel. Quelques jours après, quand l'herbe spontanée a poussé, on en donne un troisième avec la houe. Pour exécuter le semis, on fait avec la houe de petits sillons de 0,4 à 0,5 de profondeur ; on y répand la graine que l'on recouvre avec la terre extraite du sillon voisin, on plombe ensuite le terrain avec le dos de la houe à mesure qu'on avance le semis. Selon la température, il peut se former à la surface du sol une croûte que le chanvre aurait de la peine à percer ; on passe alors le râteau pour rompre l'adhérence de la terre et hâter la sortie du chanvre : point que les bons agriculteurs de cette contrée regardent avec raison comme très-important. Ils se dispensent de faire des sarclages parce que, semant assez épais pour avoir quatre cent ou quatre cent cinquante tiges par mètre carré, et hâtant la sortie du chanvre par leur mode de culture, les herbes adventices seraient précédées par le jeune plant ou étouffées sous son ombre.

Cette culture, vous le voyez, se rapproche beaucoup de celle de nos jardins ; et ce qui prouve son excellence, c'est que les agriculteurs de la Loire y persistent, que leur chanvre à toile a acquis une grande renommée, et que cette culture obtient huit cent ou neuf cents kilos de chanvre par hectare. Cependant M. de Gasparin lui préfère celle du Bolonais, soit pour la conduite des travaux, soit pour la répartition exacte et abondante de l'engrais, soit pour les soins qui suivent la sortie.

Continuons notre examen des diverses cultures.

Je lis dans une instruction rédigée par la société d'agriculture du Rhône sur la culture du chanvre (1805) :

La culture du chanvre, indépendamment de l'utilité de cette plante et des bénéfices qu'elle donne aux agriculteurs, est la meilleure préparation de la terre pour la production du blé.

A défaut d'une terre convenable, on peut toujours y suppléer par un défoncement à quarante ou cinquante centimètres de profondeur et par des engrais. Les meilleurs engrais sont la fiente de pigeons et les crottins de bêtes à laine. Tous les autres fumiers peuvent aussi être employés avec succès ainsi que le terreau et les curures de mares après qu'elles ont été mises en tas et *enhivernées*.

Pour préparer la chenevière, il faut, dans le mois d'août ou au plus tard, avant l'hiver, donner un labour profond avec la charrue, etc. On en donne trois autres au printemps.

Dans un mémoire sur la culture du chanvre, dressé en 1811 par M. Marc, secrétaire de la société d'agriculture de Vesoul (Haute-Saône), je trouve les mêmes recommandations : « Un labour profond avant l'hiver et trois labours accompagnés de trois hersages au printemps. »

Dans l'arrondissement de Meaux, département de Seine-et-Marne, selon le rapport de M. le sous-préfet Raoul, les terres de la commune de Vareddes, sur la Marne, produisent une année du chanvre, une année du blé, et toujours ainsi depuis un temps immémorial.

« La méthode de culture est de retourner le chaume du blé au mois de septembre; on passe ensuite la herse. En novembre, on couvre la terre de fumier de basse-cour; peu de temps après on enfouit le fumier. Au mois de mars, quand la terre est ressuyée, on herse de nouveau, afin que le terrain soit disposé comme celui d'un jardin; mais si la terre était chargée d'herbes parasites, on donne un léger labour à la fin de ce mois (mars). On a soin que la terre ne se dessèche pas; à cet effet, on passe la herse et le rouleau.

» Dans les premiers jours de mai, on donne un labour profond; on herse la terre de nouveau, pour qu'elle soit unie et mobile. Ces dernières façons terminées, on procède de suite à l'ensemencement du chenevis.

» Les habitants de Vareddes, pour ensemencer, se servent de la houe. Ils tracent des rayons comme pour planter des haricots; ils jonchent ces rayons de fumier de pigeons, qu'ils vont acheter très-loin, et sèment en même temps le chenevis qu'ils recouvrent de cinq centimètres de terre.

» Le chanvre (au moyen de cette excellente culture) lève assez vite, et dès qu'il est grand, il étouffe toutes les autres herbes, en sorte que la terre est absolument nette et susceptible de produire abondamment du blé l'année suivante. »

Voilà donc cinq cultures de chanvre dans cinq contrées différentes. Dans aucune d'elles il n'est parlé d'écobuage; dans toutes, on prépare la terre avant l'hiver par un ou plusieurs labours profonds; dans trois, on fume la terre en deux fois : la première fois à la fin de l'été ou en automne avec du fumier d'étable ou de basse-cour ; la seconde fois, au printemps, avec des fumiers pulvérulents qui hâtent la levée du chanvre. Quelle conséquence tirer de là? C'est qu'il faut renoncer au mode vicieux suivi dans nos contrées et adopter l'une des cultures que je viens de décrire.

Toutefois, il faut distinguer celle qui convient à l'espèce de chanvre que vous voulez obtenir. Voulez-vous du chanvre à cordages? Adoptez celle du Bolonais. M. de Gasparin, notre maître à tous, la trouve parfaite. Voulez-vous du chanvre à toile? adoptez celle de Vareddes, en y ajoutant le coup de râteau de celle de la Loire, s'il est rendu nécessaire par le durcissement de la surface du sol.

Mais, direz-vous, les engrais pulvérulents nous manquent. Faites-les : jetez de la terre, du plâtre et un peu de sulfate de fer dans l'eau de vos routoirs, aussitôt que vous en avez retiré le chanvre. Avant l'hiver, sortez-le par morceaux et réduisez-le en poudre au moment de l'employer. Ce moyen est-il impossible; ou craignez-vous de nuire à la couleur de votre chanvre en le faisant rouir dans une eau dormante? amassez avant l'hiver la quantité de fumier jugée nécessaire; mélangez-le avec de la chaux; trois mois après il sera pulvérulent. Ce dernier moyen est d'autant meilleur, qu'il est bien simple, peu coûteux, et que la chaux est extrêmement favorable au chanvre et à la récolte de froment qui doit le suivre.

N'avez-vous aucune confiance dans la vertu de la chaux, ou votre terre en contient-elle déjà une assez forte dose pour qu'il soit nuisible de l'augmenter? Achetez du guano. Il y en a maintenant dans toutes les villes; il en faut environ trois cents kilog. par hectare, et il coûte 40 francs le quintal métrique. M. de Galbert et plusieurs autres propriétaires du canton l'ont employé cette année avec le plus grand succès. On le mélange avec du sable, cent de l'un et cent de l'autre, pour en faciliter la dispersion.

Ennemis du chanvre. — Le chanvre redoute toutes les herbes spontanées; mais celles dont il faut surtout le débarrasser, sont le liseron, la cuscute et l'orobanche. Les deux premières s'attachent aux tiges et les empêchent de croître; la dernière, qui n'est qu'une plante brune, sans feuilles, pour ainsi dire, couverte d'écailles et haute de vingt à vingt-cinq centimètres, brûle ou empoisonne toutes les plantes qui sont près d'elle. C'est pour les détruire que dans quelques contrées on pratique un petit sentier de quinze à seize centimètres et à deux mètres d'intervalle, dans les pièces de chanvre.

Les vents violents, les pluies d'orage, causent souvent de grands dommages aux chanvres sur pied, surtout lorsqu'ils sont hauts et serrés : des perches transversales attachées à des piquets sont le seul moyen de les prévenir.

La grêle est tout autant funeste si elle ne l'est davantage. Le fait suivant, rapporté par M. Pfluguer, mérite d'être cité : « Un propriétaire ayant eu sa chenevière grêlée, en fit couper la moitié rez terre et laissa l'autre pour point de comparaison. La partie coupée fournit une récolte plus abondante, non-seulement que l'autre partie, mais encore que la même étendue de terre dans les années sans grêle. » J'en laisse à l'auteur toute la responsabilité.

Récolte du chanvre. — La récolte du chanvre est faite en une fois quand on veut retirer tout le produit en filasse. On la fait en deux fois quand on veut recueillir de la filasse et de la graine.

Si tout le produit doit être en filasse, on commence la récolte quand les fleurs mâles ont défleuri et que les feuilles commencent à jaunir, ce qui arrive dans notre département vers le milieu du mois d'août, et on la continue jusqu'à ce que tout le champ soit dépouillé.

Si l'on veut recueillir de la graine, on laisse sur le champ, après l'enlèvement des plantes mâles, un certain nombre de plantes femelles espacées de trente, quarante ou cinquante centimètres, selon la quantité de graine qu'on veut avoir. Ces plantes, ne recevant plus l'ombre de leurs voisines, complètent leur maturité en peu de temps. On les enlève quand leurs feuilles ont jauni et que la graine commence à noircir. Cependant cette manière exige des soins et un double travail que le bénéfice qu'on en retire est loin de compenser. Il vaut mieux semer quelques graines isolées sur le bord des récoltes sarclées, de choux, de maïs, de betteraves ou de pommes de terre. Ces graines isolées produiront des tiges vigoureuses qui se ramifieront beaucoup, et donneront en abondance des semences de meilleure qualité.

La récolte du chanvre se fait en arrachant les tiges de terre par petites poignées, que l'on réunit ensuite pour en former des javelles de soixante à soixante et dix centimètres de circonférence et qu'on lie avec de jeunes pousses de noisetier ou de peuplier, ou de l'osier, et on les met rouir le même jour, si on le peut. L'expérience a démontré que le chanvre était moins blanc quand on différait le rouissage.

En Italie, on coupe les tiges rez terre, près du collet, avec des sapes bien tranchantes. On en forme des javelles qu'on laisse sécher deux ou trois jours sur le champ. Lorsqu'elles sont sèches, on les secoue pour en faire tomber toutes les feuilles. On porte alors le chanvre à la ferme pour l'assortir. Pour cela, on le met en tas horizontal, le pied des plantes appuyé contre un mur; on le charge de plateaux épais pour empêcher qu'il ne se dérange. On retire alors les tiges les plus longues, puis les moyennes, puis les courtes, et on en forme des javelles de longueur égale. On retranche ensuite le sommet des tiges pour ne conserver que ce qui peut faire de la bonne filasse, et on envoie les javelles ainsi façonnées au rouissage.

Cette méthode, excellente pour le chanvre à cordage, a l'avantage de laisser dans et sur la terre les racines et les feuilles du chanvre qui font un bon engrais.

Du rouissage. — Rouir du chanvre, est une préparation qui consiste à le faire tremper dans l'eau ou à l'exposer à la rosée pour décomposer la gomme résine qui fait adhérer la filasse à la chenevotte et rendre par conséquent leur séparation facile.

Pour l'exposer à la rosée, on l'étend sur un pré et on le retourne de temps en temps, afin que toutes les parties de la plante subissent l'action de l'humidité. Mais comme la fermentation produite par cette humidité est interrompue chaque jour par la dessication opérée par le soleil, il faut un mois et plus pour achever la décomposition de la gomme-résine. La longueur de cette opération et la teinte grise qu'elle donne à la filasse font que l'on n'y soumet ordinairement que les plantes femelles qui ont été gardées pour graine.

Pour le faire tremper dans l'eau, on entasse les javelles dans de vastes bassins appelés routoirs, creusés dans la terre, quelquefois entourés de murs et alimentés par un cours d'eau qui s'échappe par une issue pratiquée à l'extrémité opposée.

Plus l'eau est courante, plus aussi elle entraîne la matière colorante, ce qui donne au chanvre cette belle couleur blanc jaunâtre, si recherchée. Cependant des eaux trop froides ou trop crues grisent la couleur de la filasse et ne décomposent pas assez la gomme-résine qui la rend adhérente à la chenévotte. Les eaux limoneuses détachent bien la filasse, mais lui donnent une teinte bigarrée, désagréable à l'œil de l'acheteur.

Dans une eau dormante, mais provenant d'un ruisseau ou d'une rivière (c'est-à-dire ayant perdu sa crudité par l'action de l'air et du soleil), comme cela se pratique en Italie, la couleur blanc jaunâtre du chanvre ne paraît pas être compromise, puisque c'est cette couleur qui distingue le chanvre Italien. Cela tient, sans doute, à la promptitude du rouissage. En effet, l'eau dormante s'échauffe promptement et hâte tellement, par cet échauffement, la décomposition de la gomme-résine, qu'au bout de trois ou quatre jours de rouissage, la filasse se détache aisément du bois; et en six jours, l'opération du rouissage est terminée.

Mais l'eau croupie se putréfie et émet des gaz infects dont l'action est incommode et souvent malfaisante. On peut y remédier en jetant de la marne, du plâtre et du sulfate de fer dans le routoir; ce qui, je l'ai déjà dit, d'après M. de Gasparin, transforme l'eau et les gaz qu'elle renferme en un engrais très-puissant. A défaut de marne, la terre bien nettoyée et bien épierrée peut donner le même résultat, en augmentant la quantité de plâtre d'un quart.

La durée du rouissage varie selon la chaleur de la saison, la qualité et la quantité des eaux, la nature du chanvre et l'emploi de la filasse. Dans

un routoir isolé, de moyenne grandeur, alimenté
par des eaux de rivière, elle est ordinairement
de six à sept jours au mois d'août, et de sept à
huit jours en septembre; elle est plus longue
dans les eaux trop profondes, ou plus étendue
dans les eaux crues ou froides, etc. Le chanvre
à toile doit être plus longtemps roui que le chanvre à cordage.

CHAPITRE IV.

DE LA POMME DE TERRE.

La pomme de terre, vous le savez déjà, entre pour près de moitié dans la nourriture des habitants de la campagne ; elle est même très-recherchée par les habitants des villes quand elle est dans sa primeur. On en nourrit aussi les bestiaux, les porcs et la volaille. Elle améliore la terre qui la produit, soit en l'ameublissant par les binages et les sarclages qu'elle exige, soit en lui rendant par ses fanes ou tiges réduites en engrais une grande partie de l'azote et du carbone que sa végétation lui a enlevés.

Son utilité est si généralement reconnue, que malgré la maladie qui la frappe depuis plusieurs années, nos agriculteurs ne peuvent se déterminer à en abandonner la culture. Loin de là ils la soignent davantage ; ils choisissent le terrain qui lui convient et les engrais qu'elle préfère ; ils font venir de très-loin et paient très-cher celles qu'ils croient assez saines et assez robustes pour résister aux atteintes du mal.

La pomme de terre est une plante de la famille des solanées. Originaire de l'Amérique, elle fut d'abord cultivée en Espagne, puis en Italie où elle reçut le nom de *Tartuffoli*; elle passa bientôt en Allemagne et en Irlande d'où on l'introduisit en France vers l'année 1755. Elle fut dédaignée pendant longtemps et le serait peut-être encore sans les efforts persévérants d'un ami des hommes nommé Parmentier: honneur et reconnaissance à ce savant homme de bien!

Les variétés de la pomme de terre sont très-nombreuses. M. Girardin les divise en trois catégories:

1°. Les *patraques* : tubercules généralement arrondis, yeux nombreux et apparents;

2° Les *parmentières* : tubercules allongés ou aplatis, yeux peu nombreux;

3° Les *vitelottes* : tubercules allongés cylindriques, yeux très-nombreux, très-apparents et enchâssés dans une cavité profonde.

Les patraques sont les plus estimées si l'on ne fait attention qu'au nombre et au poids des tubercules.

Les parmentières ne sont que des espèces de jardin, mais d'une saveur très-délicate.

Les vitelottes ont quelques variétés qui joignent la saveur à la grande production et que l'on peut admettre dans la grande culture.

Nous devons à MM. Girardin et Dubreuil sur près de soixante variétés des analyses qui constatent la valeur intrinsèque de chacune d'elles. M. de Gasparin, si juste appréciateur de ce qui est bon et utile, en a déduit le tableau suivant dressé par ordre de mérite dans chaque espèce de terrain. Il nous indique les espèces les plus riches en matière solide, les plus riches en fécule, et celles qui sont précoces ou tardives.

Ainsi quand on voudra faire servir les pommes de terre à l'alimentation, on cultivera de préférence :

Dans les terrains sablonneux.

Vitelotte rouge de l'Indre ;
Patraque jaune ox-noble ;
Id.   rose Rohan hâtive ;
Id.   jaune 1er Wellington ;
Vitelotte la Pigry ;
Patraque rose-jaune ;
Id.   rose-Rohan ;
Id.   rose-Mailloche ;
Id.   jaune, œil violet ;
Id.   jaune, fruit pain.

Dans les terrains argileux.

Patraque jaune, ox-noble ;
Id.   blanche, 1re façon ;
Vitelotte jaune, la Pigry ;
Patraque rose-Rohan hâtive ;
Id.   jaune Mailloche ;
Vitelotte rouge de l'Indre.
Patraque jaune, 1ers champions ;
Id.   jaune 1er Wellington ;
Vitelotte jaune, imbriquée ;
Patraque jaune, fruit pain.

Dans les terrains riches en terreau.

Patraque jaune ox-noble ;
Vitelotte jaune, la Pigry ;
Patraque jaune Rohan hâtive ;
Id.   jaune 1re Wellington ;
Id.   jaune, œil violet ;
Parmentière, jaune cornichon ;
Patraque jaune, fruit pain ;
Id.   rose Descroizelles ;
Parmentière violette dite précieuse rouge ;
Patraque jaune de Sanderson.

Dans les terrains calcaires.

Patraque jaune Rohan hâtive ;
Vitelotte jaune la Pigry ;
Patraque jaune Mailloche ;
Vitelotte rouge de l'Indre ;
Patraque jaune 1re Wellington ;
Id.   jaune ox-noble ;
Id.   jaune œil violet ;
Id.   blanche 1re façon ;
Id.   jaune 1ers champions ;
Id.   jaune, fruit pain.

Quand on voudra livrer les pommes de terre à la distillation ou à l'extraction de la fécule, l'ordre de mérite sera le suivant :

Terrains sablonneux.

Patraque jaune, ox-noble ;
Vitelotte id. de l'Indre ;
Patraque jaune Rohan hâtive ;
Vitelotte jaune, la Pigry ;
Patraque jaune, 1er Wellington ;
 Id. rose jaune ;
 Id. rose Descroizilles ;
Vitelotte jaune imbriquée.

Terrains argileux.

Patraque jaune, ox-noble ;
 Id. blanche, 1re façon ;
Vitelotte jaune, la Pigry ;
Patraque jaune de Rohan, hâtive ;
 Id. jaune Mailloche ;
Vitelotte de l'Indre ,
Patraque jaune, 1ers champions ;
 Id. jaune, 1er Wellington.

Terrains riches en terreau.

Patraque jaune, ox-noble ;
Vitelotte jaune, la Pigry ;
Patraque, jaune-Rohan, hâtive ;
 Id. jaune, 1re Wellington ;
 Id. jaune, œil violet ;
Parmentière jaune , cornichon ;
Patraque jaune, fruit pain ;
 Id. rose Descroizilles ;
Parmentière violette , dite précieuse rouge.

Terrains calcaires.

Patraque jaune-Rohan , hâtive ;
Vitelotte jaune, la Pigry ;
Patraque jaune Mailloche ;
Vitelotte rouge de l'Indre ;
Patraque jaune 1re Wellington ;
 Id. jaune, ox-noble ;
 Id. id. œil violet ;
 Id. blanche, 1re façon ;
 Id. jaune, 1ers champions ;
 Id. jaune, fruit pain.

On voit, d'après ces tableaux, que les variétés les plus alimentaires sont presque toujours aussi les plus féculentes. La patraque ox-noble est presque toujours la première , excepté dans les terrains calcaires. Cette variété, celle dite la Pigry, la Rohan hâtive et la vitelotte rouge de l'Indre doivent être recherchées des cultivateurs; mais elles sont tardives, ce qui est un grand défaut depuis l'invasion de la maladie, car ce sont les variétés tardives qui ont été le plus souvent et le plus gravement attaquées.

Aux environs de Chambéry, on cultive une patraque jaune indéterminée qui, d'après les expériences de M. Martinet, surpasserait l'ox-noble et serait plus précoce.

Végétation de la pomme de terre.

Une pomme de terre mise dans le sol, pousse des tiges aériennes et des tiges souterraines. Les tiges aériennes portent des feuilles, des fleurs et des fruits; les tiges souterraines sont blanches, courtes, se ramifient, et chacun de leurs rameaux se termine par un groupe de bourgeons qui constituent les tubercules.

Les fruits que les tiges aériennes produisent sont d'abord verts et noircissent quand la plante se dessèche. Ils ne peuvent servir à l'alimentation à aucune époque de leur maturité; mais cueillis quand ils sont bien formés et que la plante commence à se faner, ils sont propres à la reproduction. Les semis qu'on en a faits ont donné quelques variétés assez remarquables.

Les tubercules produits par les tiges souterraines ne se forment qu'au fur et à mesure du développement des rameaux souterrains qui naissent à quinze ou vingt jours d'intervalle. C'est ce qui fait que quand on arrache une plante de pomme de terre, on y trouve des tubercules à tous les degrés de développement : les plus gros sont de la première formation, les plus petits sont de la dernière.

Quand les tiges aériennes ont produit des fleurs et des fruits, elles se flétrissent, deviennent jaunes et meurent; mais les tiges souterraines conservent encore une certaine végétation qui nourrit les tubercules et développe les germes aux dépens de la fécule. D'où il suit que l'on doit récolter les pommes de terre destinées à l'alimentation, quand les tiges aériennes commencent à flétrir et qu'il faut attendre le développement des germes, c'est-à-dire la flétrissure complète des tiges aériennes, si les tubercules sont destinés à la reproduction.

On reconnaît que la pomme de terre a acquis toute la fécule qu'elle peut renfermer à l'épaississement de l'épiderme et à la fermeté du tubercule dans toute son épaisseur. Avant sa maturité, la circonférence seule est dure, le centre est encore tendre ou en bouillie. On le voit aisément en partageant le tubercule avec un couteau.

Cependant, les variétés précoces cultivées dans les jardins sont souvent cueillies longtemps avant la flétrissure de la plante. Les jardiniers trouvent leur intérêt à procéder ainsi, puisque les gourmets avides de primeurs les trouvent d'une saveur plus délicate et les payent plus cher que celles que l'on récolte plus tard. Mais que les agriculteurs ne s'y trompent pas : à cette époque, la pomme de terre n'a pas formé sa fécule et ne contient qu'une bouillie aqueuse, sans principes nutritifs et sans éléments de conservation.

La pomme de terre végète en toute saison et sous tous les climats, pourvu que la température de la couche où elle se trouve ne descende pas au-dessous de zéro. Des pommes de terre plantées au commencement d'août 1846, dans le jardin du Luxembourg, ont donné le 6 janvier 1847, après des gelées assez rigoureuses, des tubercules incomplétement mûrs, mais qui approchaient de leur maturité. Il est donc facile de se procurer de bonne heure des tubercules sans aucun frais de serre ou d'orangerie.

Choix de l'engrais.

Cent kilogrammes de tubercules à leur état normal, contiennent 0,36 d'azote et sont accompagnés de vingt-trois kilogrammes de fanes ayant 0,13 d'azote; par conséquent les cent kilogrammes de pommes de terre enlèvent à la terre 0,49 d'azote. Or, si l'on ne consultait que la théorie, il suffirait de donner à la terre un engrais qui lui fournirait la quantité d'azote que la production des pommes des terre va lui faire perdre.

Mais des expériences nombreuses faites en Allemagne où l'on cultive en grand la pomme de terre pour la distillation, constatent que ce précieux tubercule exige des engrais contenant des substances d'une décomposition facile et riches en alcalis et en acide carbonique.

D'après les expériences de Putsh et de Berthuc, les fumiers qui ont donné les produits les plus beaux et les plus abondants sont :

1º Mélange de fumier, de boue d'étang et de mousse;

2º Débris de savonnerie;

3º Mélange de cendres et de fumier d'étable;

4º Fumier d'étable seul.

M. de Dombasle a fait des essais semblables, à la ferme-modèle de Roville et il regarde la question comme si bien tranchée, qu'à l'avenir, dit-il, « je n'amenderai plus la terre destinée aux pommes de terre, qu'avec le fumier de mes étables. »

Cependant, voulant comparer ces deux procédés, j'ai fait répandre une certaine quantité de feuilles de buis dans une raie, par-dessus le fumier d'étable qu'on venait d'y mettre. Cette raie m'a donné des tubercules plus gros que les autres. D'où je conclus, avec les auteurs allemands que je viens de citer, que des débris de végétaux verts mêlés au fumier d'étable, surtout quand ce dernier est trop consommé, augmentent la production de la pomme de terre, et qu'on ne saurait trop les fumer.

C'est d'après ces principes qu'on obtient à côté de nous, à Chambéry, vingt-cinq mille kilogrammes de tubercules par hectare. En Alsace, on en a obtenu vingt-neuf mille.

Choix du terrain et sa préparation.

Mais pour obtenir de si beaux résultats il est indispensable que le terrain, à 0^{m}30 de profondeur, conserve de quinze à dix-huit centièmes de son poids d'eau. Quand le terrain est trop sec, les tubercules s'organisent intérieurement et ne peuvent plus grossir. Alors même que la pluie lui donne momentanément de l'humidité, cette humidité n'a d'autres résultats que la formation d'une multitude de nouveaux tubercules qui restent encore plus petits que les anciens.

Quand le terrain est trop humide, ou quand la couche imperméable à l'eau est trop près de la surface, les tubercules pourrissent. Cependant, en Irlande, où le terrain est habituellement humide, la pomme de terre réussit bien. Mais les Irlandais, quand le sol s'y prête, le défoncent et l'amendent avec de si grands soins qu'ils empêchent à l'eau de séjourner sur les racines de la plante. Quand le sol ne s'y prête pas, c'est-à-dire quand la couche végétale est très-mince et que le sous-sol est inattaquable aux outils d'agriculture, ils placent les pommes de terre en ligne sur le gazon d'un pâturage et les recouvrent de terre au moyen d'une tranchée qu'ils ouvrent à côté et le long de la ligne ensemencée. Par ce procédé, leurs champs de pommes de terre sont divisés en planches ou tables comme nos jardins potagers; les eaux coulent dans les tranchées et ne donnent aux racines que l'humidité nécessaire au développement des tubercules. On cultive ainsi la pomme de terre dans la Sologne, dans le Bourbonnais, aux environs de la Palisse et notamment dans les fermes de M. Camille Biétrix qui y fabrique une quantité considérable de fécule.

Dans nos contrées, il est bien rare que nous soyons obligés d'employer un pareil procédé; mais nous ne devons pas négliger de défoncer le terrain.

M. de Chancey, au Mont-d'Or, près de Lyon, a fait des expériences pour connaître le labour qui convient le mieux à la pomme de terre. En voici le résultat rapporté par M. de Gasparin :

Un hectare labouré et fumé a produit   7,252 kil.

    Id.   bêché et fumé   *id.*   8,699 kil.

    Id.   défoncé et fumé   *id.*   10,905 kil.

Ce qui fait une différence de 3,653 kil. entre le terrain labouré et le terrain défoncé.

On pourrait arguer de l'excellence du terrain du Mont-d'Or, de l'humidité de son climat, etc. ; mais ces causes influent au même degré sur le terrain labouré comme sur le terrain défoncé. Voici au surplus le résultat que j'ai obtenu à Voreppe sur un terrain argilo-calcaire légèrement imprégné d'oxyde de fer et très-caillouteux : sept cents mètres carrés, labourés à quatorze ou quinze centimètres de profondeur et bien fumés, n'avaient produit, en 1851, que trois cent septante-huit kil. de tubercules. En 1855, le même terrain, défoncé à quatre-vingts ou quatre-vingt-cinq centimètres et fumé comme en 1851, a rendu sept cent cinq kil. de tubercules plus gros que les premiers; différence, trois cent vingt-cinq kil.

Mode de propagation et de plantation.

La rareté et la cherté des pommes de terre à l'époque de leur ensemencement, la maladie qui les frappe depuis plusieurs années ont fait rechercher des moyens économiques dans le mode de leur propagation. On a semé les fruits; on a repiqué des boutures; on a semé les plus petits tubercules; on a partagé les gros dont on a fait

14

autant de quartiers qu'il y avait d'yeux bourgeons ; on a même semé des pelures auxquelles
on ne laissait que le germe. La pomme de terre
est si généreuse, que tous ces moyens ont réussi,
abstraction faite de la quantité du produit.

Quelques semis par fractions de quartiers, fa-
vorisés par l'humidité du terrain ou par des saisons favorables, ont donné de si beaux résultats,
que la plupart de nos agriculteurs croient qu'il
faut partager les tubercules, quelle que soit leur
grosseur. Mais des expériences souvent répétées
ont démontré que les plus riches produits proviennent des grosses pommes de terre plantées
entières.

En effet, la pulpe d'un gros tubercule nourrit le germe et l'entretient dans une humidité
nécessaire à son développement. De plus, en
plantant la pomme de terre entière, on est toujours assuré d'y trouver un ou deux germes bien
constitués qui remplacent ceux qui seraient avortés. Dans un quartier, au contraire, on n'a pas
la même assurance : les bons yeux peuvent se
trouver dans l'un et les mauvais dans les autres.
Dans ce cas, et ce cas est d'autant plus fréquent,
que ce sont les femmes et souvent les enfants
qui partagent les pommes de terre, ayant plus
égard à la grosseur des quartiers qu'à la position
et à la constitution des yeux ; dans ce cas,
dis-je, le quartier qui a les bons yeux n'a pas
assez de pulpe pour nourrir les germes ; et les
quartiers qui ont les mauvais yeux ne poussent
point de tiges ou n'en donnent que de languissantes, sans produit.

Toutefois, il ne faut rien exagérer; des tubercules de moyenne grosseur, ou de gros tubercules coupés en deux, pourvu que les uns et les autres aient des yeux bien apparents, seront à très-peu près tout aussi productifs que de très-gros tubercules entiers.

Des expériences tout aussi nombreuses ont été faites sur l'écartement des lignes et sur la distance des tubercules dans les lignes; elles ont constaté que les produits les plus abondants ont été obtenus par un écartement de soixante-cinq à soixante et dix centimètres, entre les lignes, et par une distance de vingt-six à trente-deux centimètres d'un tubercule à l'autre, dans les lignes.

Je ferai pourtant observer que ces chiffres peuvent subir des modifications, selon la nature du terrain, pour l'écartement des lignes, et selon la grosseur des tubercules et le nombre d'yeux bien apparents dont ils sont garnis, pour la distance entre les tubercules.

En effet, si dans un terrain sec vous donnez aux lignes un écartement de 0^m70, le sol ne sera pas suffisamment abrité des rayons solaires et de l'évaporation de l'humidité accidentelle qu'il aura reçue.

Si vous ne semez que de petits tubercules ou de petits quartiers n'ayant qu'un œil, ou deux dont un est faiblement développé, comme chacun de ces petits tubercules ou quartiers ne fera qu'une faible touffe aérienne et peu de tiges souterraines, il sera nécessaire de les rapprocher.

En agriculture, les principes, quelque vrais,

quelque absolus qu'ils soient, ne dispensent ni
de soins, ni d'observations; c'est pour cela qu'il
est si nécessaire à un agriculteur d'étudier son
terrain.

Culture après l'ensemencement.

La culture de la pomme de terre a deux buts :
1º une récolte qui indemnise en grande partie
des frais de défoncement, d'amendement et de
fumure du terrain; 2º la destruction des herbes
et des graines d'herbe qui infesteraient les récoltes suivantes. Ces deux buts sont d'autant
plus faciles à atteindre, que ce que l'on fait pour
l'un, conduit nécessairement à l'autre; car la
pomme de terre prospère d'autant mieux que le
terrain est plus souvent ameubli; et plus souvent
le terrain est ameubli, plus aussi la destruction
des mauvaises herbes est assurée.

Cependant ces travaux d'ameublissement doivent être faits à propos. Si vous retardiez trop
longtemps la première façon, appelée binage,
l'herbe, trop longue et trop enracinée, aurait
déjà nui à la pomme de terre et serait difficile à
arracher; il faudrait faire à la main un travail de
plusieurs jours, que vous auriez fait en quelques
heures avec la herse. Si l'herbe avait déjà formé
sa graine, ce serait bien pire : en arrachant
l'herbe, vous répandriez partout de la graine
qui pousserait avec rapidité et profusion dans
une terre fraîchement remuée : littéralement,
vous auriez fait une mauvaise prairie au lieu d'un
champ de pommes de terre. Il en serait de même

de la seconde façon, si vous la donniez dans les mêmes conditions.

Voici donc comment il faut opérer :

1° Quand les pommes de terre commencent à se montrer, on passe la herse sur toute l'étendue du champ, d'abord en long, ensuite en travers. Ces deux passages croisés enlèvent les jeunes herbes et ameublissent le terrain ;

2° Quinze ou vingt jours après, les tiges aériennes des pommes de terre ont de dix à quinze centimètres de hauteur, et quelques herbes ont repoussé. On passe alors la houe à cheval entre les lignes, et une femme suit pour arracher l'herbe qui se trouverait dans la ligne, échappant ainsi à l'action de la houe ;

Quinze ou vingt jours après, même plus tôt, si les touffes de pommes de terre ont pris assez de développement, on passe la charrue à deux versoirs entre les lignes pour butter les tiges.

Ces trois opérations suffisent ordinairement, car alors les mauvaises herbes ont été détruites et les touffes de pommes de terre ne tarderont pas à couvrir entièrement le terrain. Toutefois, il faut se garder de les faire quand la terre est humide.

Quelques fermiers ont cru pouvoir, sans inconvénient, couper la fane des pommes de terre avant leur flétrissure et la faire manger aux bestiaux. D'abord, c'est la plus mauvaise nourriture qu'on puisse leur donner ; et il n'est pas rare d'y trouver de grosses chenilles vertes qui leur donneraient des tranchées et pourraient tarir ou corrompre le lait des vaches. Ensuite, il est avéré par les expériences faites en France par Mollerat, et en Angleterre par Anderson, que l'enlèvement des fanes diminue la récolte d'un tiers, d'un quart, d'un cinquième, selon l'époque de cet enlèvement. La diminution serait de moitié, et même plus, si l'enlèvement avait lieu avant la floraison.

D'ailleurs, je vous ai dit en traitant des engrais, d'après plusieurs agronomes célèbres, qu'il était utile de donner quelquefois à la terre des engrais végétaux. Eh bien, l'occasion se présente naturellement ici de lui donner ce rafraîchissement salutaire. Profitez-en. Enfouissez les fanes de pommes de terre, aussitôt après la récolte, par un labour de seize à vingt centimètres. Par là, vous rendrez à la terre une grande partie de l'azote que cette récolte lui a enlevé; vous commencerez la destruction des herbes spontanées et vous préparerez le succès de la récolte suivante.

CHAPITRE V.

DU MAÏS.

Le maïs, vulgairement appelé blé de Turquie, est une plante annuelle de la famille des graminées. Ses racines sont fibreuses et traçantes. Sa tige est droite, épaisse, articulée et moelleuse ; ses feuilles sont alternes, allongées, engainantes, striées et d'un vert foncé ; elle porte sur la même tige des fleurs mâles et des fleurs femelles; les fleurs mâles forment le beau panicule qui couronne la tête de la tige ; les fleurs femelles sont placées au-dessous, sont axillaires et sessiles et forment un gros épi cylindrique enveloppé de plusieurs spathes ou feuilles qui le garantissent de la pluie et des ardeurs du soleil, et duquel pendent de longs filets soyeux en forme de houpe. Ces fleurs femelles sont remplacées par dix, douze et souvent quatorze rangées de trente à trente-six grains, ce qui, à deux épis par tige (il y en a souvent trois dans une terre bien préparée), donne un produit de six cents à mille grains pour un.

Cette graminée originaire de l'Inde et de l'Amérique a été introduite en Europe vers le commencement du XVIᵉ siècle. En Italie elle est, après le

froment, la base de l'alimentation, surtout en
Lombardie.

Les Lombards font, avec sa farine, des potages
au lait, au bouillon ou au beurre. Les ouvriers et
les agriculteurs en font une bouillie épaisse qu'ils
appellent *pollenta*. En Bourgogne on la prépare à
peu près de même et on lui donne le nom de
gaude. Dans les Cévennes, on en fait une pâte qui,
cuite au four, reçoit le nom de *milias* ou *milliasse*.
Dans le royaume de Naples on en fait des gâteaux,
des biscuits, toute espèce de pâtisseries. Partout
on la cultive; ses grains secs ou ramollis dans de
l'eau tiède servent à nourrir de la volaille. C'est
à cette nourriture que les oies de Gascogne, les
chapons et les poulardes de Bresse doivent leur
excellence et leur renommée. Mêlée par moitié
avec la farine de froment, la farine de maïs fait
un pain aussi succulent que beau. Les spathes ou
feuilles qui recouvrent l'épi sont extrêmement
recherchées pour la garniture des paillasses.
Semé très-dru sur un terrain bien préparé et bien
fumé, le maïs fait un fourrage vert aussi abondant que nourrissant pour les bêtes à cornes, qui
le mangent avec avidité. Enfin, ses tiges prépa-
rées comme je vous l'ai dit au chapitre VIII font
un excellent engrais.

En Italie, où le maïs est cultivé en grand, en
Provence, où sa culture a pris un assez grand
développement, les variétés de cette plante sont
nombreuses; mais dans le Graisivaudan on ne le
cultive que comme récolte accessoire ou comme
fourrage vert; aussi n'en trouvons-nous que trois
variétés sur nos marchés.

1° Maïs à grain jaune orangé, épi de douze à quatorze rangées de trente à trente-cinq grains; tube de 1ᵐ45 de hauteur moyenne. Cent épis produisent sept à huit kilogrammes de grains. L'hectolitre pèse soixante-cinq ou soixante-huit kilogrammes. En Italie, il en pèse dix ou douze de plus. C'est la variété la plus rustique et la moins difficile sur la nature du terrain;

2° Maïs blanc-jaune, épi très-gros composé de dix à douze rangées de trente-cinq à quarante grains; tige de 1ᵐ50 à 2 mètres de hauteur ayant souvent deux et quelquefois trois épis très-gros, composés de dix à douze rangées de trente-cinq à quarante grains dans les terrains profonds et riches en azote; cette variété est plus hâtive et plus productive que la précédente;

3° Maïs quarantin (ou de quarante jours), ainsi appelé à cause de la promptitude de sa végétation; épi de huit à dix rangées de vingt-quatre à vingt-huit grains. Cent épis ne donnent que cinq ou six kilogrammes de grains. L'hectolitre pèse soixante-quinze kilogrammes. Sa tige ne dépasse pas 1ᵐ30 de hauteur. Son grain, plus petit que celui des deux variétés précédentes, est très-propre à la nourriture de la volaille, ce qui lui fait donner, dans quelques contrées, le nom de maïs à poulet. Sa précocité le fait préférer à toutes les autres variétés pour fourrage vert. Semé du 1ᵉʳ au 15 avril, à peu de profondeur, on peut le faucher dès le 15 juin. Les épis, si on le laissait en terre, seraient mûrs vers la fin du mois d'août. Son seul défaut, et il est bien faible, est la petitesse des feuilles qui recouvrent l'épi. On préfère celle des grandes variétés pour la garniture des paillasses.

Il existe une quatrième variété bien plus petite encore, dont j'ai trouvé quelques épis à Saint-Marcellin, où on la désigne sous le nom de maïs à pigeon. Sa tige ne s'élève pas à plus de 0^{m}75 de hauteur ; l'épi et les grains dont il est composé n'ont que la moitié de la grosseur du précédent. Semé dans mon enclos, il y a parfaitement réussi ; les pigeons en sont très-friands.

Culture du maïs pour le grain.

Le maïs vient dans tous les terrains pourvu qu'ils soient profonds et ameublis. Cependant il réussit mieux dans une terre légère et sablonneuse que dans celles qui sont fortes et argileuses.

Quand on le sème pour le grain il exige non-seulement beaucoup d'engrais, mais encore un engrais riche en principes alcalins (soude et potasse). Si le sol est dépourvu d'éléments calcaires, il est nécessaire d'y répandre de la chaux. A défaut de chaux, le plâtre y produira de bons effets. A défaut de chaux et de plâtre, l'écobuage du terrain lui sera extrêmement avantageux.

Le maïs est aussi généreux que la pomme de terre. Dans un sol défoncé, labouré, amendé et fumé, comme le serait une chènevière, il peut rendre soixante-dix ou soixante-douze hectolitres de grains par hectare.

Quels qu'aient été les travaux de défoncement, d'amendement et de destruction d'herbes que vous aurez fait subir à la terre que vous destinez

à produire du maïs en grains, il sera nécessaire
de la labourer profondément avant les gelées, afin
de détruire les larves d'insectes qui attaqueraient
les racines de la plante. Après l'hiver on y répand
le fumier et on l'enterre par un léger labour.
Quinze jours ou trois semaines après, on détruit
les herbes spontanées par un labour d'extirpateur.
Si la température tarde à s'élever, un second tour
d'extirpateur sera nécessaire, car il est important que la terre soit bien nette.

Aussitôt que la température s'est élevée à douze
degrés à l'ombre, on prépare sa semence afin
d'être prêt à la mettre en terre aux premiers
beaux jours. On la met dans un baquet plein
d'eau ; on remue et on rejette tous les grains qui
viennent à la surface de l'eau : ce sont ordinairement ceux du haut et du bas de l'épi ; ils sont
plus petits et plus légers que ceux du milieu et
ne sont bons qu'à engraisser la volaille. En sortant les grains du baquet, on les saupoudre de
plâtre afin de les préserver de la voracité des
rats.

Beaucoup d'agriculteurs sèment le maïs à la
volée, sauf à l'éclaircir plus tard en arrachant une
grande partie des plantes qu'ils donnent aux
bestiaux. Une seule chose peut justifier un pareil
procédé : c'est le besoin de fourrage vert. Mais il
est impossible de faire cette opération sans frois-
ser les tiges conservées ; il est impossible de la
faire assez régulièrement pour ne point gêner le
passage de la houe à cheval et de la charrue à
deux versoirs. On se condamne donc à faire à la
main les sarclages, les binages, les buttages si

nécessaires au prompt développement et à la grande production du maïs.

Il vaut mieux, par conséquent, le semer comme les pommes de terre, en lignes espacées de soixante-cinq à soixante-dix centimètres, et mettre trente ou trente-deux centimètres d'intervalle entre chaque poquet de deux ou trois graines. A ces distances, le champ sera suffisamment garni, et chaque groupe de deux ou trois plantes aura assez d'air et de soleil pour végéter vigoureusement.

En Alsace, les lignes ont 0^{m}96 d'écartement et les poquets de deux ou trois grains sont à trente-deux et quelquefois trente-cinq centimètres l'un de l'autre. Les allées sont dirigées du nord au midi, afin que les pieds du maïs soient le plus longtemps possible frappés par les rayons solaires. Mais dans cette province, où l'agriculture est très-perfectionnée, le maïs n'est qu'accessoire; on sème d'autres végétaux entre les plantes de maïs, et tous les travaux de propreté et d'ameublissement se font à la main. C'est une culture vraiment jardinière. La profondeur du semis est loin d'être indifférente pour toute espèce de graines; elle est très-importante pour le maïs.

En principe, un grain quel qu'il soit, met d'autant plus de temps et a d'autant plus de peine à lever, qu'il a été enterré plus profond. Une plante qui, par quelle cause que ce soit, lève lentement ou difficilement, est toujours faible, étiolée et sans produits.

Le maïs subit tellement la rigueur de ces principes, que Burger, cité comme autorité par M. de Gasparin, a fait des expériences sur ce point délicat; elles constatent que le maïs, enterré à trois, quatre ou cinq centimètres, lève au bout de huit ou dix jours; de six à dix centimètres, il lève au bout de douze ou quinze jours; de douze à quinze centimètres, il lève au bout de vingt à vingt-cinq jours, quand les rats ne l'ont pas dévoré.

Il n'y a donc pas à hésiter à ne le semer que de trois à cinq centimètres de profondeur, ce qui est difficile à faire régulièrement par un semis à la volée.

Dès que le maïs a 0^{m}15 de hauteur, on lui donne une première culture. Quand il a 0^{m}25 de hauteur, on lui en donne une seconde et on arrache les plants faibles. Ces deux cultures sont faites avec l'extirpateur, la herse ou la houe à cheval, selon la friabilité ou la tenacité du terrain.

Cependant le grand espacement qu'on donne aux tiges de maïs laisse le terrain à découvert pendant toute la première période de sa végétation; aussi quelques agriculteurs laborieux lui associent, comme en Alsace, des végétaux dont la maturité est assez précoce pour s'achever avant l'époque où le maïs leur déroberait le soleil, ou assez tardive pour qu'elle ait lieu après son enlèvement. Ce sont des haricots nains, des pommes de terre, des citrouilles, des betteraves, etc. Alors on conçoit que les deux premières cultures dont je viens de parler ne peuvent être faites qu'à la main.

Le maïs a beaucoup de propension à former de nouvelles racines qui partent des nœuds inférieurs de la tige. Ces nouvelles racines augmentent sa vigueur et sa production; il faut donc en faciliter le développement en buttant les tiges comme on fait aux pommes de terre, dès que les tiges ont atteint 0ᵐ32 de hauteur. Il est souvent nécessaire de les butter une seconde fois.

A l'approche de la floraison, les tiges poussent de nouveaux rameaux, dont les épis n'auraient pas le temps de mûrir; on peut les enlever et les donner aux bestiaux.

Mais on doit laisser intactes toutes les feuilles, même celles du sommet. Je crois, avec M. Pfluguer, que toutes sont utiles et même nécessaires à la végétation de la plante.

Cependant le retranchement de la fleur et des feuilles du sommet de la tige peut avoir lieu, sans inconvénient, quand la plante approche de sa maturité, c'est-à-dire quand la houpe de l'épi commence à sécher et à noircir. Ces feuilles sont encore muqueuses, sucrées et flexibles, et fournissent un fourrage très-nourrissant.

La maturité du maïs s'annonce par le dessèchement des feuilles de la plante, par le dessèchement et l'écartement des feuilles qui enveloppent l'épi; elle a ordinairement lieu quatre mois après le semis, quand tous les soins et travaux que nous avons indiqués ont été pris et exécutés. Mais comme il ne risque pas de s'égrener, on peut en retarder la récolte sans risques.

Du maïs, fourrage vert.

Le maïs, cultivé pour fourrage vert, demande une terre aussi bien préparée que celle où l'on sème du maïs pour grains; mais, une fois semé, il n'exige plus aucun soin.

S'il a été semé très-épais, et seulement à quatre ou cinq centimètres de profondeur, il lèvera du huitième au dixième jour et aura un mètre de hauteur à la fin du mois de mai ou dans les premiers jours de juin, même plus tôt, si on a semé du quarantin. On peut alors commencer à le faucher pour la nourriture des bestiaux.

Il est mangé avec avidité par les vaches, les bœufs et les chevaux; tous s'en trouvent très-bien : il leur donne de la gaieté et de l'embonpoint. Cependant on a remarqué que les vaches qui en sont nourries à discrétion perdent de leur lait; ce qui prouve que cette nourriture, tout agréable qu'elle est aux bestiaux, ne contient pas assez de principes nutritifs, et qu'ils ont besoin d'en manger beaucoup pour se sentir rassasiés : d'où il suit une fatigue d'estomac et une diminution de vigueur.

Nos savants agronomes, de Gasparin, Schwartz, Villeroi, etc., ont cherché à remédier à ce double inconvénient de prodigalité de fourrage et de perte de vigueur; ils l'ont fait disparaître en mêlant à la ration de chaque bête un tiers de trèfle sec ou d'avoine.

Ainsi, une vache laitière de moyenne grosseur mangerait, par jour, cinquante kilogrammes de maïs vert qui équivalent à douze kilogrammes de fourrage sec : c'est à peu près la ration de toutes les bêtes de travail ; il faut en retrancher un peu plus du tiers et le remplacer par cinq kilogrammes de trèfle sec , ou par trois kilogrammes d'avoine ou de maïs en grains concassés.

Nous avons vu que la végétation du maïs est très-prompte. C'est un grand avantage sans doute ; mais il ne repousse pas comme le trèfle , et malgré ses qualités rafraîchissantes et améliorantes du lait, on ne le cultive qu'à la dérobée dans nos campagnes. Voici un procédé aussi profitable qu'ingénieux puisé dans M. de Gasparin. Je le simplifie pour être plus vite et plus facilement compris, et je l'applique à notre climat moins chaud que celui de la Provence.

Une vache laitière mange , par jour , cinquante kilogrammes de maïs vert. Ces cinquante kilogrammes sont produits par 11ᵐ26 carrés de terrain. Il faut donc trente fois 11ᵐ26 de terrain pour nourrir une vache pendant un mois , soit 337ᵐ80 , et pendant deux mois 675ᵐ60.

Mais le problème est de la nourrir pendant quatre mois, avec ces 675ᵐ60. Pour le résoudre il suffit d'ensemencer ces 675ᵐ60 en deux fois : la moitié au 1ᵉʳ avril, la seconde moitié le 1ᵉʳ mai.

Les 337ᵐ80 semés le 1ᵉʳ avril en maïs quarantin seront prêts à être fauchés par fractions de 11ᵐ26 dès le 1ᵉʳ juin et nourriront la vache pendant tout ce mois. Le 1ᵉʳ juillet vous labourez. Vous ressemez du maïs quarantin qui sera en

coupe dans la dernière quinzaine d'août et durera jusqu'au 20 septembre environ.

Les 337^{m}80 semés le 1er mai en maïs quarantin
seront prêts à être fauchés le 1er juillet quand
celui du 1er avril sera consommé et il nourrira la
vache jusqu'au 29 juillet. Vous le ressemez comme
le premier et il vient le remplacer du 21 septembre au 21 octobre, précisément à l'époque où
il faut préparer la terre à recevoir du blé.

CHAPITRE VI.

—

DE LA BETTERAVE.

La betterave est une plante bisannuelle de la
famille des chénopodées. Les botanistes la considèrent comme une variété de la poirée, vulgairement appelée *bette* et *blette* dans nos contrées
et même dans le Lyonnais. Cependant elle s'en
distingue par sa racine fusiforme ou cylindrique,
selon les espèces, et rarement divisée, si ce n'est
dans les terrains impropres à sa culture. Ses
fleurs sont aussi différentes : rassemblées dans la
betterave, elles sont groupées de trois en trois
dans la poirée. Elle a de tout temps été cultivée
dans le midi de l'Europe, comme plante pota-
gère et alimentaire. Les progrès de l'agriculture
l'ont étendue vers la fin du dix-huitième siècle,
à la nourriture des bestiaux, qui en mangent les
feuilles avec autant de plaisir qu'ils en mangent
la racine, surtout les vaches, dont elles améliorent singulièrement le lait, et les cochons,
qu'elles engraissent promptement.

Vers 1805, la rareté et la cherté du sucre des
colonies firent rechercher si on ne pourrait pas le
remplacer par un sucre indigène. Un grand nombre de plantes furent analysées. Le chimiste

Chaptal ayant reconnu que la betterave (racine)
contenait en moyenne douze pour cent de sac-
charine, c'est-à-dire de principes sucrés, en re-
commanda et en enseigna la culture dans un
traité spécial qui, avec les encouragements du
Gouvernement impérial, fut le signal du développement immense que la culture de cette
plante a pris en France. Le sucre qu'on en retire
rivalise tellement avec celui de la canne à sucre
cultivée dans les Antilles, qu'il faut savoir leur
origine pour les reconnaître.

Et voyez, mes enfants, combien l'agriculture
est redevable à la science! Nos chimistes ayant
découvert que la fermentation du principe su-
cré produisait de l'alcool et par suite de l'eau-
de-vie, la culture de la betterave s'est encore
étendue et son alcool vient remplacer l'alcool de
raisin, que la maladie de la vigne rend si rare et
si cher.

Il y a plusieurs variétés de betteraves :

1° La grosse rouge, dite de Castelnaudary,
très-sucrée et très-savoureuse, cultivée dans les
jardins ;

2° La petite rouge ordinaire ;

3° La jaune, longue, ordinaire; sa racine est
allongée en forme de fuseau et sort de terre;
elle est très-nourrissante ;

4° La jaune d'Allemagne; racine ronde, croissant en terre, et préférée à la précédente pour
la nourriture du bétail, mais elle exige un terrain plus riche et une culture plus soignée;

5° La blanche de Silésie; sa racine, très-
grosse et peu allongée, croît en terre; c'est la

variété qui contient la plus grande somme de principes sucrés; aussi c'est celle que l'on cultive dans nos départements du Nord, de préférence à toutes les autres, pour les fabriques de sucre;

6° La betterave champêtre; chair blanche marbrée de rose ou de rouge; racine très-volumineuse; affectant plusieurs formes selon la légèreté et la profondeur du terrain. La vigueur de sa végétation, la facilité de sa récolte et la quantité d'azote qu'elle renferme lui donnent le premier rang pour la culture en plein champ et pour la nourriture des bestiaux. D'après les analyses de M. Boussingault, la blanche de Silésie est plus riche en sucre; mais elle ne renferme que 1,43 pour cent d'azote à l'état sec, tandis que la champêtre en contient 1,70.

Mode de végétation.

La graine de betterave est une agglomération de trois ou quatre semences formant un tout bosselé et irrégulier. Sa végétation ne commence que par une température de + sept degrés au moins. Elle pousse une radicule qui s'enfonce dans la terre et une plantule qui s'élève au-dessus du sol après avoir percé la faible couche de terre qui la recouvre. A mesure que la plantule grandit et prend des feuilles, il se forme autour de la radicule un revêtement de pulpe qui grossit de haut en bas en forme de cône renversé et par couches concentriques, selon le temps qu'elle reste en terre et selon le degré d'humidité du sol et la quantité de nourriture absorbée par la plante. La radicule, devenue racine, continue à s'enfoncer en dépassant toujours de quelques centimètres le revêtement de pulpe qui la cache à nos yeux et auquel nous donnons, par confusion, avec la vraie racine, le nom de racine.

Nous avons dit en commençant que la betterave est une plante bisannuelle (vivant deux ans); ce n'est en effet que la seconde année de sa vie que la tige s'allonge et produit des fleurs et des graines. Or, vous devez comprendre qu'à quelque époque de la première année qu'on la récolte, elle n'est pas mûre, et que plus on en recule l'arrachement, plus aussi elle aura acquis de volume, de principes sucrés et de principes alimentaires. C'est en effet ce qui a lieu : elle grossit peu en été, surtout quand la saison est sèche; mais aussitôt que les pluies qui précèdent l'équinoxe lui donnent l'humidité dont elle a besoin, elle prend un rapide accroissement qui ne s'arrête plus que lorsque la température moyenne du jour descend au-dessous de + neuf degrés, ce qui arrive dans nos contrées vers la fin d'octobre.

Nature du terrain. — Engrais.

La betterave réussit partout, pourvu que le terrain soit frais, profond, riche en engrais et parfaitement ameubli. Si elle a mieux prospéré dans nos terrains sablonneux que dans nos terrains argileux, c'est qu'elle a trouvé dans les terrains sablonneux un ameublissement naturel

qu'on a négligé de donner aux terrains argileux.
Elle ne redoute réellement que les sols sans profondeur, trop calcaires ou trop siliceux, trop
prompts à se dessécher.

Cependant, quelque propice qu'une terre soit
à la betterave, cette plante n'y obtiendra qu'un
bien médiocre succès si la terre est épuisée par
une longue succession de récoltes, à moins que
vous lui donniez une ample fumure avant l'hiver et une seconde fumure au printemps formée
d'engrais liquides ou assez consommés pour que
leurs effets se fassent immédiatement sentir.
C'est toujours ainsi que l'on procède quand la
betterave est la première récolte de l'assolement :
elle est tout aussi exigeante que le chanvre. Au
moyen de cette double fumure, elle prendra un
grand accroissement qui indemnisera d'autant
plus des avances qu'on aura faites, qu'elle absorbe
moins d'engrais que le chanvre et la pomme de
terre.

Travaux préparatoires. — Semis.

Avant l'hiver, on couvre le terrain de fumier
et on l'enterre par un labour aussi profond que
possible : au moins 0^m25.

Au printemps, on passe et repasse l'extirpateur et le scarificateur jusqu'à ce que la terre
soit bien nette et que l'on sente à la main que
l'instrument n'éprouve aucune résistance dans
sa marche; ce qui annonce que la terre est aussi
bien brisée dessous que dessus.

Aussitôt que la température moyenne du jour

se maintient au-dessus de + sept degrés, on répand sur le sol un engrais liquide ou en poudre, ou extrêmement consommé, et on l'enterre par un léger labour de huit à dix centimètres de profondeur, sur lequel on sème la graine en lignes espacées de quarante-cinq à cinquante centimètres, au fur et à mesure du labour. On herse et on passe le rouleau.

Dans les contrées de petite culture, on procède autrement : la terre étant bien préparée, un homme trace de petits sillons au cordeau avec une petite houe à main ; une femme sème la graine dans la raie ; un troisième ouvrier la recouvre avec un râteau, et un quatrième plombe la terre avec une planchette de jardinier.

Quand les feuilles ont acquis vingt ou trente centimètres de hauteur, on donne un premier binage, on sarcle et on éclaircit les plants de manière à laisser entre eux trente centimètres.

On donne aux bestiaux les plantes arrachées.

Quinze jours après le premier binage, on en donne un second ; et on répète cette opération aussi souvent que la mauvaise herbe reparaît, ou qu'après un temps sec et chaud, il y a probabilité de pluie. Chaque fois aussi qu'on y procède, il faut avoir soin d'arracher les plantes de betterave qui sont faibles ou trop rapprochées d'une plante vigoureuse ; elles en seraient étouffées, ne produiraient presque rien et nuiraient au développement de la plante plus forte qu'elles. Il vaut mieux en faire profiter les bestiaux, ou les repiquer dans les lacunes, s'il en existe.

Du repiquage.

Le repiquage de la betterave n'est pas aussi simple qu'on pourrait le croire. Quand la plante est trop jeune, elle ne reprend pas : c'est pour cela qu'on donne aux vaches toutes celles qu'on arrache lors du premier binage. Elle ne reprend bien que quand la racine a au moins quinze millimètres de diamètre, et encore il faut que le terrain soit naturellement frais ou récemment humecté. Ainsi, quand on a des lacunes à remplir ou un terrain préparé d'avance pour recevoir les plantes superflues, on fait coïncider l'âge de la plante et l'humidité du terrain avec le sarclage et le binage de la pièce tout entière, et on opère le repiquage. On y procède comme pour beaucoup de plantes jardinières, en coupant les feuilles à dix ou douze centimètres du collet pour diminuer l'évaporation de la plante pendant la reprise, et en retranchant avec l'ongle du pouce l'extrémité chevelue de la racine qui s'arrangerait mal dans un trou fait avec le plantoir. On serre ensuite la terre tout autour de la racine avec le bout du plantoir, afin qu'elle ne se trouve pas dans le vide.

Le repiquage retarde nécessairement la végétation et par conséquent le développement de la betterave; ainsi on peut les rapprocher un peu plus les unes des autres. Il est possible aussi que quelques-unes ne reprennent pas; il y aurait alors de trop grands vides, si on les plantait à trente centimètres les unes des autres;

vingt centimètres entre les plantes repiquées m'ont toujours paru suffisants.

Effeuillage de la betterave.

On cultive à présent la betterave pour sa racine, soit comme matière sucrée, soit comme aliment pour les bestiaux. Mais, dans le dernier siècle, on la cultivait pour sa feuille, dont les vaches sont très-friandes, il est vrai, mais qui, à tout prendre, fait un fourrage vert de peu de valeur.

En souvenir de cette ancienne culture, quelques agriculteurs veulent la cultiver simultanément pour la feuille et pour la racine. Chaque soir ils vont effeuiller leurs betteraves pour donner un *bon souper à leur vache*. Qu'arrive-t-il de ce procédé? c'est qu'ils n'ont pas, soit en feuilles, soit en racines, le quart du produit qu'ils auraient en procédant autrement.

Pour avoir beaucoup de feuilles, il faut semer épais; et pour avoir beaucoup de racines, il faut semer très-clair. Ainsi, il faut d'avance faire son choix. Ce choix ne peut être douteux, dès l'instant qu'il est constaté que la feuille est un fourrage bien inférieur au trèfle, au maïs et à la poisette, et que la racine donne un produit dix fois plus considérable que la feuille. Vous cultivez donc la betterave pour sa racine. Or, il ne faut rien faire qui puisse arrêter ou diminuer le développement de cette racine.

La betterave, comme toutes les autres plantes, vit autant par ses feuilles que par sa racine. En

la dépouillant de l'un de ses moyens d'existence,
on l'empêche de grossir. Elle craint la sécheresse et la grande chaleur. En la privant de
l'ombrage que Dieu lui a donné, on augmente
la sécheresse du terrain et on expose sa racine
aux ardeurs du soleil, ce qui achève son dépéris-
sement.

Schwerz rapporte dans son *Traité de l'Agriculture belge*, que des betteraves non effeuillées,
produisaient neuf cent vingt-cinq paniers de
racines par hectare; d'autres, effeuillées une
fois, huit cent cinquante-neuf paniers; celles
qui sont effeuillées deux fois ne produisaient
plus que cinq cent trente-neuf paniers.

M. de Gasparin complète ces renseignements.
« Nous pensons, dit-il, qu'en effeuillant avec
modération, c'est-à-dire *en n'enlevant que la feuille
inférieure de chaque plante*, on ne nuit pas au
produit des racines; et, *quand les autres fourrages verts manquent*, on se procure ainsi une
masse considérable de nourriture que nous
croyons bonne et saine. »

Il résulte de ces expériences et des termes
employés par M. de Gasparin, que l'effeuillage
de la betterave nuit considérablement au produit des racines; mais que lorsque les fourrages
verts manquent, et dans une exploitation bien
conduite, ils ne manquent qu'au mois d'octobre,
on peut, sans nuire au produit des racines; enlever la feuille inférieure. En effet, à cette époque, les chaleurs sont passées; la terre a été
profondément humectée par les pluies de l'équinoxe, les betteraves sont à l'abri de tout dan-

ger. De plus, les feuilles plus épaisses, plus
azotées que pendant l'été, sont alors une nourriture aussi saine qu'abondante pour les bestiaux.

Récolte de la betterave.

L'époque de la récolte de la betterave est
relative à la plante que l'on veut faire produire
à la terre l'année suivante. Si c'est du blé, il
faut arracher les betteraves fin septembre ou
dans les premiers jours d'octobre, afin que le
terrain ait le temps de s'asseoir et que le blé
puisse lever et taller avant l'hiver. C'est un grand
sacrifice, sans doute, car on arrache la betterave au moment où elle grossit le plus. Mais
quand il y a nécessité (et cette nécessité arrive
presque tous les ans chez nos petits propriétaires
et chez nos petits fermiers), il vaut mieux sacrifier un tiers et même la moitié des betteraves
que de compromettre sa récolte de blé.

Mais si l'on a pu, sur l'étendue de ses terres
labourables, réserver seulement cinquante ares
de terrain pour la nourriture de ses bestiaux,
ce n'est pas du blé qu'il faut semer après la betterave, c'est du maïs, fourrage qui viendra très-
bien sans nouvel engrais. Alors, n'étant plus
pressé de semer, puisque le maïs n'est semé
qu'au printemps suivant, on laisse la betterave
en terre tant que la température moyenne du
jour ne descend pas au-dessous de + dix degrés.

Alors, si vous avez observé les distances indiquées, si vous avez donné à la terre la double

l'umure et les labours prescrits, vous pouvez avoir par hectare soixante-six mille betteraves, pesant en moyenne six cents grammes, ce qui fait trois cent quatre-vingt-seize quintaux métriques qui, à 2 francs l'un, font 792 francs de produit par hectare. Je ne compte pas dans ce produit la masse énorme de feuilles que vous aurez à donner aux bestiaux, ou que vous pourrez employer comme engrais végétal. Beaucoup d'agriculteurs préfèrent ce dernier parti depuis qu'ils savent que ces feuilles contiennent 1,70 pour cent d'azote.

Ne croyez pas que j'exagère le produit de cette culture. Je vais prouver mon estimation par ce qui se fait et ce qui arrive dans le département du Nord où la betterave est cultivée en grand pour la fabrication du sucre.

Les uns espacent les lignes de quarante-huit centimètres et laissent quarante centimètres d'intervalle entre les plantes ; ce qui donne cinquante-deux mille six cent quatre plantes par hectare. Les autres espacent les lignes de cinquante-quatre centimètres et ne laissent que vingt-quatre centimètres entre les plantes ; ce qui fait soixante-dix-sept mille plantes par hectare. Il en est qui plantent en carré à quarante centimètres en tous sens, ce qui donne quatre-vingt-dix-huit mille plantes. Dans ces trois cas, dit M. de Gasparin, on obtient des récoltes de quarante mille kilogrammes, qui font quatre cents quintaux métriques, à 2 francs l'un, 800 francs de produit par hectare !

Encore, il ne faut pas oublier que dans le dé-

partement du Nord, on ne cultive que la blanche
de Silésie, qui contient plus de matière sucrée,
mais qui ne prend pas autant de développement
que la variété dite *champêtre* que nous cultivons
dans nos contrées pour la nourriture de nos
bestiaux pendant l'hiver.

Mais voici venir M. Kœchlin avec des betteraves
de quatorze à dix-sept kilogrammes et des récoltes de trois cent quarante mille kilogrammes
par hectare. Prêtez-moi encore quelques instants d'attention et vous verrez ce que la réflexion et l'intelligence, unies au savoir, peuvent
en agriculture.

Méthode Kœchlin.

M. Kœchlin est un ancien député et un habile
agronome de l'Alsace. Sachant que la betterave-
racine grossit la première année en proportion
du temps pendant lequel elle jouit de l'humidité
nécessaire à sa végétation, il chercha le moyen
de prolonger son séjour dans la terre. Devancer
son semis sur place était aussi impossible que
de la laisser en terre après la Toussaint : l'abaissement de la température était un obstacle in-
vincible. Il imagina de la traiter comme des
melons, des aubergines, des patates et autres
plantes étrangères que l'art du jardinier a introduites dans nos climats. Il en sema plusieurs
graines sur couche dès le mois de janvier, et
eut le bonheur de les voir prospérer au point que,
vers le quinze avril, époque du semis sur place,
les racines avaient de quinze à dix-sept milli-

mètres de diamètre; par conséquent dans les
meilleures conditions de temps et de grosseur
pour la transplantation. Il les repiqua dans un
terrain bien préparé; et au mois d'octobre, il
avait des betteraves du poids de dix-sept kilogrammes.

Le secret était trouvé; il ne s'agissait plus que
de l'appliquer à la grande culture. Il calcula que
quarante mètres carrés de couche suffiraient pour
produire, à petite distance les uns des autres,
vingt mille plants qui, repiqués à 0,50 d'intervalle et en lignes espacées d'un mètre, rempli-
raient un hectare.

Il n'hésita pas; et Dieu bénissant son entreprise, il eut au mois d'octobre vingt mille betteraves de quatorze à dix-sept kilogrammes, qui,
à quinze kilogrammes l'une, terme au-dessous
de la moyenne, font une récolte de trois cent
mille kilogrammes ou trois mille quintaux métriques, à 2 francs l'un, — 6,000 francs.

M. Auguste de Gasparin, frère de l'illustre auteur, que je vous ai souvent cité, suit le même
procédé à Orange, et il obtient, dans cette contrée si chaude et si sèche, cent dix mille kilogrammes de racines par hectare, là où, par la
méthode des semis sur place, il en obtenait
à peine vingt mille.

Ce procédé a été expérimenté en 1852 à la colonie de Mettray; et malgré l'exiguïté des plants,
la sécheresse du printemps et la mauvaise qualité
du terrain, il a rendu cent cinquante-un mille
kilogrammes de betteraves par hectare. Tandis
que des betteraves, cultivées dans le même ter-

rain, dans les mêmes conditions de fumure, par
la méthode du semis sur place, n'ont produit
que cinquante mille kilogrammes de racines.
(Comptes rendus de Mettray, année 1852.)

CHAPITRE VII.

DES CÉRÉALES.

L'ancienne mythologie grecque et latine attribuait à une femme nommée *Cérès* la découverte du blé, et, selon sa coutume, elle l'avait décorée du titre de déesse des moissons. Par conséquence, les Latins ou Romains donnèrent à toutes les plantes qui produisent des grains propres à faire du pain, le nom de *céréalis*, c'est-à-dire donnée ou découverte par *Cérès*. C'est de ce mot latin *cerealis* que la langue française a fait celui de céréales pour désigner les mêmes plantes. Ainsi, le froment ou blé, le seigle, l'orge, le maïs, l'avoine, le riz, le millet, plantes de la famille des graminées, sont des céréales.

Du blé ou froment.

Il existe plusieurs variétés de blé que l'on peut réduire à quatre principales : l'*épautre*, le *froment à épi rameux*, le *froment de Pologne*, le *froment commun*, qui est le plus généralement cultivé :

1° *L'épautre*. Son épi est un peu comprimé et dépourvu de barbes. Si quelques épis en ont dans leur partie supérieure, elles sont très-courtes. Les petits épis qui forment l'épi général sont composés de quatre fleurs, dont une et souvent deux sont infertiles; ce qui réduit son produit à six ou huit pour un. Mais il a l'avantage de résister aux plus grandes gelées et de réussir dans les plus mauvais terrains. On le cultive avec succès dans les parties élevées des Alpes, des Vosges, des Cevennes et du Limousin, et sur les deux rives du Rhin. Sa farine est très-blanche et d'une excellente qualité, ce qui la fait rechercher en Allemagne et en Alsace pour la pâtisserie.

2º *Le froment à épi rameux.* Cette espèce est celle qu'on désigne vulgairement sous le nom de blé d'abondance ou de blé barbu, ou plus vulgairement encore sous le nom de gros blé ou blé de Barbarie, d'où les premières semences sont venues. Le Dictionnaire d'Agriculture lui donne le nom de blé renflé, d'après la nomenclature de Linné, qui l'appelle *titricum turgidum.* Cette espèce se distingue des autres par son épi rameux, c'est-à-dire ayant à sa base plusieurs petits épis courts et serrés, au milieu desquels s'élève un gros épi principal, de manière à former une touffe ou bouquet. Ses barbes sont longues et nombreuses; sa tige, grosse et ferme, est remplie de moelle; son port et ses feuilles ont une apparence de vigueur que n'a pas le froment commun.

Cette espèce de froment, cultivée dans un terrain très-fertile, y donne d'abondants produits; mais il épuise la terre en proportion de

l'abondance de ses grains. Sa farine est grise,
ce qui la fait rejeter des boulangers; sa paille,
dure et grossière, n'est propre qu'à servir de
litière ou à couvrir des chaumières : Les bestiaux
la mangent très-difficilement; il craint les hivers longs et rigoureux, et réussit si peu dans
les terrains médiocres, qu'il change de nature
au point que ses épis cessent d'être rameux.

Enfin, son grain adhère tellement à la balle
qui l'enveloppe, qu'il demande un battage long
et particulier.

3º *Le froment de Pologne (titricum Polonicum,*
selon Linné). Cette espèce ressemble beaucoup à
la précédente; elle n'a d'autre avantage que
celui de résister plus facilement au froid. Si elle
réussit bien en Pologne et en Angleterre, il
n'en est pas de même en France, où sa culture
est abandonnée. Elle se distingue du froment de
Barbarie par la longueur de son épi terminal et
de ses petits épis latéraux dont les barbes sont
aussi très-longues et dentées.

4º *Le froment commun.* Ses tiges sont droites,
simples, noueuses et hautes d'un mètre à un
mètre trente centimètres; elles sont garnies de
quelques feuilles longues, étroites, ayant à leur
base deux oreillettes latérales qui embrassent la
tige. L'épi est ordinairement arrondi, droit,
terminal et se compose d'un grand nombre d'é-
pillets ou petits épis ventrus, imbriqués, roussâtres. Le calice, formé de deux valves opposées,
concaves, renferme trois ou quatre fleurs munies
de trois étamines. Les grains sont ovales, de
couleur jaunâtre en dehors, convexes d'un côté

et sillonnés de l'autre; ils sont enveloppés dans
des écailles qui ont servi de calice à la fleur et
qu'on appelle balle de froment.

Il existe de ce froment un très-grand nombre
de variétés que plusieurs auteurs ont distinguées :
en blé barbu, blé ras ou sans barbes, blé à épis
carrés, blé à épis arrondis, blé à gros grains ou
renflés, etc., etc. Toutes ces variétés sont toutes
dues à l'influence du sol, du climat, de la culture et du mélange des poussières séminales. En
effet, l'absence, la présence des barbes, leur plus
ou moins de longueur, de poli et d'aspérité, la
plénitude et la hauteur des tiges, la forme plus
ou moins carrée, renflée, aplatie des épis, la variété de leur couleur, etc., sont autant de caractères que le climat et la saison modifient. Cela
est tellement vrai, disent M. Pfluguer et le Dictionnaire d'Agriculture, qu'après quelques années de culture sur un même terrain, le froment
barbu devient ras et le froment ras devient barbu.
Il faut bien qu'il en soit ainsi, puisque dans
toutes les contrées de l'Europe, on a compris la
nécessité de changer sa semence.

Il en est de même entre le blé hivernal qu'on
sème en septembre, octobre et novembre, et le
blé dit marsais que l'on sème au printemps. Il
n'y a entre eux d'autre différence que celle qui
provient de l'époque de leur semis : un blé semé
dans le mois de mars et qui par conséquent ne
reste que quatre ou cinq mois en terre, ne sera
jamais aussi vigoureux et ne donnera jamais des
grains aussi gros, aussi pesants, aussi nombreux
que celui qui y reste neuf mois : le premier,

poussé par la chaleur, produit avant terme; le second a pris pendant l'automne et l'hiver l'âge et les forces de la reproduction.

M. Vilmorin fait une classification plus étendue, que M. de Gasparin préfère à toutes les autres, parce qu'il la trouve plus pratique. Il divise d'abord les blés en deux grandes sections : 1° les blés à grains tendres; 2° les blés à grains durs.

Les grains tendres ne se cassent pas sous la dent, ils cèdent à la pression.

Les grains durs ne cèdent pas à la pression, ils se cassent.

Grains tendres.

1° *Touselles.* Epis sans barbes ou barbes très-courtes et peu nombreuses; paille creuse, comprenant douze variétés, savoir : 1° blé d'hiver commun, 2° blé de mars commun, 3° blé blanc de Flandre, 4° blé de Hongrie, 5° touselle blanche de Provence, 6° richelle blanche de Naples, 7° blé d'Odessa, 8° blé de Saumur, 9° blé de Haies, 10° blé Lamma, 11° blé du Caucase, 12° blé carré de Sicile.

2° *Seiselles.* Epis barbus, paille creuse. Les blés de cette espèce sont en général colorés; leur paille est plus ferme que celle des touselles, mais elle est moins estimée pour la nourriture du bétail, à cause de ses arêtes. Elle comprend six variétés, savoir: 1° blé barbu d'hiver, 2° blé barbu du printemps, 3° blé de Toscane propre à faire des chapeaux, 4° seisette de Provence, 5° blé Victoria, 6° blé hérisson.

3° *Poulards.* Epis réguliers, carrés, barbus ; paille pleine de moelle vers son sommet, mais peu estimée à cause de sa dureté. Ils ne réussissent très-bien que dans les sols humides ; leurs grains y sont très-abondants, mais ils se vendent un dixième de moins que les autres froments. Cette espèce comprend cinq variétés, savoir :

1° Poulard carré (épautre blanche du Gatinais) ;

2° Poulard carré à barbes noires (garagnou ou regagnou du Languedoc) ;

3° Poulard carré velu (nonette, blé de Sainte-Hélène, gros blé du midi, petianelle rousse, blé de Dantzick, gros turquet, etc.) ;

4° Blé de miracle (blé de Smyrne, d'Egypte, etc.) ;

5° Poulard plat (petanielle de Montpellier, blé géant, etc.).

Grains durs.

1° *Aubaines.* Cette espèce comprend tous les blés durs cultivés dans les pays chauds. Les blés d'Afrique sont presque tous des aubaines. Les épis sont plus ou moins lâches ou serrés. Le grain est dur et glacé. La farine est riche en gluten et en amidon ; mais elle est difficile à pétrir. C'est avec leur farine que l'on fait toutes les pâtes d'Italie, appelées *pâtes de Gênes.*

Les aubaines mûrissent difficilement dans nos contrées et sont sensibles au froid. Leur culture, en grand, ne doit pas dépasser la région des Oliviers.

On les divise en quatre variétés : 1° à barbes

rousses, 2° à barbes noires, 3° à barbes blanches, 4° à épis comprimés. Cette dernière variété est cultivée avec le plus grand succès en Egypte.

2° *Blé de Pologne*. Espèce remarquable par ses grands épis, par ses balles d'une dimension extraordinaire et par son grain très-allongé et tellement glacé, qu'il semble être transparent. Il a bien réussi dans la Provence et le Languedoc, mais n'étant supérieur aux aubaines ni par le produit, ni par la qualité, ayant une forme insolite et une très-grande dureté, il n'a pas pris dans les marchés. Sa culture a été abandonnée.

∞

CULTURE DU BLÉ.

§ I. — *Qualité du sol et sa préparation*.

Le blé redoute un terrain trop léger, trop humide, trop sec, trop profondément ameubli, trop argileux, trop fumé ou fumé immédiatement avant le semis avec un fumier non consommé.

Dans un terrain trop humide, le blé a une surabondance de sève aqueuse qui augmente sa végétation herbacée; mais les organes de la plante, dépourvus de parties solides, manquent de la vigueur nécessaire à la production du grain.

Dans un terrain trop sec, les principes nutri-

tifs du blé n'étant pas dissous, ne peuvent être
absorbés par la plante; les feuilles cessent d'é-
vaporer, et le mouvement ascensionnel de la
sève ne peut avoir lieu.

Dans un terrain trop léger, les racines manquant de point d'appui, ne tallent pas et supportent difficilement les rares tiges qu'elles ont
poussées; elles sont souvent mises à nu ou
déchirées par les effets du gel ou du dégel.

Dans un terrain trop profondément ameubli,
comme cela arrive après un défrichement ou un
défoncement profond, les effets sont à peu près
les mêmes que dans le cas précédent. La terre se
tasse en dessous des racines et y laisse des vides
qui leur enlèvent toute force végétative.

Dans un terrain trop argileux, les chaleurs de
l'été durcissent et resserrent tellement la terre,
que les tiges, prises à leur base comme dans un
étau, ne peuvent acquérir le développement nécessaire à leur fructification.

Dans un terrain trop fumé, l'excessif accroissement des tiges et des feuilles nuit à la production du grain.

Dans un terrain fumé immédiatement avant le
semis avec du fumier non entièrement consommé, les graines de foin, de trèfle et d'avoine que
ce fumier renferme, n'ont pas encore perdu leur
faculté germinative; elles poussent aussi vite et
souvent plus vite que le blé et nuisent essentiel-
lement à sa réussite.

Disons maintenant ce qu'il aime :

1° Le blé aime un terrain qui se rapproche de
la proportion type que je vous ai indiquée au

chapitre de la constitution des terres, c'est-à-dire cinquante pour cent d'argile et cinquante pour cent de sable. Et l'expérience a démontré qu'il donne des produits plus certains, plus abondants, quand l'argile domine le sable de quinze à vingt pour cent.

Dans ces terrains, l'humidité n'est jamais trop grande et il en reste toujours assez pour dissoudre les principes nutritifs et favoriser le mouvement ascensionnel de la sève.

2° Il aime une terre *assise*, c'est-à-dire qui ne fasse plus de tassement; mais défoncée l'année précédente et ameublie à la surface quand elle va recevoir la graine.

3° Il aime un terrain entièrement purgé d'herbes étrangères et spontanées.

Pour satisfaire le premier de ces trois amours, il faut, s'il en est besoin, amender le terrain d'après les instructions contenues au chapitre de l'amendement des terres.

Quant aux deux autres, ils se confondent si bien ensemble, qu'en cherchant à satisfaire l'un, on satisfait l'autre. Disons quelques mots du nettoiement de la terre pour vous en faire sentir l'importance.

Les auteurs agronomes que je vous ai si souvent cités, et aussi plusieurs voyageurs disent que dans le sud de l'Italie, en Sicile, en Afrique, dans l'Asie Mineure, dans presque tous les pays méridionaux, le blé rend cinquante, soixante, quatre-vingt et quelquefois cent mesures pour une de semée; tandis qu'en France, il ne rend que de huit à quinze mesures pour une. Nous cultivous pourtant mieux nos terres que les Asiatiques et les Africains ne cultivent les leurs. D'où vient donc une si énorme différence dans le rendement du blé? Elle vient de la propreté de leurs terres. La chaleur et la sécheresse du terrain sont telles, qu'après l'enlèvement de la récolte, il n'y vient pas un brin d'herbe. Il n'en est pas ainsi en France et notamment dans le Graisivaudan. A peine la récolte est-elle levée, que l'herbe envahit nos terres et les métamorphose en mauvaises prairies. Ce n'est que par une culture intelligente, que par des travaux incessants, que nous pouvons remédier à ce grave obstacle, au succès de nos récoltes. Ne vous en effrayez pas, pourtant; l'instruction les diminue de moitié et un riche salaire est au bout.

On laboure la terre que l'on veut ensemencer en blé, aussitôt après l'enlèvement de la récolte précédente, et assez profondément pour atteindre au-dessous des racines des herbes. Un mois après la terre s'est assise et n'est plus sujette à tassement. De plus les racines des herbes, si la terre a été bien retournée, ont séché, et les herbes qui avaient à naître ont repoussé, mais n'ont pas eu le temps de s'enraciner profondément et de former leurs graines. On enterre ces nouvelles herbes par un second labour superficiel : dix centimètres dans les terrains argileux et quinze centimètres dans ceux qui sont sablonneux, sont bien suffisants.

Dans les terrains légers, sablonneux, crayeux ou calcaires, on sème ordinairement sur ce second labour. S'il en est ainsi, il faut que ce

labour superficiel soit très-serré afin que la semence ne soit pas trop écartée;

Dans les terrains plus compactes, on attend
quelques jours pour donner à la terre le temps
de s'imprégner des gaz atmosphériques, puis on
passe en tous sens le scarificateur.

Dans les terrains argileux, forts, roides, tenaces, un troisième labour est presque toujours
nécessaire. On le fait en croisant le second et en
ne lui donnant pas plus de profondeur, puis on
passe le scarificateur.

Epoque des semailles.

Tous les fermiers, tous les habitants de la
campagne, savent qu'il faut semer le blé avant
l'hiver. Mais à tout ce que l'expérience a consacré
il y a une raison; et c'est cette raison qu'il faut
savoir, sous peine de ne devoir ses succès qu'au
hasard et de n'obtenir neuf fois sur dix que de
chétifs résultats. En effet, il ne suffit pas de
semer avant l'hiver; il faut semer assez longtemps
avant l'hiver pour que le blé ait eu le temps
d'acquérir la force de résister aux grands froids.
Voyons d'abord comment végète le blé.

Le grain de blé mis en terre germe et pousse
une radicule qui s'enfonce dans le sol; puis il
vient une plantule qui perce la terre et s'élève
dans l'atmosphère. Quelque temps après, de
nouvelles racines fibreuses sortent de la nodosité
qui se forme au point de jonction de la radicule
et de la plantule; cette nodosité est appelée
collet. Ces racines fibreuses s'étendent en s'enfon-
çant un peu à droite et à gauche et donnent

naissance à de nouvelles plantules ou pousses latérales qu'on appelle *talles* et qui forment une grosse touffe de laquelle sortent, par l'effet de la chaleur, les tiges ou tuyaux qui portent l'épi.

Il faut du temps au blé pour accomplir ces différentes phases de sa végétation ; et il faut qu'il les ait accomplies avant les premières chaleurs du printemps afin de ne pousser des tiges et par suite des épis et des grains que quand il a acquis l'âge et la force de les nourrir.

Or, il ne suffit pas de semer avant l'hiver, il faut semer assez longtemps avant l'hiver pour que le froid, les gels et les dégels ne viennent pas gêner, arrêter la frêle et délicate plante dans les premières opérations de son enfance.

Il y a encore une autre raison pour semer longtemps avant l'hiver, c'est qu'il faut que la température soit encore assez chaude pour hâter la germination du grain et favoriser la sortie de la plantule et des talles. Alors le blé couvre bien la terre, met obstacle à la multiplication de l'herbe et protége les racines contre les grands froids de l'hiver et les fortes chaleurs de l'été.

Toutefois il est impossible de préciser une époque pour semer le blé : cette époque varie selon les climats et l'élévation de la contrée au-dessus du niveau de la mer. Ainsi, dans nos montagnes du Dauphiné on sème le blé dans la première quinzaine de septembre ; sur les plateaux élevés des grandes Alpes on le sème au mois d'août ; comme aussi dans le midi de la France, on attend le mois de novembre ; en Sicile, c'est le mois de décembre qui est préféré. Or, dans nos plaines, dont la situation et l'élévation tiennent le milieu entre les contrées que je viens de citer, c'est le mois d'octobre qu'il faut choisir.

En somme, il vaut mieux semer tôt que tard, car les bonnes moissons dépendent de la force et de la vigueur que le blé a acquises avant l'hiver ; en outre, on avance la récolte, et ce n'est pas un avantage à dédaigner puisque c'est presque toujours vers le milieu de l'été qu'arrivent les tempêtes, la grêle et les inondations. On assure même que la carie n'attaque que les semailles tardives.

A la vérité, dit M. Pflugner, lorsque la saison de l'automne est humide et tempérée une végétation surabondante peut quelquefois rouiller et verser les premières feuilles et hâter la sortie des tuyaux. Ce serait un inconvénient si le remède n'était pas découvert. Cet inconvénient, si c'en est un, se présente si souvent dans nos montagnes, où l'on sème en septembre, que les habitants l'ont fait tourner si fort à leur avantage ; qu'ils le font arriver tous les ans en avançant le plus qu'ils peuvent l'époque de leurs semailles. Et quand leur blé est bien grand, bien fourni, ils le font brouter par leurs moutons qui le fument en y trouvant, pendant plusieurs jours, une nourriture aussi saine qu'abondante sans nuire au succès de la récolte.

Il y a donc tout à gagner à suivre leur exemple.

Du choix et de la préparation des semences.

Je l'ai déjà dit et je ne saurais trop le répéter, la terre se plaît dans le changement des graines qu'on lui confie. Ce principe, joint à la prompte dégénération de toute espèce de graine améliorée par la culture et notamment du blé, a fait généralement adopter l'usage de ne jamais semer dans la terre que l'on cultive le blé qu'elle a produit. Cet usage est bon sans doute; mais il serait encore meilleur s'il était pratiqué avec discernement. En effet, il ne suffit pas de semer un autre blé que celui qu'on a récolté, il faut encore qu'il soit plus beau, plus pesant, plus sain et plus égal en maturité; il faut aussi qu'il vienne d'un terrain moins fertile et plus sec que le sien et d'une contrée plus froide que celle qu'on habite. En observant toutes ces conditions, on sème une meilleure espèce de grain qui, trouvant un terrain plus fertile et un climat plus chaud donnera infailliblement une récolte plus abondante.

Un membre de la société d'agriculture de l'Eure, M. Colombel, de Claville, vient de rappeler à ses confrères en culture les avantages qu'ils trouveraient à renouveler plus souvent leurs grains de semences et à les tirer du Nord plus particulièrement. Voici les raisons qu'il leur donne à l'appui de son opinion, qui est basée sur de nombreuses expériences dont il n'a obtenu que d'excellents résultats.

Le blé, de même que toutes les plantes farineuses tirées du Nord et semées dans nos contrées, dit-il, donne plus de farine et moins de son que celles qui sont tirées du Midi; la raison en est toute simple et facile à comprendre, c'est qu'ils ont une plus grande somme de chaleur que dans le Nord.

Les blés du Nord rendent d'un cinquième à un quart de plus de grains que les nôtres, parce que le grain avorte moins dans les épis.

Ils résistent mieux à la verse, parce qu'ils reprennent une nouvelle force en changeant de pays et de climat. Ils sont exempts de carie et de noir, parce que leur vigueur les en garantit. Enfin ils supportent plus aisément les coups de soleil, précisément à cause de leur fermeté, qui est uniquement due audit changement de semence.

Les Anglais, si soigneux de leurs intérêts agricoles, ont tellement compris qu'il devait en être ainsi, qu'ils font venir leurs semences du Nord de la Pologne ou de la Russie. On ajoute qu'ils ne renouvellent ainsi leurs semences que tous les trois ans, d'où il suit qu'ils sèment deux fois leur propre blé, en observant, toutefois, les règles de l'assolement qui, vous le savez déjà, ne permettent pas de semer du blé sur un blé. Ainsi, pendant deux ans la terre seule est changée.

Nous pourrions dans notre vallée de l'Isère et même dans celles du Rhône et de la Drôme, suivre la pratique anglaise. Si nous avions le soin d'aller acheter nos semences chez les propriétaires de la Mure, du Villars-de-Lans, ou de ce que nous appelons les terres froides; la plaine de Bièvre, le Grand-Lemps, etc., ces plateaux élevés seraient pour nous ce que le nord de la Russie et de la Pologne sont pour les Anglais. Mais que font nos agriculteurs? Ils vont au marché le plus voisin et croient avoir fait merveille quand ils ont acheté bien cher le plus beau blé qu'ils y ont trouvé. Hélas! ils ont acheté bien souvent, pour ne pas dire toujours, un blé venu sur un terrain très-fertile, dans une contrée chaude, un blé bien nettoyé qui sans doute ferait du beau et bon pain, mais qui ne vaut rien pour semence. C'est bien pire quand ils s'adressent à un marchand : ils peuvent acheter du blé d'une terre voisine de leur ferme et peut-être leur propre blé (1) !

La pratique des Anglais et quelques expériences prouvent donc que l'on peut se servir pour semence, pendant deux ans, du blé venu sur son propre terrain ; mais c'est à plusieurs conditions :

1° La semence principe doit réellement provenir d'une contrée plus froide et d'un terrain moins fertile ;

2° Le blé doit avoir crû sur un terrain découvert situé autant que possible au levant ou au midi ;

3° Le blé n'a dû être moissonné qu'après sa complète maturité ;

4° Il doit être battu sur une planche ou sur un tonneau et non au fléau ou à la mécanique, dans la crainte d'offenser le germe ;

5° Il doit être vanné et criblé avec le plus grand soin pour le dépouiller de toute graine étrangère et même des grains de blé avortés.

---

(1) Il y aurait peut-être un moyen aussi efficace que tous ceux qui ont été proposés et qui tiendrait le milieu entre un renouvellement complet de semence et l'emploi de son propre blé : ce serait de mélanger tous les ans, par moitié, du blé étranger avec celui qu'on a récolté ; de semer le mélange sur un champ découvert, de le mois-

Mais le blé quelque bien vanné et criblé qu'il soit, le blé surtout qu'on achète dans les marchés ou d'un marchand peut provenir d'un terrain humide, peut avoir été récolté par un temps pluvieux ou conservé dans un local mal aéré; il peut encore être le produit d'une contrée ou d'une saison pluvieuse. Tous ces vices de provenance, de croissance, de moisson et de conservation, sont des causes de maladie. On a vu des champs entiers dévastés par la carie, la nielle, le charbon (1), le rachitisme, etc. La science a dû chercher un remède à ces maux qui attaquaient le principal aliment de l'homme, le plus important produit de l'agriculture; elle l'a trouvé dans la chaux, dont je vous ai déjà vanté les bons effets sur les terres. Voici comment on l'applique :

On délaye trois kilogrammes de chaux vive dans un baquet contenant un hectolitre d'eau de

---

sonner, de le vanner avec les soins que nous avons indiqués et de le conserver pour semence. Ce moyen présente plusieurs avantages : d'abord le croisement des espèces qui produit dans le règne végétal des résultats aussi importants que dans le règne animal, ensuite une économie de moitié sur l'achat des semences. J'expérimente ce procédé depuis deux années et je n'ai encore qu'à me féliciter de l'avoir employé. Il serait utile de pousser l'expérience jusqu'au bout, c'est-à-dire de la continuer pendant huit ou dix années et de l'essayer avec un tiers et même avec un quart de blé étranger.

(1) La *nielle*, la *carie*, le *charbon* que l'on prend pour des maladies du blé ne sont, selon le célèbre botaniste Decandolle (*Flore française*), que des plantes cryptogames parasites, qui s'attachent aux grains de blé, germent sur la plantule et se développent ensuite sur le grain nouveau et s'emparent de sa substance.

lessive, ou d'eau bien salée, ou encore d'eau mélangée avec un quart de purin. Lorsque la chaux est bien dissoute, on met dans le baquet le blé de semence qu'on laisse tremper pendant douze ou quinze heures en ayant soin de le remuer de temps en temps pour que tous les grains soient bien imprégnés de chaux et que toutes les mauvaises graines, tous les grains avortés ou rongés par les insectes puissent surnager et être enlevés. Après douze ou quinze heures d'immersion, on verse l'eau de chaux dans un autre baquet, si l'on a d'autre semence à préparer, et l'on étend le blé sur le pavé de la ferme pour le faire sécher. Cinq ou six heures après, il est en état d'être semé.

Cette préparation, non-seulement purifie le blé et le préserve des maladies dont je parlais tout à l'heure, mais encore elle le pénètre de l'humidité nécessaire à son développement, et d'un engrais favorable à sa végétation ; elle en hâte la germination de huit ou dix jours, alors même que la sécheresse serait persistante, ce qui est un immense avantage pour les semailles tardives et même pour les précoces, car on a remarqué que les blés qui germaient et levaient promptement n'étaient jamais atteints de la carie.

Cependant M. Mathieu de Dombasle, dans ses annales de Roville, propose de remplacer le sel marin par du sulfate de soude. Voici sa manière de procéder :

On fait dissoudre huit kilogrammes de sulfate de soude par hectolitre d'eau, dans un cuvier. On hâte la dissolution en agitant fortement le

16

liquide ; on réduit de la chaux calcinée en poudre en la faisant fuser par une petite quantité d'eau, autre que celle qui contient le sulfate en dissolution. On répand le blé sur les dalles de la chambre où se fait l'opération.

On agite et on retourne vivement le blé au moyen d'une pelle en bois pendant qu'on l'arrose de la dissolution de soude autant qu'il peut en absorber sans qu'il s'en écoule hors du tas. Ordinairement un hectolitre de blé absorbe de six à huit litres de dissolution. Alors, sans perdre de temps, on prend de la chaux en poudre avec une écuelle de bois dont on a pesé une première fois le contenu, et on en répand deux kilogrammes environ par hectolitre sur le blé pendant que l'on continue à le brasser avec la pelle de bois, jusqu'à ce que tous les grains paraissent couverts de chaux.

Ce procédé, dont M. de Gasparin et M. de Girardin ont éprouvé l'efficacité, est préférable au premier par sa promptitude et sa commodité. En effet, il s'opère en quelques minutes ; la dissolution de sulfate de soude peut se conserver huit jours ; on peut ne réduire la chaux en poudre qu'au fur et à mesure de ses besoins ; on peut préparer ainsi la quantité de grains nécessaire pour semer pendant plusieurs jours, en ayant soin de remuer le tas de temps en temps, de peur qu'il ne vînt à s'échauffer.

Quantité de semence.

Un si grand nombre de circonstances modifient tellement les calculs que l'on a faits sur la quan-

tité de blé à semer sur une étendue donnée, qu'il
est impossible de préciser cette quantité par un
chiffre applicable à tous les terrains. Cependant
des agronomes distingués donnent la quantité de
quinze décalitres par hectare, comme une
moyenne que l'agriculteur pourra augmenter ou
diminuer selon le temps, les lieux, l'époque des
semailles, la fertilité du sol, la qualité de la
semence et surtout d'après sa propre expérience.
Voici quelques règles qu'il est essentiel de ne pas
négliger :

Plus le terrain est fertile,
Plus il est en engrais,
Plus il a été labouré, travaillé, approprié,
Plus on sème de bonne heure,
Plus le temps est favorable aux semailles,
Plus le grain est pur, net, sain, petit, etc.,
Moins il faut de semence.

—

Moins le terrain est fertile,
Moins il a été fumé,
Moins on y a fait des récoltes améliorantes,
Moins il a été labouré, travaillé, etc.,
Moins on sème de bonne heure,
Moins le temps est favorable,
Moins le grain est propre, net, sain, etc.,
Plus il faut de semence.

Et en effet, dans un terrain très-fertile, dans
un terrain plusieurs fois labouré, défoncé au
commencement de l'assolement, approprié,
ameubli par les sarclages et les binages de la
récolte précédente, il n'y aura presque pas un
grain de perdu. Chaque grain germera, lèvera,

tallera autour de lui, surtout si la semaille a été
faite longtemps avant l'hiver. Or, il faudra bien
moins de semence.

Au contraire, dans un terrain maigre, trop
léger, mal travaillé; dans un terrain qui n'aura
pas été labouré profondément, qui n'aura pas
été purgé des mauvaises herbes, etc., la plupart
des grains enfouis sous des mottes de terre dures
et épaisses ne lèveront pas. Un grand nombre de
ceux qui auront levé, seront étouffés par les
mauvaises herbes. Ajoutez à ces deux obstacles,
les accidents atmosphériques, une pluie trop prolongée, le gel et le dégel toujours plus funestes
sur un terrain peu profond, peu travaillé, trop
léger, etc., et vous reconnaîtrez que la quantité
de semence doit être augmentée.

C'est donc à l'agriculteur à apprécier et à
expérimenter le degré de fertilité de son terrain,
à tenir compte de la somme de son travail et de
ses soins, à prévoir les inconvénients et les
avantages de l'époque de l'ensemencement, enfin
de juger de la qualité de la semence.

Je ferai toutefois observer que la première fois
qu'on sème du blé sur une terre, il vaut mieux
semer trop épais que trop clair; sauf à réduire
la quantité quand l'expérience en aura démontré
l'opportunité. Un semis trop épais n'a jamais
autant d'inconvénients qu'un semis trop clair.

Travaux après l'ensemencement.

Les travaux après l'ensemencement sont : le
hersage, le roulage et le sarclage.

Du hersage. — Quelque habile que soit un agriculteur, à moins qu'il se serve d'une machine
appelée semoir, il ne peut semer avec toute la
régularité et l'égalité désirables. Ses pas peuvent
être inégaux, les poignées de blé qu'il prend
dans son tablier ne sont pas toujours égales ; le
vent peut jeter le blé d'un côté ; le blé peut
s'amonceler dans les sillons, surtout quand le dernier labour n'a pas été bien serré et qu'il est trop
profond, ce qui arrive trop souvent. Ensuite, il
faut couvrir de terre le blé qu'on vient de répandre à la volée sur le champ ; il faut rompre les
sillons, briser les mottes que le labourage a laissées. C'est pour obvier aux inconvénients d'inégalité du semis et pour obtenir l'enfouissement
de la semence et la rupture des sillons et des
mottes, que l'on promène en tous sens sur le
champ, immédiatement après le jet de la semence, un instrument triangulaire et armé de
dents de fer appelé herse, d'où vient le mot de
hersage donné à son emploi.

Les hersages en long et en travers doivent être
multipliés autant que la terre a besoin d'être
ameublie et purgée de racines nuisibles et la
semence éparpillée. Il faut avoir soin de soulever la herse sur le derrière, de temps en temps,
pour la nettoyer lorsqu'il s'y amasse des racines
ou des brins d'herbe ; sans cette précaution, les
dents de la herse n'entreraient pas dans le sol et
ne produiraient pas l'effet qu'on en attend.

Plus le terrain est argileux, fort, tenace, plus
il faut que la herse soit lourde : on augmente sa
pesanteur en la chargeant d'une ou de plusieurs

pierres. Les dents doivent être d'autant plus longues que l'on veut enterrer le grain plus profond, ce qui est nécessaire dans les terres trop calcaires ou trop sablonneuses.

Du roulage. — Toutes les fois que la nature du sol, ou son état, ou sa situation fait redouter le déchaussement des racines du blé pendant l'hiver par l'effet du soulèvement de la terre, il est prudent d'y passer le rouleau immédiatement après le dernier hersage. Lorsque l'on n'a pas cru devoir faire cette opération avant l'hiver, il est nécessaire de la faire aussitôt que les gelées ne sont plus à craindre. Le roulage écrase les mottes que le hersage d'automne n'a pas brisées; il chausse le plant, raffermit la terre et en rend la surface plus unie, ce qui rend la moisson plus facile et favorise l'action de la faux. Le roulage est toujours utile; il est indispensable quand on a semé sur le blé du trèfle ou tout autre plante fourragère.

Du sarclage. — Nous avons dit et démontré que le blé, ainsi que les autres graminées, non-seulement épuisent la terre, mais encore favorisent la germination et le développement des herbes nuisibles. Ces herbes diminuent la récolte pendante et nuisent aux récoltes suivantes : il est donc essentiel de les détruire avant leur maturité, car si on les laissait arriver à ce point, leurs graines se répandraient sur le champ et le convertiraient en mauvais pré, dont l'herbe courte, rare et souvent aigre est refusée par les bestiaux.

Cette destruction des mauvaises herbes est appelée sarclage. On y procède par un temps ni trop sec ni trop humide, avant l'hiver, quand on a semé dans le mois d'octobre ; on la fait au printemps quand l'ensemencement a été tardif. En général, plus tôt le sarclage a lieu, plus il est utile et bienfaisant : il fait taller les plantes de blé et donne aux racines de l'air et de l'espace pour s'étendre. Cette opération du sarclage est si avantageuse à la production du blé, que les agriculteurs du nord de la France la réitèrent jusqu'à ce que les plantes de blé couvrent complétement toute l'étendue du champ. Ils arrachent tout ce qui n'est pas blé : les plantes légumineuses dont les vrilles s'accrochent aux tiges de blé, les touffes de seigle, d'orge, d'avoine, qui, venant plus vite, talleraient extraordinairement et étoufferaient les plantes de blé qui les avoisinent ; l'ivraie, dont les grains mêlés à ceux du froment font un pain qui peut causer de graves accidents quand la mouture a été faite trop tôt après la moisson et quand il est mangé chaud (1).

Une légère pratique fait aisément reconnaître ces diverses plantes : les légumineuses sont traçantes, elles ne s'élèvent que quand leurs fils appelés vrilles, ont pu s'accrocher aux plantes de blé ; le seigle, l'orge, l'avoine ont une teinte de verdure toute différente de celle du blé ; l'ivraie a les feuilles beaucoup plus petites, etc.

---

(1) Une famille de Tigy, commune du département du Loiret, a failli être empoisonnée en juin 1857, par du blé qui contenait 30 pour 100 d'ivraie.

De la maturité du blé et de sa moisson.

De la maturité. — L'époque de la maturité du blé varie dans tous les pays du monde suivant la saison, la nature et l'exposition du terrain, suivant l'espèce du grain et suivant la précocité ou la tardiveté du semis.

Il y a pour le blé comme pour les fruits deux maturités : 1° la maturité d'alimentation, c'est-à-dire propre à faire du pain ; 2° la maturité de reproduction, c'est-à-dire propre à servir de semence.

La maturité d'alimentation devance de quelques jours la maturité de reproduction ; elle est arrivée quand la plante ou le fruit a acquis tout son développement et qu'il ne lui reste plus qu'à se fortifier pour donner à sa graine l'âge de la virilité.

La maturité de reproduction s'annonce par la flétrissure de la plante, et par sa faiblesse ; le fruit ou les graines sont trop lourds pour elle ; ils penchent vers la terre ; la capsule qui contient les graines s'ouvre, ou le parenchyme qui enveloppe les pépins ou les noyaux pourrit ; les graines, les pépins et les noyaux tombent alors sur la terre pour y donner naissance à de nouvelles plantes et à de nouveaux fruits.

Toutes les plantes et tous les fruits qui doivent servir à la nourriture de l'homme et du bétail doivent être récoltés au point de maturité d'alimentation. On le fait sans s'en douter pour les produits de nos jardins, car on n'attend pas que les carottes, les raves, les asperges, les arti-

chaux, l'épinard, l'oseille, etc., aient donné des
fleurs et des graines, pour les couper ; on n'attend
pas que les fruits tombent pour les cueillir ; on
n'attend pas que les aubergines, les courges,
les melons s'ouvrent, pour les séparer de leur
tige. On fauche les prairies quand elles sont en
pleine fleur, parce qu'on a reconnu qu'en cet
état, le foin est plus tendre, plus agréable et
plus profitable aux bestiaux ; on ne le laisse
arriver à la maturité de reproduction que quand
on veut semer ou vendre sa graine. Il en est de
même du blé.

Quand l'épi commence à se gonfler, le grain
se forme ; quand l'épi quitte sa couleur verte, le
grain prend de la consistance et prépare sa farine,
c'est-à-dire que l'espèce de lait qu'il contient
commence à se durcir ; quand l'épi commence à
pencher vers la terre, le grain fait son écorce ;
quand la couleur jaune de l'épi se propage à la
tige, le grain est achevé ; quand toute la tige est
jaune ou blanche, que l'épi du gros blé est bien
renversé et forme avec sa tige un crochet aigu,
le grain ne se détache pas encore aisément de sa
balle, mais est à son point de maturité d'alimentation.

Plus tard, la tige se flétrit et se sèche ; elle n'a
plus la force de supporter l'épi ; elle se courbe en
s'arrondissant jusqu'au tiers de sa longueur.
L'épi devient roux et allonge ses barbes ; le grain
perd de sa farine pour épaissir et durcir l'écorce
qui doit protéger le germe qu'il renferme ; tout
devient sec ; le moindre effort suffit pour détacher

les grains de blé de leurs *balles :* le blé a atteint sa maturité de reproduction.

Il résulte de ces explications physiologiques que le grain de blé au point de sa maturité d'alimentation peut être comparé à un œuf frais, savoureux et rafraîchissant; et qu'arrivé à sa maturité de reproduction, il n'est plus qu'un œuf couvé par le soleil, un germe sans saveur qui a perdu toutes les qualités qui le rendaient si précieux au palais et à l'estomac de l'homme.

Or, si le blé est destiné à faire du pain, il y a de grands avantages à le couper à sa première maturité, maturité d'alimentation :

1° Le grain a plus de farine et moins de son;

2° Il est plus savoureux et plus rafraîchissant;

3° Il résiste à la faulx, à la faucille, à la mise en gerbe, au chargement, au charroi, etc.;

4° Il donne le temps de choisir son jour, d'attendre le soleil si nécessaire à une bonne moisson;

5° La paille n'ayant pas perdu tout son suc fait un bon fourrage pour l'hiver.

S'il a été destiné à la reproduction, il ne faut le moissonner que quand les signes de l'âge mûr se sont bien développés, que quand la paille est bien desséchée et que le grain bien dur, bien rouge ou bien jaune, se détache facilement de la balle. Mais alors la moisson doit être faite avec beaucoup de précautions : la faulx est ordinairement préférée à la faucille; les javelles se font petites; un charriot plein remplace le charriot à jour en usage dans nos campagnes, enfin on prend les soins les plus minutieux pour perdre le moins de grains possible.

On le bat en grange, non au fléau qui pourrait offenser le germe, mais à la verge, ou mieux encore, en frappant la gerbe tenue à deux mains, sur un tonneau renversé ou contre un plateau de bois dur disposé à cet effet sur le plancher.

Ces soins sont nombreux et coûteux; j'en conviens; c'est pour cela que le blé de semence est toujours plus cher que le blé d'alimentation. C'est pour cela que presque tous les fermiers préfèrent récolter à leur aise, et acheter du blé de semence au risque de semer des grains qui n'ont pas atteint leur maturité de reproduction ou qui ont été mal battus.

Vous voyez que s'il y a une grande différence dans la culture du blé de semence et la culture du blé d'alimentation, il y en a une bien plus grande dans leur récolte et leur conservation. Le blé de semence doit être moissonné à son point : trop tôt, il n'aurait pas acquis toutes ses facultés reproductives; trop tard, il en serait tombé une grande quantité sur la terre. Il doit être enlevé du champ aussitôt qu'il est coupé parce qu'il a séché sur plante; il peut être battu dès qu'il est rentré parce qu'il n'est pas destiné à la mouture; on peut le laisser entassé dans un coin du grenier parce que sa vente ou son emploi sont prochains.

Il n'en est pas ainsi du blé d'alimentation; quelques jours de plus ou de moins ne changent pas sa nature : le point essentiel est de le moissonner par le beau temps. On peut le couper comme le veut l'usage du pays sans crainte de perdre du grain. Il faut laisser les javelles deux ou trois jours, s'il fait soleil, sur le champ pour dessécher la paille; il faut le garder deux, trois mois en gerbe pour donner au grain le temps de faire sa farine, et à la farine le temps d'acquérir de la saveur. Il gagne encore à y être gardé plus longtemps, pourvu qu'il soit à l'abri de l'humidité et qu'il soit aéré par des courants d'air établis entre les gerbes.

Des diverses manières de couper les blés.

Des agronomes très-distingués conseillent de couper le blé rez-terre; d'autres non moins illustres recommandent de le couper à vingt ou vingt-cinq centimètres de hauteur du sol.

Les premiers se fondent sur ce que, en le coupant rez-terre on augmente la quantité de paille de 16 pour cent et que l'on évite de faucher les chaumes, travail long et toujours coûteux.

Les seconds disent qu'en laissant un chaume de vingt à vingt-cinq centimètres de hauteur, on laisse sur place un engrais végétal qui enfoui dans la terre, la rafraîchit et la rend plus meuble. Ils ajoutent qu'en coupant rez-terre, les gerbes de blé sont remplies d'herbes qui mettent obstacle à la dessication de la paille et rendent le battage plus difficile.

Ces deux opinions prises dans un sens relatif à la terre en culture sont vraies et rationnelles; mais c'est à la pratique à en faire l'application. Prises dans un sens absolu, c'est-à-dire applica-

bles à toutes les situations, elles ne valent pas
plus l'une que l'autre. Je m'explique : si le blé
que vous allez couper est la dernière récolte de
l'assolement, et que par conséquent la terre qui
vient de le produire, soit soumise à un défoncement plus ou moins profond, à un amendement
quelconque, à des labours multipliés, enfin, à
ces divers travaux qui doivent lui donner la vigueur nécessaire à une production abondante
pendant toute la durée d'un nouvel assolement,
coupez le blé rez-terre, fauchez-le. Les inconvénients de dessication et de battage sont compen-
sés largement par la plus grande quantité de
paille et par l'économie de travail que vous en
retirerez. Quant à l'engrais rafraîchissant, ce n'est
pas le moment de l'appliquer.

Si au contraire le blé que vous allez couper est
le premier de l'assolement, vous y avez sans
doute semé du trèfle à la fin de l'hiver. Alors il
faut le couper assez haut pour ne pas endomma-
ger le trèfle. Le trèfle mis à jour par la moisson
pousse avec vigueur et fait avec le chaume un
excellent fourrage d'hiver que l'on fauche après
une pluie.

Mais au lieu d'être un premier blé ou un second
blé terminal de l'assolement, c'est un second blé
après lequel votre terre vous permet de semer ou
un troisième blé ou de l'avoine. Coupez votre blé
rez-terre car le chaume que vous laisseriez et
que vous seriez obligé de faucher quelques jours
après, ne serait jamais un bon fourrage d'hiver
et ne ferait pas un engrais assez rafraîchissant et
assez énergique pour la récolte suivante. Il vaut

mieux, après avoir moissonné rez-terre, labourer à douze ou quinze centimètres de profondeur,
semer du lupin ou du sarrazin que l'on enfouit
au moment de la floraison.

M. de Gasparin fait si peu de cas de ce chaume
sec comme fourrage d'hiver et comme engrais
rafraîchissant, qu'il conseille à ceux qui, pour la
facilité de la dessication des gerbes, du transport et du battage, ont l'habitude de couper le
blé à hauteur d'herbes, d'incendier les chaumes.
Les mauvaises herbes et leurs innombrables graines périssent dans l'incendie; et la surface de la
terre, assouplie malgré la sécheresse, se laisse
facilement pénétrer par les instruments. Si on lui
donne alors un coup d'extirpateur, les semences
échappées au feu germent aux premières pluies
et il est facile de les détruire par un nouveau
labour.

CHAPITRE VIII.

—

DES PRAIRIES.

Par la dénomination de prairie ou de pré, on désigne une certaine étendue de terre destinée à produire de l'herbe pour la nourriture des bestiaux.

Il y a deux espèces de prairies : les prairies naturelles ou permanentes, les prairies artificielles ou intermittentes.

Les prairies naturelles sont celles où la graine, une fois semée, se perpétue et produit de l'herbe sans qu'il soit besoin d'ensemencer de nouveau le sol.

Les prairies artificielles sont celles que l'on sème accidentellement pour faire reposer la terre, la rafraîchir et la rendre apte à produire, sans autre engrais, de nouvelles récoltes de froment : on les rompt lorsque ce but est atteint, après une ou plusieurs années, selon l'espèce de graine qu'on a semée.

Prairies naturelles.

On distingue trois sortes de prairies naturelles : 1° les prairies situées sur les hautes montagnes ; 2° les prairies arrosées; 3° les prairies sèches.

Les prairies situées sur les hautes montagnes
ont l'herbe fine, succulente et courte, qui n'offre
pas assez de résistance à la faux pour être facilement coupée et qu'on livre à la pâture des bestiaux, d'où leur vient le nom de pâturages.

Les prairies arrosées sont celles qui sont inclinées et que les eaux d'une source ou d'un ruisseau peuvent parcourir dans tous les sens, au
moyen de petites rigoles pratiquées dans le sol,
d'après une pente calculée, de telle sorte que
l'eau puisse lentement et régulièrement couler
dans toutes les parties de la prairie. Elles donnent
une grande quantité d'un foin long de médiocre
qualité et qui ne convient qu'aux chevaux auxquels l'avoine ou l'orge, ou les racines, ne sont
pas épargnés. Les auberges le recherchent et l'a-
chètent de préférence à tout autre, parce qu'il
pèse peu et fait beaucoup de volume.

Les prairies sèches sont celles qui ne sont pas
arrosées. On ne les établit ordinairement que
dans les contrées pluvieuses, sur le bord des rivières ou sur des terrains frais et spongieux.
Quand le terrain n'est pas trop humide, ces prairies produisent un excellent fourrage pour toute
espèce de bétail. Mais si le terrain est trop humide, les joncs, les presles et autres plantes
aquatiques ou marécageuses germent dans le sol
et communiquent au foin une acidité nuisible à
la santé des animaux et désagréable à leur goût.

Des soins à donner aux prairies.

Les prairies naturelles n'exigent point d'engrais, parce que, dès l'enlèvement des foins, les

bestiaux du propriétaire ne cessent d'y pâturer et d'y répandre leurs déjections qui compensent ce que la terre a perdu et y entretiennent une végétation perpétuelle. Si elles sont exposées aux débordements de quelques rivières, le limon que l'eau dépose les engraisse et leur donne une nouvelle fertilité. Si elles sont arrosées par les eaux d'une source ou d'un ruisseau, ces eaux se sont enrichies des sels et des émanations de l'atmosphère et donnent à la terre, en la pénétrant, une incessante fécondité.

Cependant un agriculteur, soigneux de ses intérêts, doit surveiller ses prairies avec autant de sollicitude que les autres parties de son domaine :

1° Les fientes des bœufs et des vaches, en séchant sur le sol, étouffent l'herbe qu'elles couvrent; il faut les briser et les écarter.

2° Les taupes et les fourmis ont creusé le sol et en ont amoncelé des parties assez considérables qui ne produiraient rien : il y a nécessité d'arrêter les ravages de ces animaux en leur faisant une guerre incessante. On tend des piéges à ressort dans leurs galeries souterraines; on y met des noix empoisonnées; on y verse une grande quantité d'eau; enfin on étend les petits monticules de terre qu'ils ont formés, etc.

3° La couche de limon déposé par le débordement de la rivière peut être trop épaisse et nuire pendant deux ou trois ans à la production du foin. Dans ce cas, il ne faut pas hésiter à labourer et à préparer le sol à recevoir la semence d'une nouvelle prairie.

4° Les rigoles d'arrosage peuvent être encombrées de feuilles, d'herbe, de sédiment, etc. Il faut les débarrasser de tout ce qui met obstacle à l'écoulement de l'eau.

5° Les vannes, la prise d'eau peuvent se déranger : il faut les tenir constamment en état de fonctionner.

6° L'eau servant à l'irrigation peut être trop froide ou trop crue. Il faut pratiquer au sommet de la prairie un réservoir où l'eau, exposée aux rayons du soleil, puisse, en y séjournant un certain temps, s'échauffer et absorber les principes fertilisants répandus dans l'atmosphère. On augmente encore la puissance fécondante de l'eau, en jettant dans le réservoir, du fumier ou des feuilles, du buis, du genièvre, etc.

7° Tout finit dans la nature : les prairies cessent aussi de produire. Quand on s'aperçoit d'une notable diminution dans le produit du foin, il ne faut pas toujours en attribuer la cause aux gelées tardives et à la sécheresse : c'est souvent à la vieillesse de la prairie qu'il faut s'en prendre. Il faut la raviver par des engrais. La marne calcaire sur les sols argileux, la marne argileuse sur les fonds sablonneux, les cendres, la suie, les vases des étangs et des fossés, les balayures des rues et des maisons, les résidus de toute espèce de distillerie, le tan, les rapures de corne, enfin toute espèce d'engrais, pourvu qu'il soit bien consommé et d'une division facile, rendront à la prairie sa première vigueur.

Si pourtant cet engrais était impuissant, ou si vous n'en obteniez qu'un succès éphémère, la rupture de la prairie est de nécessité absolue. Une vieille prairie rompue et mise en culture donnera, sans nouvel engrais, sans autre labour que les labours ordinaires, trois récoltes consécutives et très-abondantes : 1° du blé, 2° du trèfle, 3° du blé. Et si vous y ajoutez un peu d'engrais, la pomme de terre, le chanvre, le lin, le tabac, le colza, la betterave, toute espèce de racines, y viendront très-bien en première ligne. Il faudra seulement observer de semer moins épais qu'à l'ordinaire, parce que le terrain longtemps reposé a conservé son azote et une grande quantité de carbone; parce que encore, il a été ameubli et rendu plus léger par les débris de végétaux qui s'y sont accumulés, et que dès lors, les plantes semées, le blé surtout y prendront un développement prodigieux.

Mais après ces trois récoltes, il faut recommencer l'assolement, soit que l'on veuille continuer la culture des céréales, soit que l'on veuille remettre en prairie. Ce dernier parti est toujours le meilleur quand le sol est dans de bonnes conditions, c'est-à-dire s'il est éloigné de la ferme, s'il est légèrement incliné, ou près d'un ruisseau, d'une source ou le long d'une rivière sujette à des débordements annuels, ou bien encore, si le sol est trop humide pour la culture des céréales, ou trop sablonneux pour supporter de fréquents labours.

Etablissement d'une prairie.

Un terrain épuisé par plusieurs récoltes, notamment par plusieurs récoltes de froment, ne

peut fournir une bonne récolte d'aucun genre.
Ce serait donc en vain que vous y sèmeriez de la
graine de foin. Certains agriculteurs le font pourtant; et ils ont répondu à mes observations
qu'une prairie ne donne jamais beaucoup les
deux ou trois premières années de son établissement. Je sais qu'une prairie n'est en plein rapport que lorsque par la succession des années,
par les engrais qu'on lui a donnés, par les détritus de feuilles, le sol s'est élevé et qu'il s'est formé ainsi, à la surface un terreau azoté dans
lequel l'herbe pousse de nouvelles racines qui
produisent des tiges et des feuilles toujours plus
longues et plus nombreuses. Mais tout est relatif
aux antécédents. J'ai donc attendu la quatrième
année pour leur prouver leur erreur. Hélas! les
mauvaises herbes avaient étouffé la bonne semence; et il a fallu recommencer la prairie en
s'en rapportant plus à la science qu'à la routine.

Il ne suffit pas non plus que le champ ait
un certain degré de fertilité; ni même de lui
donner de l'engrais; car un certain degré de
fertilité et l'engrais que vous y ajouteriez profiteraient aux mauvaises herbes comme aux graines que vous y auriez semées. Et la mauvaise
herbe croissant plus vite aurait bientôt étouffé la
bonne.

Pour qu'une nouvelle prairie réussisse, il faut
que la terre soit complétement purgée des semences et des racines des plantes que le sol produit spontanément et qu'on appelle nuisibles
parce que les bœufs et les chevaux ne lès mangent
pas.

Quels que soient les soins que l'on prenne pour
extirper ces mauvaises plantes, il y en a toujours
qui échappent à la corrosion de la chaux ou au
feu de l'écobuage. Et à peine la bonne graine
qu'on a semée sur une terre bien nettoyée, bien
ameublie, bien fumée, a-t-elle poussé de dix à
douze centimètres qu'on la voit dominée par une
multitude de plantes qu'il faut arracher, sous
peine de perdre tout le fruit de ses travaux.

Pour obvier à ce nouvel inconvénient qui a fait
dire que rien n'était plus difficile à établir qu'une
nouvelle prairie, on a trouvé un moyen bien
simple : c'est de semer sur la terre que l'on
vient de préparer, du chanvre, des betteraves,
des carottes ou tout autre plante qu'il soit indispensable de biner, de butter, de sarcler, et de
semer, aussitôt après la récolte de ces plantes,
les graines destinées à créer la nouvelle prairie.

On conçoit aisément que les mauvaises herbes
dont les semences ou les racines avaient échappé
à la chaux ou à l'écobuage ont été détruites par
les binages et les sarclages de la récolte précédente, et qu'elles ne font plus obstacle à la
croissance et à la multiplication du bon foin.

Des agriculteurs très-habiles ne se pressent
pas de semer la prairie; ils craignent pour elle
les froids précoces de l'automne et les gelées tardives du printemps. Ils ont raison dans les climats qui sont exposés à ces accidents de température; ils ont encore raison quand la récolte
précédente, celle des betteraves par exemple a
occupé le sol trop avant dans la saison. Dans ces
deux cas, on laboure avant l'hiver; on laboure

une seconde fois au printemps, on égalise bien la
terre avec la herse, on sème la prairie, on herse
de nouveau et on roule.

Si l'on se détermine à semer la prairie au
printemps, il est toujours avantageux et jamais
nuisible de semer de l'avoine sur le premier hersage et de ne semer la prairie que sur le second.
L'avoine protége les jeunes plantes fourragères
contre le soleil et la sécheresse du printemps,
sans nuire à leur développement. Si on la coupe
avant sa maturité, elle fait un fourrage excellent
pour les bœufs et les chevaux. Si on attend
qu'elle soit grainée, elle donne une récolte abondante. Mais, selon qu'on a formé sa prairie de
plantes plus ou moins précoces, la récolte de l'a-
voine peut nuire à celle du foin. Puisque, dans
cette opération, c'est une récolte de foin qu'on a
pour but, c'est la maturité du foin, c'est-à-dire sa
floraison qui doit servir de guide au cultivateur.

Des plantes propres à constituer une prairie.

Une bonne prairie se compose ordinairement
d'une multitude de plantes différentes : les unes
sont élevées et grèles, telles que l'ivraie, l'a-
voine élevée ou folle avoine, les fétuques, la
flouve odorante, le paturin des prés, toutes les
plantes de la famille des graminées; les autres
sont inférieures en hauteur, ont des feuilles plus
nombreuses et plus larges, telles sont : les différentes espèces de gesse, de vesce, de lotiers,
d'orobes, d'astragales, de trèfle, de sainfoin,
etc., toutes les légumineuses.

Vous comprendrez bien vite qu'il doit en être ainsi. Si les graminées étaient seules, elles ne couvriraient pas suffisamment le sol ; leur pied ne serait pas protégé contre les ardeurs du soleil ; elles ne donneraient point de regain ; le pire de tout, c'est qu'elles favoriseraient la venue des mauvaises herbes.

Si les plantes légumineuses étaient seules, elles ne donneraient pas un foin assez long et assez abondant, assez favorable à la vente, assez sec et assez succulent pour les chevaux.

C'est donc l'expérience de tous les temps et la nécessité de satisfaire à tous les besoins de végétation des plantes et de nourriture des bestiaux qui ont fait reconnaître les avantages d'une prairie composée de plantes qui se protégent réciproquement et qui puissent donner : 1° un foin long, sec et succulent pour les bêtes de travail ; 2° un second foin appelé regain, pour les vaches laitières ; 3° un pâturage pour les moutons.

Mais, j'en conviens, le choix des plantes est bien difficile pour les cultivateurs qui n'ont pas étudié la botanique ; car les familles des graminées et des légumineuses sont bien nombreuses ; et telle variété qui vient bien dans un terrain ne vient pas dans un autre, s'il n'y a pas identité de climat, d'élévation, de nature de sécheresse ou d'humidité du terrain. D'autre part, les graines qu'on achètera seront-elles bien celles qu'on aura demandées, ne seront-elles point trop vieilles ; leur différence de grosseur et de nature permettra-t-elle de les semer ensemble ou séparément, etc.? Pour résoudre ces questions d'une manière satisfaisante, il faudrait entrer dans des détails longs et difficiles que la pratique et l'expérience vous feront plus aisément connaître.

Heureusement, pour le plus grand nombre des cultivateurs, on récolte, dans presque toutes les contrées à vastes et bonnes prairies, de la graine de foin mélangé qu'on appelle vulgairement *fenasse*. Cette graine mélangée est ordinairement très-bonne; mais il faut la semer très-épais. On y ajoute souvent de la poussière de foin, prise dans son propre grenier ou dans celui d'un voisin, dont les prairies sont dans les mêmes conditions de terrain et de hauteur. Une prairie basse et humide ne produit pas le même foin que les prairies sèches et élevées. Quelques graines de trèfle jaune, de sainfoin ou de luzerne, dans les terrains secs, profonds et perméables, complètent le mélange. Le succès est assuré, si l'on sème dans le mois de septembre avec toutes les conditions et précautions d'ameublissement du sol. Si l'on sème au printemps, un semis d'avoine, je vous l'ai dit tout-à-l'heure, est toujours avantageux pour protéger les jeunes plantes contre la sécheresse et le soleil.

S'il sortait de mauvaises plantes, il faut se hâter de les arracher.

Des prairies artificielles.

Avant la découverte des prairies artificielles, on mettait en usage un système de repos appelé *jachère;* c'est-à-dire qu'on laissait la terre in-

culte pendant une ou plusieurs années, selon
le degré de son épuisement. Par ce funeste
système, non-seulement le quart au moins du
domaine restait chaque année sans production,
mais encore les mauvaises herbes prenaient si
fortement possession du sol que, pour les détruire, il fallait un défrichement profond suivi
d'un écobuage. Quelle perte pour les agriculteurs ! Cependant la jachère peut être utilement
employée sur une terre que des écobuages trop
fréquents et une culture inintelligente ont épuisée complétement. Dans ce cas, il faut labourer
profondément le terrain avant l'hiver, le labourer encore au printemps suivant, y répandre de
la chaux pour détruire les mauvaises herbes, le
labourer de nouveau dans l'été et y semer de la
vesce, de la poisette, de la gesse ou du blé noir
que l'on enfouit en terre au moment de la floraison. Par ce moyen, on rend à ce terrain l'humus
qu'il a perdu.

Les plantes dont on forme ordinairement les
prairies artificielles sont : la luzerne, le sainfoin et les diverses variétés de trèfle. — On en
forme quelquefois avec l'avoine élevée, l'ivraie
vivace, le paturin des prés, les vesces, les gesses,
le lupin, le mélilot, la pimprenelle, etc., dans
certains terrains qui conviennent peu au trèfle
ou qui en ont produit trop fréquemment. Je vous
l'ai dit plusieurs fois : une récolte, quelle qu'elle
soit, ne réussit jamais bien si on la sème trop
souvent sur le même terrain ; il faut en reculer
le retour aussi loin qu'on le peut.

17

De la Luzerne.

La luzerne est originaire de la Médie, d'où lui vient son nom latin *medicago*. Elle fait partie de la nombreuse famille des légumineuses, et a plusieurs variétés toutes excellentes pour la nourriture des bestiaux, surtout pour ceux qu'un travail trop long et trop pénible a épuisés. Nous ne nous occuperons que de l'espèce que l'on sème le plus communément à cause de sa durée, de la qualité-nutritive et de l'abondance de son fourrage, et que, pour ces raisons, on a appelée luzerne cultivée; en latin, *medicago sativa*.

Cette espèce de luzerne est vivace; ses racines pivotantes s'enfoncent profondément dans le sol; ses tiges, herbacées, droites, lisses, rameuses, hautes de trente-trois à soixante-six centimètres, sont garnies de feuilles nombreuses à trois folioles dentées; ses fleurs, de couleur purpurine, sont disposées en grappes et sont remplacées par des gousses roulées en spirales, qui renferment la graine de couleur jaunâtre et réniforme.

Cette espèce de luzerne exige une terre douce, légère, substancielle, profonde, ni trop sèche, ni trop humide. Les sols d'alluvion, dans les vallées, les bords des rivières qui déposent du sable gras et limoneux lui sont très-favorables. Mais quelque propice que soit le terrain, comme la qualité et surtout l'abondance de son fourrage tiennent beaucoup à la facilité que ces racines trouvent à s'enfoncer dans le sol, il faut nécessairement, par des labours ou des défoncements profonds, selon la nature du terrain, leur en faciliter les moyens. La luzerne redoute aussi les mauvaises herbes et le fumier frais; le sol doit par conséquent être bien nettoyé et engraissé avec du fumier bien consommé.

L'époque la plus favorable au semis de la luzerne est, dans nos contrées, la première quinzaine de septembre. Plus tard, les gelées précoces de la fin d'octobre ou des premiers jours de novembre pourraient détruire les jeunes herbes qu'elle aurait poussées et anéantir la prairie. C'est cette crainte qui fait que, dans le Nord et dans le voisinage des hautes montagnes, on ne sème la luzerne qu'au printemps. Mais, dans ce cas, il faut mêler la graine de luzerne avec de l'orge ou de l'avoine pour protéger le jeune plant contre la sécheresse, le hâle et les rayons solaires. L'orge ou l'avoine qu'on a semée avec la luzerne se coupe à l'époque ordinaire de leur maturité, mais assez haut pour ne pas toucher aux tiges de la luzerne qui pousseraient avec moins de vigueur si ses tiges étaient atteintes par la faucille.

La luzerne fait peu de progrès la première année; d'abord, parce qu'il est nécessaire de la semer clair, ce qui arrive naturellement quand on y mêle de l'orge ou de l'avoine, ensuite parce qu'elle ne produit des tiges et des feuilles qu'en raison de l'enfoncement de ses racines dans le sol. Dès la seconde année, elle donne deux coupes qui se multiplient indéfiniment les années suivantes; de telle sorte que, dans un bon terrain, défoncé, fumé, préparé d'une manière con venable et exposé au midi, elle fournit quatre fois autant de fourrage que le meilleur pré.

Il est avantageux de faucher la luzerne quand les fleurs commencent à se montrer, et après la pluie, si cela se peut. Quand on attend que les fleurs soient passées, elle perd de sa qualité nutritive, et de plus, c'est du temps perdu pour la nouvelle poussée; elle est aussi plus lente à sécher et plus dure sous la dent des bestiaux.

Une luzernière, dans un terrain ordinaire, mais bien faite, dure de douze à quinze ans, sans engrais. Quand elle commence à faiblir, on peut lui redonner de la vigueur en y répandant de la marne, du plâtre ou de la chaux éteinte. Mais cette vigueur n'est que d'une courte durée. Le mieux est de garder l'amendement pour une nouvelle luzernière et de rompre l'ancienne pour y semer du blé.

On récolte la graine sur une luzernière de quatre ans au moins et dix ans au plus, et qu'on laisse mûrir, dans ce but, sans la couper au printemps.

Les qualités alimentaires de la luzerne diminuent, ainsi que son produit, à mesure qu'elle s'éloigne du midi; cependant de nombreuses expériences ont prouvé qu'elle conservait dans nos contrées assez de vigueur pour donner quatre coupes abondantes par année, et assez de sucs nutritifs pour être le fourrage le plus nourrissant que nous puissions cultiver. Mais l'abondance de ces sucs fait qu'il serait dangereux d'en donner trop à la fois aux bestiaux. La meilleure manière d'en nourrir les bestiaux et de la conserver saine, est de la mélanger avec d'autre foin et même avec de la paille. On évite ainsi l'échauffement des animaux qui s'en nourrissent, et la moisissure et quelquefois l'inflammation qui résulte de son entassement dans les greniers ou en meule lorsqu'elle a été rentrée avant sa complète dessication, ou quand elle a été mouillée par la pluie.

Pour prévenir tous ces accidents, quelques agronomes conseillent de faire consommer la luzerne en vert. Ce conseil est excellent, surtout dans les contrées pluvieuses, où il est si difficile et souvent impossible de la rentrer sèche. Mais qu'elle soit verte ou sèche, il faut toujours en donner avec modération aux bestiaux. Et comme elle contient beaucoup d'eau de végétation, ce qui la rend très-susceptible de fermentation, on ne doit la couper que lorsque le soleil a séché la rosée ou avant que le serein ne l'ait humectée.

Je dois faire ici une importante observation : c'est de ne jamais laisser paître les bestiaux dans la luzerne et dans les trèfles, sauf aux mois d'octobre et de novembre, que quand le soleil a bien séché la prairie. Toutes les plantes vertes et surtout la luzerne et le trèfle contiennent beaucoup d'air et d'humidité; les bestiaux les mangent avec avidité. Lorsqu'elles sont entassées dans leur estomac, la chaleur qu'elles y trouvent les fait entrer en fermentation, l'air s'en dégage avec explosion et cause des tranchées ou des météorisations qui tuent l'animal, si des secours prompts et énergiques ne lui sont pas donnés (1).

Du sainfoin.

Le sainfoin a, comme toutes les autres plantes, plusieurs variétés; nous ne nous occuperons que du sainfoin commun, vulgairement appelé *esparcette*, en latin *hedysorum onobrychis*.

Le sainfoin est une plante vivace de la famille des légumineuses; elle est originaire du midi de l'Europe, où elle croît spontanément sur les coteaux arides et calcaires. Sa racine est dure, ligneuse, fibreuse et rameuse vers son collet; elle est surtout très-longue et pivote prodigieusement. Ses tiges herbacées, droites ou inclinées, hautes de trente à soixante centimètres, sont garnies de feuilles alternes, ailées, ayant de neuf à treize folioles ovales, lancéolées, terminées par un style. Ses fleurs purpurines disposées en épi à l'extrémité de longs pédoncules axillaires, sont remplacées par des gousses orbiculaires, renflées, hérissées de pointes, ne contenant qu'une semence en forme de rein.

Le sainfoin commun résiste plus qu'aucune autre plante au froid et à la sécheresse, ce qui le rend bien précieux pour les coteaux élevés, arides et inclinés, dont il retient les terres, tout en produisant un pâturage abondant, recherché de tous les bestiaux et surtout des moutons,

---

(1) Selon M. Villeroy, les météorisations ne sont pas à craindre en automne.

auxquels on peut le livrer sans crainte des accidents et des météorisations que le trèfle et la luzerne occasionnent malheureusement si souvent. Dans ces positions élevées et arides, il ne produit qu'une coupe et un pâturage, mais dans des terres calcaires, meubles, profondes, moins froides et moins sèches, il donne ordinairement trois coupes et un bon pâturage pour les mois d'octobre et de novembre.

Le sainfoin, naturellement très-vivace, a, comme toutes les plantes pérennes, une longévité relative à la position et à la nature du terrain. Dans les terres calcaires, graveleuses, inclinées et tournées au midi, quand on a soin d'en arracher les graminées agrestes et les bromes qu'elles produisent spontanément, le sainfoin peut durer huit ou dix ans. Dans les terres fertiles, en plaine, il ne donne de bons produits que pendant trois ou quatre années. On le ravive et on prolonge sa durée en y répandant du plâtre ou de la chaux éteinte au printemps. Il prépare admirablement la terre à produire tout autre récolte. Sa puissance fertilisante est si grande, que sa culture a métamorphosé des plaines et des coteaux arides et improductifs, en terres à froment.

Quand on veut semer le sainfoin sur un terrain très-médiocre, ou d'un difficile accès, ce qui rend le transport des engrais très-coûteux, il faut s'y prendre une année d'avance. On laboure très-profondément avant l'hiver pour que la neige, le gel et le dégel pénètrent fort avant dans la terre et la divisent. On laboure une seconde fois au printemps suivant, aussi profond qu'on le peut, en faisant passer deux fois la charrue dans la même raie. On croise ce second labour par un troisième, afin d'émietter la terre ; on sème du blé noir, des pois, des vesces, du lupin, ou tout autre plante oléagineuse que ce soit ; on l'enterre en guise de fumier au moment de la floraison et on laisse le champ hiverner en cet état. Au printemps suivant, on laboure de nouveau très-profondément ; on croise par un léger labour pour égaliser et émietter la terre, et on y sème la graine de sainfoin en y mêlant de l'avoine ou de l'orge, en ayant soin que le mélange se compose de deux tiers de sainfoin, et que le tout soit égal à deux fois la quantité de blé qui serait nécessaire pour la même étendue de terrain.

Le sainfoin profite peu la première année ; quelquefois il est clair, mais il ne faut pas s'en étonner, attendu que beaucoup de graines ne se développent que la seconde année. Cette plante présente encore un autre phénomène très-important à connaître : le collet des racines, c'est-à-dire cette espèce de rebord ou d'anneau qui sépare les tiges des racines, est souvent à trois centimètres au-dessus de la terre. Or, avant de livrer un champ de sainfoin au pâturage, il est utile, s'il n'est pas indispensable, d'y répandre de la marne ou tout au moins de la terre préparée à cet effet dès l'année précédente. Sans cette précaution, les moutons couperaient la plante au-dessous du collet ; et toute plante ainsi coupée se dessèche et meurt.

Du Trèfle.

La plus précieuse des plantes dont on forme les prairies artificielles pour les assolements à court terme, est sans contredit le trèfle, en latin *trifolium*. Elle est comme la luzerne et le sainfoin, de la famille des légumineuses, et compte un grand nombre d'espèces ou variétés annuelles, bisannuelles ou vivaces, dont deux seulement sont cultivées dans nos contrées : le trèfle commun ou des prés, *trifolium pratense*, et le trèfle incarnat, *trifolium incarnatum*.

Le trèfle des prés est indigène; sa racine est ligneuse, fibreuse et pivotante; ses tiges, hautes de trente à quatre-vingts centimètres, selon la bonté du terrain (quelquefois d'un mètre), sont garnies de folioles ovales, trilobées et assez fréquemment marquetées de blanc ou de noir; ses fleurs, de couleur purpurine et disposées en têtes arrondies, sont assez persistantes et sont remplacées par de petites gousses contenant des graines rondes d'un brun violet et quelquefois tirant sur le jaune.

Le trèfle aime les terrains frais et profonds; il réussit très-bien sur les sols argileux convenablement amendés. Les terrains trop amaigris par une succession de récoltes épuisantes ou par défaut d'engrais, les terrains graveleux et arides, trop sablonneux et secs, ou trop marécageux, ne lui conviennent pas; bien plus, il ne donne que de faibles et de mauvais produits sur le meilleur terrain, quand on l'y sème trop souvent : il faut au moins quatre années d'intervalle entre chaque semis.

Les engrais calcaires, pulvérulents ou liquides, augmentent considérablement sa vigueur et sa production. Celui qui agit le plus efficacement sur son développement, est le plâtre répandu par un temps humide, quand il a atteint dix ou douze centimètres de hauteur.

On a quelquefois semé le trèfle commun en automne avec succès, seul ou sur des champs ensemencés en grains; mais cette méthode convient peu à nos contrées. La meilleure manière est de le semer au printemps sur un blé fait en automne. Tantôt on le recouvre avec la herse, tantôt avec le rouleau : le rouleau est préférable quand la terre a été soulevée par des gels et des dégels fréquents. Quelquefois on ne le recouvre pas du tout; mais alors il a moins de chances favorables à son succès, pour peu qu'on ait tardé de le semer. Quelques agriculteurs profitent même avec avantage des dernières neiges de février pour le répandre sur le champ. Nous approuvons cet usage que nous avons essayé; mais il faut que la couche de neige soit très-peu épaisse, ce qui fait espérer une fonte très-rapprochée. La graine, n'ayant pas eu le temps de perdre sa faculté germinatrice et étant enfoncée en terre par la fonte de la neige, n'a pas par conséquent besoin d'être recouverte, et elle germe aux premières chaleurs.

La première année, le trèfle garantit les racines du blé, du hâle et de la sécheresse; et comme il pousse très-vite et couvre bien la terre,

il étouffe les herbes spontanées. Après la moisson, on laisse grandir le trèfle pendant quelques
jours, puis on le fauche avec le chaume qui
s'imprègne de l'odeur et de la saveur du trèfle
et devient ainsi un bon fourrage d'hiver.

La seconde année, il donne trois coupes que
l'on fait manger vertes aux vaches laitières dont
elles améliorent et augmentent le lait. La première coupe doit être faite aussitôt que quelques
fleurs paraissent; plus tard, elle ne serait pas
aussi favorable aux vaches et nuirait à la seconde coupe. Il en serait de même de la seconde
par rapport à la troisième.

Quand on veut récolter de la graine de trèfle,
on laisse fleurir et fructifier la seconde coupe de
la seconde année : les autres coupes ne pourraient pas produire une bonne graine de semence. Mais quand le trèfle a donné sa graine, il
a passé la maturité d'alimentation; il a absorbé
beaucoup de matières minérales qui rendent sa
digestion difficile. Il y aurait danger de maladie
à le donner vert aux bestiaux. Ce qu'il y a de
mieux à faire, c'est de hâter sa dessication en le
mélangeant avec de la paille aussitôt après la
coupe, et de le conserver pour l'hiver.

On est bien souvent obligé d'acheter de la
graine de trèfle; et il est bien difficile de distinguer si elle provient de la seconde ou de la troisième coupe. La graine de la seconde coupe est
toujours plus lourde, c'est vrai; elle est ordinairement plus brune et plus brillante, c'est encore vrai; mais on n'a pas de terme de comparaison sous les yeux; et bien souvent on achète

de la graine de la première ou de la troisième coupe. Il y a donc utilité à éprouver la graine qu'on a achetée avant de la semer : le succès de la récolte en dépend.

On éprouve la graine de trèfle comme celle du sainfoin, comme toutes celles que les jardiniers cultivent, en mettant cent ou deux cents graines dans un linge mouillé; on en fait un petit paquet que l'on enfouit dans un vase ou pot plein de terre. On le tient près de la cheminée et on l'arrose d'eau tiède. Quelque temps après, on examine combien de graines ont germé. S'il n'y en a que la moitié, il faut doubler la quantité de semence; s'il n'y en a point ou presque point de germées, la graine n'est bonne qu'à être donnée aux poules.

Dans les terrains médiocres ou peu favorables au trèfle, il arrive souvent que la troisième coupe est tardive ou de peu d'importance quand arrive l'époque des travaux préparatoires de la récolte suivante, qui est ordinairement du blé. Dans ce cas, il ne faut pas hésiter à enfouir cette troisième coupe; elle fera un excellent engrais végétal, dont le blé profitera et payera cent fois la valeur.

Trèfle incarnat.

Cette espèce de trèfle est annuelle; ses tiges, hautes de cinquante à soixante centimètres, sont garnies de larges folioles crénelées (à dents arrondies) et qui ne se tournent vers aucune de leurs extrémités. Ses fleurs sont d'un beau rouge

incarnat et disposées en épi ovale et oblong.
Quand la plante a atteint sa maturité de production, les fleurs sont remplacées par des gousses
roussâtres qui renferment des graines jaunâtres
et arrondies.

Le trèfle incarnat ne donne qu'une coupe;
mais elle est très-abondante. Sa précocité le rend
bien précieux pour les vaches laitières; il peut
être coupé huit ou dix jours et souvent quinze,
avant le trèfle des prés.

On peut le semer sur un chaume de froment,
sans labour, en l'enterrant avec une herse lourde,
à dents longues et acérées, que l'on fait suivre
du rouleau. On a reconnu qu'il réussit mieux
ainsi que sur une terre labourée. Mais, comme
il ne pousse qu'une seule tige, il faut le semer
très-épais et lui donner une bonne fumure de
plâtre quand ses tiges ont dix ou douze centimètres de hauteur. Après la coupe qui a lieu
dans la première quinzaine de mai, on a encore
le temps de préparer la terre qui l'a produit, à
recevoir une seconde récolte dans la même année.

Fanage des foins.

Il n'est pas un agriculteur qui ne sache faner
(faire sécher) son foin. C'est, j'en conviens, une
opération bien facile; mais toute facile qu'elle
est, elle a des principes ignorés du plus grand
nombre, et qu'il est très-utile de connaître.

En effet, les foins ne sont pas tous semblables,
et on les fauche à des époques bien différentes.
Il faut donc savoir que les herbes fauchées sèchent

d'autant plus rapidement qu'elles ont subi un commencement de fermentation ; que la pluie blanchit le foin ; qu'un foin blanchi n'a pas autant de sucs et n'est pas favorable à la vente ; qu'un foin brisé est plus difficile et plus long à charger et à mettre en bottes, et qu'il s'en perd davantage ; que le regain, étant plus chargé d'eau que le premier foin et se fauchant à une époque plus humide et par des journées moins longues, nécessite plus de soins et plus de temps pour opérer sa dessication ; que la luzerne, le sainfoin, le trèfle, enfin toutes les légumineuses, étant encore plus chargés d'eau et plus fragiles que le regain, exigent encore plus de temps et plus de précautions.

Connaissant les motifs, vous comprendrez plus aisément les soins et les nécessités de l'opération.

La première coupe du foin est ordinairement faite au mois de juin. A cette époque de l'année, le soleil est très-chaud, les journées sont très-longues. On laisse le foin en andains jusqu'au lendemain matin. Au point du jour, tandis que le foin est encore flexible par l'effet de la rosée, on le retourne et on l'éparpille sur toute la surface du pré. Vers le soir, on le rassemble en petites meules pour passer la nuit. Ainsi rassemblé, il prend une chaleur qui est un commencement de fermentation et qui est sensible à la main. Le lendemain, quand le soleil darde la prairie, on étend le foin, et en quelques heures il est assez sec pour être mis en grange.

La pluie interrompt quelquefois cette opération; il ne faut alors, ni retourner les andains, ni étendre les petites meules : le foin perdrait tout son suc et blanchirait.

Le regain est ordinairement coupé au commencement d'octobre. Les mêmes précautions sont à prendre. Mais la saison étant plus humide et les journées moins longues, l'opération dure un jour, quelquefois deux jours de plus. Chaque soir on entasse le foin en petites meules, que l'on étend le lendemain quand le soleil a frappé la prairie. S'il survient de la pluie, on laisse les meules entières. La fermentation qui s'y établit ne serait à craindre qu'autant que la pluie durerait plusieurs jours. Cette fermentation donne de la couleur au foin et n'altère en rien ses propriétés nutritives.

Quand on fait sécher de la luzerne, du sainfoin et surtout du trèfle, il faut retourner les andains tout d'une pièce, avec le manche de la fourche que l'on passe dessous et que l'on relève avec lenteur et précaution, afin d'éviter un froissement ou un choc qui ferait tomber les feuilles et les fleurs. Ce foin sèche difficilement dans nos contrées. Une bonne manière d'y procéder est de le mettre, après une demi-dessication, en petits tas de cinquante centimètres de hauteur, et de ne pas y toucher, s'il fait beau, jusqu'à dessication complète. S'il pleut, on profite des intervalles de beau temps pour entr'ouvrir les tas et leur donner de l'air.

Un moyen bien plus prompt et plus certain, surtout dans les saisons pluvieuses ou quand les champs sont éloignés, est d'avoir un certain

nombre de petits piquets armés de crochets ou
d'un double croisillon de bois attaché avec un
osier. On plante ces piquets à une certaine distance les uns des autres, et on y met, en forme
de chapeau, autant de foin vert qu'ils peuvent en
contenir. Le trèfle, ainsi suspendu et recevant
l'air et le soleil de toutes parts, arrive bien vite
à une dessication complète.

M. Félix Villeroy, dans son livre intitulé l'*Ele-*
veur des bêtes à cornes, donne la description
d'une espèce de chevalet que je trouve encore
plus commode et plus efficace. En voici le dessin :

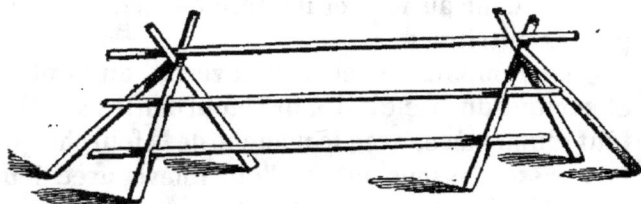

Ce sont, comme vous le voyez, deux piquets
écartés par le bas, réunis au sommet et formant
deux chevalets que l'on place à une certaine distance l'un de l'autre et sur lesquels on place trois
traverses retenues, soit par des chevilles, soit
par des brins d'osier. Pour consolider l'appareil,
on place de chaque côté un troisième piquet qui
sert d'étançon. On charge chaque traverse de
trèfle, en commençant par l'inférieure, et en
ayant soin de n'en pas mettre trop épais, afin
que l'air puisse circuler librement à l'intérieur.

On ne doit pas mettre sur les traverses le trèfle mouillé par la pluie ni aussitôt qu'il a été fauché; il faut attendre qu'il ait eu un commencement de dessication.

Le trèfle peut rester quinze jours et même davantage sur les traverses, sans inconvénient ; la superficie blanchit un peu, mais l'intérieur conserve sa couleur verte, et pas une feuille ne se détache des tiges. De plus, la coupe suivante pousse sans obstacle, ce qui ne peut avoir lieu sous les tas laissés sur le sol.

CHAPITRE IX.

—

DE LA VIGNE.

❧

SECTION PREMIÈRE.

—

Vocabulaire.

Pour bien comprendre ce que j'ai à vous dire de la vigne, il est utile que vous soyez fixés sur la valeur des termes employés par les auteurs dans son histoire, sa physiologie, sa végétation et sa culture.

Vigne. — Nom générique de l'arbuste qui produit le raisin.

Une vigne ou *un vignoble.* — Certaine étendue de terrain complanté en vignes. Quand on dit une bonne vigne ou un beau vignoble, on exprime une idée générale qui s'applique au terrain et aux vignes qui y sont plantées.

Cep. — Pied de vigne pris d'une manière isolée. Exemple : Il y a dans cette vigne des ceps magnifiques.

Tige. — Mère branche ou partie du cep comprise entre le sol et les branches qui ont poussé sur la tige.

Coursons. — Branches secondaires, adhérentes à la tige, et qui ont un, deux ou trois ans d'âge.

Sarments. — Branches de l'année qui ont poussé sur les coursons.

Gourmands. — Bourgeons inattendus qui se sont développés sur la tige ou sur les coursons. On les appelle quelquefois sarments adventices.

Crossette. — Sarment coupé sur le sarment de l'année précédente et auquel on laisse en forme de crosse une partie de ce dernier sarment. Les crossettes, mises en terre, prennent des racines et reproduisent de nouveaux ceps. — On les désigne souvent sous le nom de *chapons*.

Rajus ou *Barbus.* — Crossettes garnies de racines et ayant deux ou trois ans de plantation.

Souche. — Cep de vigne où l'on a coupé des crossettes.

Vrille. — Espèce de main au moyen de laquelle la vigne s'accroche aux corps qui l'avoisinent.

Pédoncule. — Croissance herbacée qui supporte les feuilles et les grappes de raisin.

Grappe. — Le raisin tout entier.

Rafle. — Grappes dépouillées des grains de raisin.

SECTION DEUXIÈME.

Origine de la vigne.

Et le vingt-septième jour du septième mois, l'arche se reposa sur les montagnes d'Arménie. (Genèse, ch. VIII, ver. 4.)

Noé, s'appliquant à l'agriculture, commença à labourer et à cultiver la terre, et il planta la vigne; et ayant bu du vin, il s'enivra. (Genèse, ch. IX, § 20 et 21.)

Voilà un certificat d'origine que personne ne peut contester, à moins qu'on ne veuille remonter plus haut que le déluge.

De l'Arménie, province d'Asie, située entre le 37e et le 44e degré de latitude, la vigne s'est étendue à l'orient et à l'occident du Tigre et de l'Euphrate, jusqu'aux bords de la mer Caspienne et de la mer Méditerranée.

Elle fut apportée, ainsi que l'olivier, dans les Gaules, par les Phocéens, peuple de l'Asie Mineure, qui fondèrent la ville de Marseille sur la fin du sixième siècle, avant Jésus-Christ.

Les coteaux du Rhône et les deux Narbonnaises, le Languedoc et la Provence en furent bientôt couverts; elle y réussit tellement, que toutes les nations riveraines de la Méditerranée préféraient le vin des Gaules à tous ceux de la

Grèce et de l'Italie. L'empereur Domitien, jaloux d'une préférence qui enrichissait un peuple conquis, prit prétexte d'une famine qui désola l'empire en l'année 92 de notre ère, pour ordonner la destruction des vignes de la Gaule et la culture du blé sur tous les terrains qu'elles occupaient. L'édit fut exécuté partout avec rigueur; et ce ne fut que deux siècles après, vers l'année 280, que l'empereur Probus, après avoir délivré la Gaule des Barbares qui l'avaient envahie pour la troisième fois, permit aux Gaulois de replanter la vigne. Il était fils d'un laboureur et était parvenu, par ses talents et son courage, aux premiers grades de l'armée.

Cette permission mit le comble à la joie et au bonheur des Gaulois. La vigne fut replantée, non-seulement sur les coteaux qu'elle avait embellis, mais encore partout où un terrain et une position favorables à sa culture se présentaient. Elle se répandit dans la Novempolunanie (l'Aquitaine), franchit les Pyrénées, couvrit l'Espagne; puis, suivant ou remontant le cours des fleuves et des rivières, elle atteignit les rives de la Loire, de la Seine, de l'Yonne, de la Marne, de la Moselle, du Rhin et du Danube. Mais si quelques contrées de l'Espagne et de la Hongrie fournissent des vins très-spiritueux et très-appréciés, c'est toujours en France que la vigne donne ses produits les plus nombreux, les plus délicats et les plus recherchés.

SECTION TROISIÈME.

Histoire naturelle de la vigne.

La vigne (*vitis vinifera.* — Vigne cultivée), est
un arbuste de la famille des ampélidées. Sa fleur
est rosacée, disposée en grappe et opposée aux
feuilles qui sont alternes, grandes, palmées, découpées en cinq lobes, plus ou moins incisées,
divisées et dentées.

Les branches de la vigne sont armées de
vrilles, au moyen desquelles elle s'accroche aux
corps qui l'avoisinent. La racine principale
plonge en terre pour y assujettir la plante, et se
divise en plusieurs branches, d'où sortent de
nouvelles racines, si nombreuses et si tenues,
qu'on leur donne le nom de *chevelu*, et par lesquelles la vigne aspire les sucs propres à la nou-
rir.

La tige, souvent tortueuse, est toujours couverte d'aspérités produites par des nœuds et par
une écorce si faiblement adhérente au liber,
qu'elle s'en détache continuellement par écailles
ou par longs et étroits filaments. Ce fréquent
changement des parties corticales annonce que
son bois ne peut avoir d'aubier, et par conséquent, que toute la partie ligneuse du pour-
tour a une grande densité. Un plant de vigne
sauvage, abandonné à la nature dans un terrain

et sous un climat qui lui conviennent, et trouvant près de lui des appuis capables de résister
à la force de sa végétation, acquiert un volume
énorme, une dureté extraordinaire et une étonnante longévité. En Afrique, sur les côtes de la
Barbarie, on a vu des ceps de quatre mètres de
circonférence. En Amérique, elle étend ses rameaux à des distances prodigieuses; elle sur-
monte les arbres les plus élevés et semble les
étouffer dans ses embrassements. Selon le natura-
liste Pline, les anciens en faisaient des statues,
des colonnes, des charpentes pour les temples de
leurs divinités. Les modernes savent que les grandes portes de la cathédrale de Ravennes sont en
bois de vigne, dont les planches ont plus de
quatre mètres de hauteur sur quatre décimètres
de largeur. Il n'y a pas longtemps que de très-
grandes tables, faites d'une seule planche de ce
bois, existaient dans les châteaux de Versailles
et d'Ecouen. Et en effet, il n'est point de bois plus
indestructible que celui-là. (Ext. de Chaptal.)

Il n'en est pas ainsi des vignes cultivées, surtout dans nos contrées : la sève, employée au
renouvellement des nombreux sarments qu'on
lui enlève chaque année, se porte avec violence
vers les extrémités, ses éléments s'épuisent, les
canaux qui la filtraient se dessèchent, le cep
contrarié dans sa végétation ne peut acquérir
un gros volume ni atteindre une grande vieillesse. Une vigne basse est vieille à trente ou quarante ans. Dans quelques parties du Languedoc,
où l'on tient plus à la quantité qu'à la qualité,
on les renouvelle tous les vingt ans. Une vigne

en pyramide ou en hautins perd sa vigueur à environ cinquante ans. Le voyageur agronome Miller dit que, dans certains cantons de l'Italie, il y a des vignes cultivées qui portent fruit depuis trois cents ans, et qu'on y appelle jeunes vignes celles qui n'ont qu'un siècle.

Il en est de la vigne comme des autres arbres fruitiers; plus on la taille court, plus on met obstacle à son développement naturel, moins elle vit. On arrive au même résultat par une mise à fruits trop hâtive et par une plantation mal faite ou trop serrée. La vigne s'épuise à produire des raisins, et, ne pouvant réparer ses forces par l'extension de ses racines dans le petit espace qu'on lui a donné, elle meurt avant le temps fixé par la nature.

∽

SECTION QUATRIÈME.

Variétés de la vigne.

Le nombre des variétés de la vigne est très-considérable. Plusieurs savants ont essayé d'en faire la nomenclature; plusieurs jardiniers botanistes et très-expérimentés ont été chargés de recueillir les divers ceps de la Bourgogne, de la Champagne, du Languedoc, de la Provence, du Dauphiné, de tous les vignobles qui ont quelque célébrité, et ils ont reculé devant un travail sans fin et que la nature semble prendre plaisir à rendre impossible. En effet, des ceps semblables par la couleur, la grosseur des sarments et la forme des feuilles, produisent des raisins tellement différents selon le climat, l'exposition et la nature du terrain, que l'on ne sait à quels caractères se rattacher pour faire un classement régulier. C'est au point, dit-on, que deux crossettes coupées sur la même souche, dont l'une serait plantée en Bourgogne et l'autre en Provence, produiraient des raisins qui différeraient de forme, de grosseur et même de goût.

D'après cela, je ne vous parlerai que des espèces vinifères les plus répandues dans nos contrées. Quant aux espèces de table, elles sont du domaine de l'horticulture; j'en parlerai quand je traiterai de l'art de cultiver les jardins.

Les espèces qui sont le fonds de tous nos vignobles sont au nombre de cinq : trois noires et deux blanches :

1º Le Salis, comprenant deux variétés,)
2º La Serêne, *id.*   *id.*   *id.*,   } noirs.
3º L'Aguselle,)

4º La Dame, *id.*   *id.*   *id.*,   } blancs.
5º Le Blanquet,)

Je vous préviens, toutefois, que ces noms ne sont pas généralement adoptés : chaque commune a ses noms comme ses variétés. On les reconnaîtra à la description que je vais en faire.

Raisins noirs.

Gros Salis. — Sarment gros, un peu aplati, rouge mélangé de blanc, plus blanc que rouge

18

dans les terrains sablonneux et bien fumés; nœuds (yeux) écartés de neuf à douze centimètres; feuilles larges, épaisses, cotonneuses, vert foncé en dessus, presque jaunes en dessous; lobes faiblement accusés et dentés. Grappes très-grosses, à gros grains ronds, serrés, noirs-bleu très-juteux.

Ce plant, très-fécond et précoce, ne donne qu'un vin faible, presque dépourvu de spiritueux. C'est une variété du gamais ou gamet de la Bourgogne. A Voiron, on lui donne le nom de Gamiau; à Saint-Ismier, dans la Vallée, une variété à peu près semblable pour la forme du cep et la qualité du vin, est appelée *Savoyanche* ou *Mondouze*, quelquefois *Mondeuze*.

Petit Salis. — Mêmes caractères que le précédent, mais moins prononcés : le sarment est plus petit et ses nœuds ne sont espacés que de 0,07 centimètres.

C'est le petit gamais de la Bourgogne. Il est presque aussi fécond que le Gros Salis et donne un vin de meilleure qualité.

Grosse Serêne. — Sarment rouge, rond, légèrement strié; nœuds espacés de 0,13 centimètres; feuilles larges, allongées, épaisses, dentées, vert foncé dessus, vert pâle dessous; lobes très-profonds et à pétioles de neuf à dix centimètres; ses larges feuilles sont accompagnées d'une seconde feuille plus petite; grappes grosses, obtuses, à grains ronds très-serrés et quelquefois aplatis par la vigueur de la végétation; jus noir, abondant, très-sucré; vin solide et de conserve.

Ce plant est à peu près le gros Morillon ou grosse Serêne, ou bourguignon noir de la Côte-d'Or.

Petite Serêne. — Mêmes caractères. Cependant le sarment est plus rouge et les nœuds ne sont espacés que de six à sept centimètres; la grappe est plus petite, plus compacte et encore moins allongée; ses grains sont plus petits et plus serrés.

Ce plant, très-robuste et très-fécond, donne un vin solide, très-haut en couleur et généreux; mais il mûrit tard et veut une exposition chaude. C'est le petit morillon de la Bourgogne. Le Picot-Rouge de Saint-Ismier en est une variété, si ce n'est le même plant.

Aguselle. — Sarment un peu aplati, brun foncé; nœuds diversement espacés : près du vieux bois, ils ne sont qu'à cinq ou six centimètres d'intervalle; un peu plus haut, ils s'écartent de neuf à onze centimètres. Feuilles fermes à petites nervures, d'un vert foncé, à lobes profonds, sans être trop écartés et accompagnés de petites feuilles presque rondes et partant du même nœud; grappes allongées et ailées; grains ovoïdes très-peu serrés.

Ce plant délicat fructifie moins que les Serènes et craint l'humidité; mais il donne un vin fin, liquoreux et peu haut en couleur. C'est à peu près le Pineau de la Bourgogne. Dans le haut Graisivaudan, on cultive une variété semblable, appelée *Etraire.*

Raisins blancs.

La Dame grosse. — Bois gros et court; feuilles grandes, rondes, entières, cotonneuses en dessous ; grappes grosses à gros grains ronds et pourrissant dans les terrains humides aussitôt après la maturité.

Ce plant produit beaucoup, mais il n'ajoute rien à la qualité du vin. C'est une variété du Colomban de la Provence, où la chaleur et la sécheresse du climat lui donnent des vertus qu'il ne peut acquérir dans nos vallées. Dans le Voironnais, on le nomme *Colombau*.

La Petite Dame ou *Verdesse*. — Espèce de morillon blanc, bien préférable au précédent ; feuilles grandes, peu découpées ; grains ronds, peu serrés ; parfumée, abondante.

Blanquet. — Sarments courts, feuilles rondes à dentelures assez profondes et régulières ; grappes courtes, grains petits, ronds, d'un jaune doré et foncé du côté frappé par le soleil. Produisant peu, mais très-parfumé et donnant au vin du spiritueux et un bouquet particulier très-agréable. C'est une variété du Sauvignon ou Sauvignin de la Bourgogne, d'où nos plants paraissent avoir été tirés.

ﾟ◌ﾟ

SECTION CINQUIÈME.

Choix des cépages.

L'espèce du cep influe sans doute sur la qualité du vin ; mais le climat, la nature du terrain et l'exposition, influent tellement sur la produc-

tion de la vigne, que telle espèce, très-féconde
en Bourgogne ou dans le Beaujolais, ne le serait
peut-être pas en Dauphiné. Après beaucoup d'essais infructueux, on a renoncé à substituer des
ceps étrangers aux ceps de la localité. On se
borne à relever la qualité de son vin par quelques plants d'une espèce abondante en principes
sucrés et d'une saveur prononcée.

Chaque contrée a ses bonnes et ses mauvaises
espèces; les unes produisent peu, les autres produisent beaucoup; et ce qu'il y a de remarquable, c'est que les ceps qui produisent le plus
sont presque partout les moins bons. M. de Gasparin et M. Thiébaut, auteur d'un manuel du
vigneron, rapportent que le Gamais, qui est très-
fécond en Bourgogne, détériore la qualité du vin
au point que Jean sans Peur, duc de cette province, en défendit la plantation par un édit.
Quelques propriétaires, jaloux de conserver la
réputation de leur vin, et sans doute aussi fa-
vorisés par une bonne exposition, extirpent ce
cep de leurs vignobles; mais d'autres (et c'est
le plus grand nombre) le conservent dans une
certaine proportion, afin de compenser, par son
grand produit, le peu de fécondité du *Pineau*
qui fait, avec le Morillon noir, le fond des
vignes de la Bourgogne.

Il en est de même dans la Gironde; sauf quelques clos fameux, le *Verdot*, le *Nerlot* et la *Grosse
Nérille*, qui sont très-féconds, ne produiraient
qu'un vin médiocre, s'ils n'étaient associés au
Carmenet, qui produit peu, mais qui donne au

vin de Bordeaux le bouquet et la saveur qui le font rechercher des gourmets.

Dans les vignobles des côtes du Rhône, le *Terret* donne beaucoup de fruits, mais il est presque dépourvu de principes alcooliques; aussi, il est toujours accompagné du liquoreux *Grenache* et du délicieux et peu fertile *Pique-Poule*.

Or, nous avons dans nos contrées trois espèces de ceps bien tranchées : 1° l'Aguselle, fine, délicate, alcoolique et parfumée, mais fructifiant peu ; 2° la Serêne, solide, généreuse, résistant à toutes les intempéries ; 3° le Salis, donnant abondamment, mais dépourvu de liqueur et sujet à la coulure. C'est de leur mélange que vous devez attendre une récolte annuelle, assez haute en qualité pour ne pas manquer d'acquéreurs, et assez abondante pour y trouver une juste rémunération de vos travaux et de vos dépenses. Vous y ajouterez quelques ceps de raisins blancs pour donner à votre vin de la délicatesse et du spiritueux.

Voici, selon moi, les proportions du mélange dans un terrain favorable.

25 Grosse Serêne,	
25 Petite Serêne,	
25 Aguselle,	raisins noirs.
5 Gros Salis,	
5 Petit Salis,	
10 Blanquet,	raisins blancs.
5 Verdesse,	

100

Cependant, sur un coteau incliné au midi et éloigné des grands arbres, je traiterais le Salis comme le Gamais est traité en Bourgogne dans les clos fameux : je le supprimerais d'abord, parce qu'il est sans vertu, et, parce qu'étant trop précoce, il est plus exposé que les autres espèces aux gelées du printemps, et serait atteint de pourriture quand la Serêne serait assez mûre pour être vendangée. Je le remplacerais par la Serêne, si je visais à la quantité, et par l'Aguselle, si je préférais la qualité.

Bien plus, si ma vigne avait acquis assez de réputation pour que le vin pût être vendu moitié ou seulement un tiers en sus du prix moyen de la localité, j'augmenterais le nombre de l'Aguselle et j'arriverais peu à peu à cette proportion :

50 Aguselle.
25 Petite Serêne.
10 Grosse Serêne.
 5 Blanquette.
 5 Petite Dame.
 5 Grenache ou Sirah de Tain.

100

Quant aux vignes en plaine, puisqu'il y en a dans la plaine, c'est en vain qu'on tenterait d'en améliorer les produits; c'est à la quantité et non à la qualité qu'il faut viser. Choisissez donc les plants qui donnent le plus, qui résistent le mieux à l'humidité, qui poussent tard et mûrissent de bonne heure, qui fassent un vin noir, épais. Il en faut pour toutes les bourses et pour tous les appétits.

Cependant il y a des vignes en plaine qui donnent un excellent vin; mais ce sont des plaines étroites, garanties des vents du nord et assez élevées au-dessus du niveau des eaux pour être promptement et facilement écoulées. Elles sont par conséquent assimilées aux vignes de coteau et doivent être traitées de même.

∞

SECTION SIXIÈME.

Végétation de la vigne.

La vigne se met en mouvement dès que la température atteint + sept ou huit degrés. La séve remplit le sarment et s'échappe par son extrémité quand on a taillé la vigne trop tard, et que par conséquent, le bout du sarment coupé n'a pas eu le temps de se durcir : c'est ce que l'on appelle les pleurs de la vigne.

A + neuf ou dix degrés de chaleur, les bourgeons grossissent, s'ouvrent, se développent à mesure que la température s'élève. A + treize degrés de chaleur moyenne, les rameaux ont acquis de 0,08 à 0,10 de longueur.

C'est à cet âge que la vigne redoute le plus les gelées du matin. Des vignobles entiers ont été frappés par ces gels printaniers et en ont souffent:pendant plusieurs années. Cependant, la vigne a une végétation si vigoureuse, que quand ce malheur arrive de bonne heure, elle repousse de nouveaux bourgeons qui, si l'été est chaud, donnent des fruits d'une bonne qualité. C'est ce qui est arrivé en Bourgogne dans les années 1798, 1802, 1811 et 1815, dont les vins furent si parfaits.

En se développant, les rameaux se garnissent de feuilles et de pédoncules opposés les uns aux autres. Les pédoncules se terminent par une grappe de fleurs, dont la plupart avortent dans les années peu favorables. Quand la grappe de fleurs avorte, le pédoncule n'est plus qu'une vrille à deux branches, dont l'une se termine par une petite aspérité. Cette aspérité est le principe de la grappe de fleurs avortée. On réussit souvent à faire développer la grappe en coupant l'autre branche de la vrille.

A + seize ou dix-sept degrés, les premières fleurs paraissent; à + dix-huit ou dix-neuf degrés, la floraison est entière; à + vingt degrés, la fleur est passée et les graines de raisins commencent à se former.

L'époque de la floraison, qui dure à peu près un mois, n'est pas bien redoutable dans le midi de la France et dans tous les pays à printemps secs. Mais dans les contrées humides, la pluie ou les brouillards délayent le pollen et la fleur reste stérile : c'est ce qu'on appelle la coulure.

La vigne a une si grande force d'aspiration, qu'elle pompe encore assez d'eau pour végéter là où le mûrier se dessécherait. Ce n'est pas à

dire pour cela, qu'elle puisse se passer d'eau : par
une sécheresse trop prolongée, son évaporation
est moindre; sa séve, trop concentrée, produit
des raisins moins gros et moins juteux. Dans le
midi, surtout quand le terrain est trop sec, la
rareté et même la tardiveté des pluies de septembre rendent le moût si épais, qu'il contient
trop de sucre proportionnellement à la quantité
du moût, et qu'on est quelquefois obligé de
mettre de l'eau dans la cuve pour faciliter la
fermentation. Sur les bords de la mer Caspienne,
à Astrakan, en Andalousie, on arrose les vignes,
non-seulement pour prévenir le desséchement
des feuilles et la perte du raisin, mais encore
dans le but de donner à la vigne l'eau dont elle
a besoin pour végéter vigoureusement. (De Gasparin.)

Dans nos vallées, c'est l'effet contraire qui
est à craindre. Quand les pluies de l'été sont
fréquentes, la vigne pousse avec une vigueur
qui semble être le signe d'une production aussi
bonne qu'abondante; mais l'excès d'une séve
aqueuse rend les raisins peu alcooliques et les
dispose à la pourriture.

Après la disparition de la fleur, les grains du
raisin grossissent graduellement; et quand ils
ont à peu près la grosseur qu'ils doivent avoir,
les pepins se forment à leur tour; les grains
changent de couleur, deviennent transparents et
prennent enfin la couleur jaune, rose, rouge ou
noirâtre qu'ils doivent avoir, selon leur espèce. Le
raisin alors est bien près de sa maturité, mais il
a encore à faire son sucre. Le sucre est fait, la

maturité est complète, quand le pédoncule de la grappe et les pepins ont pris une couleur brune, quand le jus est gluant et quand les grains commencent à se rider. C'est alors seulement qu'il doit être coupé. Le raisin qui est coupé avant sa maturité complète, dit M. Morellot, donne un vin peu coloré et peu généreux. Cependant, il ne faudrait pas retarder trop longtemps la vendange, car, ajoute le même auteur, quand le raisin est trop mûr, le vin perd de son agrément, devient sujet à une foule de maladies et se garde moins bien.

En somme, la végétation de la vigne commence du 15 au 30 avril, quelquefois dans les premiers jours de mai, par une température de neuf à dix degrés, dure de cent cinquante à cent soixante et dix jours, selon la somme de chaleur qu'elle a reçue et se termine par une température peu supérieure à celle qui a provoqué son commencement.

Il est à remarquer qu'une végétation courte produit peu de vin d'une qualité supérieure; et qu'une végétation prolongée produit beaucoup de vin d'une qualité inférieure; en voici la raison : dans les années sèches, la chaleur est plus forte; la sécheresse nuit à la production, mais l'excès de la chaleur hâte la maturation et développe avec plus d'énergie les principes sucrés et alcooliques contenus dans le raisin. Dans les années pluvieuses, la chaleur est moins forte et moins soutenue. L'humidité, pourvu qu'elle n'ait pas lieu pendant la floraison, favorise la production et nuit aux principes sucrés et alcooli-

ques en les délayant dans une séve aqueuse trop
abondante.

∽

SECTION SEPTIÈME.

Du terrain convenable à la vigne.

La vigne végète bien dans tous les terrains,
pourvu qu'ils ne soient ni trop secs, ni trop
humides ; mais ses produits, quant à la qualité,
sont en proportion avec la faculté du sol, d'absorber et de réfléter la chaleur du soleil.

Elle prospère sur les terrains crayeux de la
Marne et de l'Aisne ; sur les sols argilo-calcaires
du Jura, de Saône-et-Loire, de l'Yonne et de la
Côte-d'Or ; sur les détritus granitiques des côtes
du Rhône ; sur les déjections volcaniques de
l'Ardèche ; sur les sables schisteux de la Drôme,
etc., etc. De telle sorte, dit M. de Gasparin,
qu'on ne saurait trouver un terrain qui ne four-
nisse l'exemple d'un vin célèbre.

Les terres grasses et très-substantielles sont
seules exceptées : les racines de la vigne ne
peuvent s'y étendre et se ramifier convenablement ; de plus, ces terres retiennent trop longtemps les eaux pluviales et entretiennent par
conséquent, autour des racines, une humidité
permanente qui les pourrit et entraîne bientôt
la perte du cep.

Toutefois, nous croyons pouvoir affirmer que les terrains de couleur foncée, composés de plusieurs éléments, d'argile, de sable ou de craie, et mêlé de pierres calcaires à la surface, seront toujours les meilleurs pour les plants de nos contrées. Les cailloux reflètent la chaleur solaire; la couleur foncée rend le terrain plus chaud; les divers éléments du terrain contribuent au développement du tannin, de l'albumine, des acides tartrique et malique, du mucilage et du sucre contenus dans le raisin.

Ajoutons que, plus les terrains calcaires sont arides et légers, plus ils sont favorables à la vigne. L'eau pluviale, dont ils sont facilement pénétrés, circule librement dans toute la couche végétale, et s'écoule peu à peu après avoir vivifié la vigne. Leur culture est facile et le vin qu'ils donnent est très-spiritueux.

Mais l'exposition, l'attitude au-dessus du niveau de la mer, la latitude de la contrée, l'inclinaison du sol, la perméabilité du terrain, le climat, la nature du cep, etc., influent tellement sur la production de la vigne et sur la qualité du vin, qu'il est impossible de rien préciser à cet égard.

Voici un exemple bien frappant que je trouve dans le *Manuel du Vigneron*, par M. Thiébaut de Berneaud : — Le vignoble de Mont-Rachet, département de la Côte-d'Or, est distingué en trois parties, séparées l'une de l'autre par un étroit sentier. Ces trois parties sont appelées : Canton-de-l'Aîné, Canton-Chevalier, Canton-Batard. L'exposition, le terrain, les ceps, la culture, la

fabrication du vin, sont identiquement semblables.

Eh bien! le vin du Canton-de-l'Aîné réunit
toutes les qualités qui constituent un vin parfait;
il a du corps, beaucoup de spiritueux et de
finesse, un goût de noisette très-agréable, et
surtout une séve, un bouquet, dont la force et
la suavité le distinguent des autres vins blancs
de la Bourgogne, et qu'on ne trouve·pas au
même degré dans le Canton-Chevalier et encore
moins dans le Canton-Batard. M. Thiébaud se
demande d'où vient cette différence; il ne peut
en trouver la cause que dans la nature ou la disposition des couches inférieures du sol·!

∞

SECTION HUITIÈME.

De l'exposition.

Un coteau incliné au midi est sans doute
l'exposition qui convient le mieux à la vigne, si
l'on ne fait attention qu'à la qualité du vin.
Mais une vigne ainsi placée redoute les gelées
du printemps, à moins qu'elle ne soit garantie
des vents du nord et des·premiers rayons du soleil levant.

Un coteau tourné au levant est bien plus encore exposé à ce danger, attendu que le soleil le
frappe immédiatement à son lever et y cause un

dégel subit. De plus, il n'a pas à un si haut degré les avantages de la qualité, puisqu'il est
privé du soleil dès le milieu de la journée. S'il
n'en est pas complétement privé, ses rayons ne
le frappent qu'obliquement dans le sens de la
pente du terrain; la chaleur, au lieu d'être réflé-
tée du haut en bas, s'échappe et ne hâte pas ou
ne complète pas le développement, et par suite,
la transformation des principes élémentaires du
raisin. S'il est abrité du soleil levant, il craint
moins le dégel subit; mais n'ayant du soleil que
pendant quelques heures, il perd tous les avantages de sa position.

Un coteau incliné au couchant est moins exposé aux gelées du printemps : le dégel s'y fait
à l'ombre et à mesure de l'échauffement de l'atmosphère; et quand le soleil vient le frapper, la
blanche gelée a disparu.

Une contrée est d'autant plus exposée aux
gelées du printemps que son ciel est moins nébuleux, et que la situation des vignobles est
moins élevée. Les vignobles situés, comme ceux
de la Côte-d'Or, de trente à quatre-vingts mètres
au-dessus de la plaine, ont moins à redouter ces
gelées, par la raison qu'elles y sont moins fréquentes.

Abstraction faite de ce danger, le vin acquiert
d'autant plus de qualité, que le vignoble est plus
à découvert et qu'il reçoit plus de soleil.

Cependant, il existe des vignobles célèbres à
toutes les expositions comme dans tous les terrains. Les riches vignobles des rives de la Marne et
des environs de Reims en Champagne, ceux du

Cher, d'Angers, de Saumur, sont tournés au nord-est et bien souvent complétement au nord. Ceux de la Hongrie, qui produisent le vin miellé et spiritueux de Tokay, si célèbre en Allemagne, sont exposés au nord et à l'ouest. Ceux des bords du Rhin, sont au nord, au couchant, au midi, et tous produisent d'excellent vin. Ceux des côtes du Rhône, qui donnent un vin si spiritueux, sont presque tous au levant. Enfin, ceux de l'Ermitage sont au midi et au couchant.

Que conclure de là? qu'il ne peut pas plus y avoir de principe absolu pour l'exposition que pour le terrain. Disons, toutefois, que dans les contrées sèches et brûlantes, on agira sagement en plantant au levant et au nord, et que dans les localités froides ou humides, on devra préférer le midi ou le couchant.

∞

SECTION NEUVIÈME.

De l'engrais dans les vignes.

Il y a, même en France, des vignes que l'on ne fume jamais; et ce sont précisément celles qui produisent les vins les plus spiritueux et les plus exquis. Mais elles sont dans le midi ou sur les bords de l'Océan, sur des terrains privilégiés, enrichis par des dépôts de substances organiques, que la végétation annuelle de la vigne n'a pas encore épuisées. D'ailleurs, elles ne produisent, en moyenne, que treize ou quatorze hectolitres de vin par hectare. Les propriétaires trouvent, dans le haut prix de leur récolte et peut-être aussi dans leur satisfaction personnelle, une rémunération qui compense leur rareté. Mais la grande masse des autres propriétaires, ne pouvant obtenir une telle compensation, ne saurait se contenter d'une production aussi faible. Il y a donc nécessité, pour ces derniers, de fumer leurs vignes.

Je ne parle point ici des vignes en hautins; plantées dans des terrains cultivés comme le seraient des plaines découvertes, on les fume, plus ou moins richement, au renouvellement des assolements. Il ne s'agit donc que des terrains complantés en vignes assez rapprochées pour ne permettre aucune autre culture.

Dans le département du Gard, contrée si favorable à la vigne, on lui donne, tous les quatre ans, par hectare, trois cent soixante quintaux métriques d'un fumier de moutons, dosant, selon MM. Payen et Boussingaut, 2,99 p. % d'azote. Nous n'avons pas d'engrais semblable à mettre dans nos vignes; mais nous pouvons y suppléer par la quantité. Le fumier d'étable dose 2,20 à 2,30 p. % d'azote, c'est-à-dire un peu plus du quart en moins. Il faudrait donc quatre cent cinquante ou quatre cent soixante quintaux métriques de notre fumier d'étable par hectare pour les fumer aussi richement que dans le département du Gard.

Mais le fumier d'étable n'est pas bon pour la

vigne : il communique au vin un goût désagréable; et, soit dit en passant, c'est l'une des causes qui rendent le vin de nos hautins cultivés, si inférieur à celui des vignes. On le remplace avantageusement par du buis ou du genièvre enterré en vert aussitôt après la taille.

Des vignerons habiles du Beaujolais affirment que les meilleurs engrais pour la vigne sont les feuilles et les sarments verts de la vigne elle-même et que l'on enterre tous les ans lorsque l'on donne aux ceps la seconde façon, c'est-à-dire après la floraison, quand on fait la feuille.

Dans les vignes tenues en pyramides ou en petites treilles basses, appelées *lisses* dans nos contrées, on a un moyen d'engrais encore plus simple : c'est d'y semer, après la taille, du lupin ou des féveroles que l'on enterre lorsqu'ils commencent à fleurir.

∞

SECTION DIXIÈME.

Culture de la vigne.

§ 1. — *Pépinière.*

Les crossettes, vous le savez déjà, sont des sarments de l'année, coupés sur le bois de deux ans, et auxquels on laisse à la base une partie de ce dernier bois, en forme de crosse. Mises en terre avec les précautions que nous allons indiquer, elles prennent des racines et forment, au bout de deux ou trois ans, de nouveaux ceps assez forts pour être plantés à demeure.

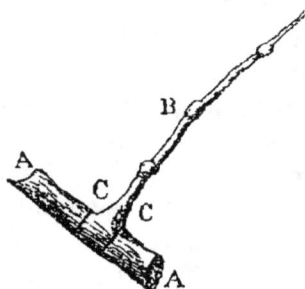

Cette partie de bois de deux ans, A, est laissée pour empêcher le desséchement de la base du sarment B, et aussi pour prouver à celui qui les achète ou qui les plante, que l'on a fourni réellement le bas du sarment, dont les bourgeons sont plus vigoureux et d'une reprise plus facile que ceux du haut, car cette petite crosse est inutile à la formation des racines : on la coupe en C C, avant la plantation.

On prend les crossettes sur les ceps les plus vigoureux et les plus productifs. Un cep de vigne basse est dans toute sa vigueur entre huit et seize ans de plantation ; un cep de hautin, entre douze et vingt-cinq ans. Plus jeunes, ils sont trop poreux pour produire de nouveaux ceps d'une forte végétation ; plus vieux, ils ont passé l'âge d'une vigoureuse reproduction. Les crossettes, coupées sur une souche trop jeune, ont la moelle très-grosse et le bois qui l'entoure est très-mince ; celles qui sont coupées sur une souche trop vieille, ont très-peu de moelle et leurs yeux ou bourgeons sont plus rapprochés.

Il est important de ne couper les crossettes que le jour de leur plantation en pépinière ; mais, pour cela, il faut avoir eu soin, comme le conseille un habile vigneron nommé Chapuis, de défoncer le terrain à 0,50 de profondeur et de le fumer avant l'hiver. Alors, on coupe les cornes de la crossette près du sarment, avec une petite hache, sans toutefois supprimer l'empâtement qui lie le sarment au vieux bois; on les plante en lignes espacées de 0,40 ou 0,50 et à 0,20 les unes des autres. Quelque meuble que soit le terrain, on doit faire le trou avec le plantoir, y introduire légèrement la crossette jusqu'à 0,15 ou 0,20 de profondeur, et serrer la terre autour, pour qu'elle adhère à la crossette. Toute la pépinière étant garnie, on coupe les crossettes à deux yeux au-dessus du sol, avec le sécateur, pour éviter tout ébranlement du sarment, et si le temps est sec, on arrose abondamment.

Mais la terre n'est pas toujours prête, ou bien on est allé chercher des crossettes au loin; il y a nécessité de faire tremper les crossettes pour en ramollir le pied et les disposer à former des racines. On les taille de longueur égale, on les lie en fagots de cinquante ou cent, et on les fait tremper dans un cuvier ayant environ 0,20 d'eau mélangée de purin. Quelques vignerons se contentent de les enterrer par la base dans la boue d'un ruisseau. Le séjour dans l'eau est proportionné au temps qui s'est écoulé depuis leur section.

Quand le terrain a été défoncé et que les crossettes ont suffisamment trempé, ce que l'on reconnaît à la couleur plus foncée que le pied des sarments a prise, on ouvre un petit fossé de la largeur de la pelle, sur 0,30 de profondeur, et l'on y place les crossettes dépouillées de leurs cornes comme nous avons dit plus haut, en les appuyant contre le bord extérieur. Ce fossé, ainsi garni de crossettes à 0,15 ou 0,20 d'intervalle, on le remplit de fumier, puis on en ouvre un second à 0,30 de distance, et la terre qu'on en sort sert à combler le premier. Ce second fossé étant garni de crossettes, on en ouvre un troisième à la même distance et l'on comble le second. Ainsi de suite jusqu'à la fin.

Ce travail étant terminé, on dresse les crossettes, on égalise les distances, on tasse un peu la terre avec le pied autour des sarments que l'on coupe à deux bourgeons au-dessus du sol. On nivelle le terrain avec le râteau et on arrose si le temps est sec. Cinq ou six semaines après, on ameublit légèrement le terrain à la bêche ou à la triandine (bêche à trois dents, larges et plates) et l'on détruit la mauvaise herbe. On répète cette façon, dans l'été, chaque fois que l'herbe se montre dans la pépinière; mais toujours par un temps sec.

Au printemps suivant, aussitôt que les fortes gelées ne sont plus à craindre, on taille sur le plus vigoureux des deux sarments et on le coupe à 0,01 ou 0,02 au-dessus du second bourgeon. On place quelques tuteurs pour soutenir les rameaux qui ne tarderont pas à se développer.

Après deux ans de plantation, les crossettes ont déjà formé de bonnes racines; elles sont par conséquent devenues des rajus et peuvent être plantées à demeure. Quelques vignerons préfè-

rent les rajus de trois ans. J'ai planté des uns et
des autres, et je n'ai remarqué aucune différence
dans leur végétation.

§ 2. — *Plantation de la vigne.*

On cultive la vigne de trois manières : en vigne
basse, en pyramide et en treilles plus ou moins
élevées appelées hautins.

La vigne basse convient mieux aux terrains
trop secs ou trop pierreux pour produire du blé,
ou trop inclinés pour être cultivés.

La pyramide commence à être préférée dans
les terrains en pente, profonds et dépourvus de
pierres, attendu que l'on peut plus aisément empêcher les raisins de reposer sur la terre humide,
ce qui mettrait obstacle à la maturation, et les
ferait pourrir.

Les hautins sont en usage dans les plaines fertiles, favorables à la vigne, et cependant assez
éloignées des grands vignobles et assez rapprochées des lieux élevés où la vigne ne peut être
cultivée, pour trouver des consommateurs comme
dans les plaines du Dauphiné, de la Savoie et de
la haute Italie, situées au pied des grandes
Alpes.

§ 3. — *Plantation d'une vigne basse.*

La vigne basse peut être plantée en crossettes
ou en rajus. Cependant, dans un terrain frais et
profond, dont les cailloux sont à la surface ou
en assez faible quantité pour y être ramenés, on

se dispense avec raison de planter des rajus, attendu que les crossettes y prennent racine tout aussi bien qu'en pépinière. La plantation est plus tôt faite et coûte moins. D'ailleurs, d'habiles vignerons, entre autres M. Chapuis, que j'ai déjà cité, ont remarqué que les rajus, presque toujours froissés par la déplantation, poussent moins rapidement que les crossettes, sont moins vigoureux, produisent moins et sont plus tôt vieux.

Je n'ai pas expérimenté cette remarque, mais je la crois fondée relativement à une vigne basse : le rapprochement des ceps s'oppose au long couchage des rajus; et le grand nombre de leurs racines ne pouvant s'étendre sans rencontrer celles des ceps voisins, il y a lutte, superposition et tendance à se rapprocher de la surface, ce qui gêne la culture et nuit au développement de la vigne et à sa production.

Le terrain sur lequel on veut planter une vigne basse en crossettes, est un bois broussailles ou une pelouse improductive, ou une vigne arrivée à l'âge de la décrépitude.

Si c'est un bois broussailles, il faut le défricher et le défoncer complétement aussi profond qu'on le peut. On le nettoie ensuite de tous les bois et de toutes les pierres dont la grosseur pourrait gêner la culture, et on brûle sur place, selon les règles prescrites pour l'écobuage, les broussailles menues et les racines; puis on nivelle le sol en écartant les fourneaux.

Si c'est une pelouse improductive, on ouvre une tranchée de 1m00 de large et de 0,50 de profondeur dans la partie supérieure; on en jette la terre extraite sur la bande de terrain laissée intacte au-dessus. Cette tranchée étant terminée, on en ouvre une seconde à côté, en ne creusant d'abord qu'à 0,25, et on jette cette première jauge dans le fond de la première tranchée, en ayant soin d'enlever les pierres ; on revient sur ses pas, on achève de creuser la deuxième tranchée et de combler la première ; puis on jette par dessus les pierres extraites de la première jauge et qu'on a mises sur le côté gauche de la tranchée. On continue ainsi jusqu'au bas du terrain.

Dans les deux cas, on nivelle bien le sol après le défoncement ; on le fume et on y sème de l'orge ou de l'avoine. Si l'engrais manque, on y sème, selon le climat, du lupin ou des féveroles, ou des poisettes, ou du blé noir, que l'on enterre au moment de la floraison.

Si c'est une vigne arrivée à l'âge de la décrépitude, par conséquent hors d'état d'être régénérée par le provignage dont nous parlerons bientôt, on la fume richement, on allonge la taille pour en tirer le plus grand produit possible, et, après la vendange, on arrache les vieux ceps, en commençant par le haut, au moyen de tranchées, au fond desquelles on enfouit les feuilles et les sarments de l'année. On nettoie le terrain, on le nivelle en ayant soin de tirer toutes les pierres à la surface.

Après les travaux que nous venons d'indiquer, le terrain est prêt à recevoir la plantation, et on y procède par un temps sec du mois de février, aussitôt que les crossettes sont coupées ou suffisamment ramollies par leur séjour dans l'eau, comme nous l'avons expliqué à l'article *pépinière*.

On trace sur le sol, en long et en travers, des lignes à 0,80 ou 0,85 de distance. Le point d'intersection des lignes indique la place où les crossettes doivent être plantées.

On fait à ce point un trou avec un gros pal de fer, sans chercher à élargir le trou en serrant la terre sur les côtés, ce qui la durcirait et empêcherait aux racines de s'étendre. On y place un petit échalas et on y glisse la crossette à la profondeur de 0,26 en terrain plat, et de 0,32 à 0,36 en terrain incliné. Immédiatement après, on remplit à moitié ou aux trois cinquièmes le trou avec de la terre fine préparée d'avance, et on y verse un peu d'eau pour empêcher les vides et faire adhérer la terre à la crossette. On coupe enfin la crossette avec le sécateur à deux yeux au-dessus du sol.

Ce n'est que deux mois après, quand on donne à la vigne une première façon, que l'on achève de remplir les trous. Ce procédé a pour but d'empêcher la crossette de fournir des racines trop près de la surface du terrain.

Quelques soins que l'on prenne, il y a toujours des crossettes qui ne prennent pas racine.

On en plante quelques-unes entre les lignes; on les couche dans un petit fossé et on en fait sortir le bout à la place de celles qui auraient séché. Si l'on en a de reste, ce qui arrive ordinairement, on les arrache et on les vend comme rajus.

19

§ 4. *Plantation de la vigne en pyramides.*

Prenant un plus grand développement, produisant un plus grand nombre de raisins, les ceps plantés en pyramides ont besoin d'être fortement enracinés pour fournir la quantité de sève nécessaire à leur grande production, et pour suppléer, par leur propre force, à la faiblesse des vieux piquets affaiblis par l'humidité de la terre. Des crossettes plantées verticalement atteindraient difficilement ces deux buts; il faut avoir recours aux rajus. Mais la plantation des rajus exige un tout autre procédé.

Le terrain étant préparé comme nous l'avons expliqué précédemment, on plante des piquets provisoires en ligne et à 1m 30 de distance en tous sens. A partir de chacun de ces piquets, on ouvre une petite fosse en biais du côté du soleil, ayant de 0,35 à 0,40 de profondeur, et de 0,50 à 0,60 de largeur à son extrémité, que l'on prolonge jusqu'à la ligne des piquets inférieurs, comme l'indique la figure suivante :

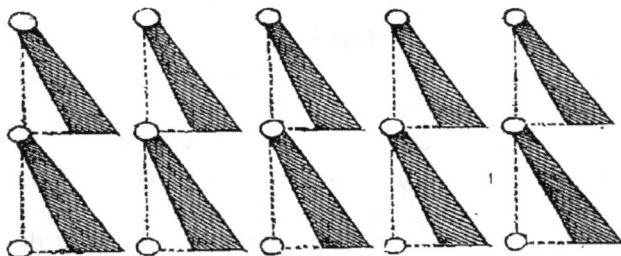

On ameublit la terre du fond; on y ajoute quelques pellées de terre prise à la surface et purgée de pierres; on y étend le rajus dont on fixe le bout au piquet avec un brin d'osier, et qu'on recouvre de bonne terre épierrée, sans toutefois combler la fosse. On coupe le sarment à deux yeux au-dessus du sol et on laisse le terrain en cet état pendant toute la première année, afin que les racines ne viennent pas à la surface.

Si le terrain n'avait pas été préparé et fumé l'année précédente, on mettrait du fumier dans le fond de la fosse, on le recouvrirait de terre sur laquelle on étendrait le rajus. Ce moyen, considéré comme plus simple par une foule d'agriculteurs, donne de beaux résultats les trois premières années; mais ensuite, les racines trouvant un terrain sans engrais, le cep languit et souffre d'autant plus, que sa végétation luxuriante des premières années a fait penser que l'on pouvait allonger la taille sans crainte.

Il y a encore des vignerons qui, au lieu de mettre le fumier dans le fond de la fosse, le mettent par-dessus le rajus; c'est une faute, attendu que les racines viennent toutes à la surface du sol et sont blessées, déchirées et souvent déterrées par la pioche ou la charrue.

On peut augmenter la production de la vigne tout en économisant un grand nombre de piquets, en plantant deux ou trois rajus à chaque piquet. M. Thiébaut propose même d'en planter cinq. Ce nombre de cinq me paraît exagéré, car il y a nécessairement deux ceps, ceux qui étant placés derrière, ne peuvent recevoir du soleil. Je conseille donc de se borner à trois.

Mais alors le mode de plantation, les dimensions de la fosse et l'intervalle qui sépare les piquets sont tout différents :

1° Les piquets doivent être à deux mètres au moins les uns des autres ;

2° La fosse, toujours creusée du côté du soleil, doit être assez large pour y étaler, en forme d'éventail, les racines des trois rajus ;

3° L'extrémité de chacun des rajus doit sortir de terre à quarante ou cinquante centimètres du piquet principal, et être soutenue par un petit échalas pendant les trois premières années de la plantation ;

4° La quatrième année on attache la tige des trois ceps au piquet principal ;

5° La cinquième année on commence à leur faire décrire autour du piquet une large spirale, dont, les années suivantes, on resserre les contours pour forcer la séve à rester dans les parties inférieures.

Si enfin on voulait mettre cinq rajus à chaque piquet, il faudrait porter à deux mètres cinquante et même à deux mètres soixante, la distance qui les sépare.

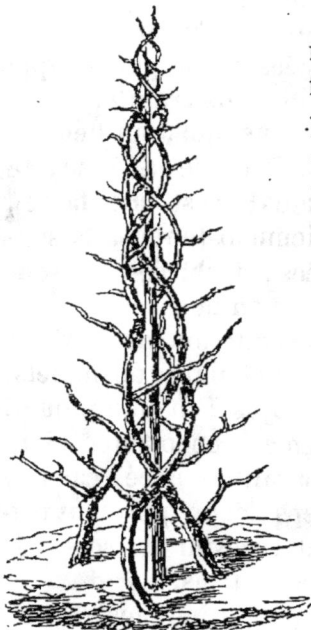

Pyramide à trois ceps.

§ 5. — *Plantation de la vigne en hautins.*

Cette plantation est exactement la même que la précédente ; il n'y a de différence que dans les distances ; mais les distances sont très-importantes.

Pourquoi plante-t-on des vignes en hautins dans une plaine fertile ? c'est pour tirer de sa fertilité un double produit. Or, il faut que l'un des produits ne nuise pas à l'autre, sans quoi vous n'obtenez que deux espèces de produits qui, se nuisant réciproquement, n'en font pas un bon.

Dans une terre fertile, la végétation de la vigne est luxuriante ; ses pampres s'étendent au loin, en long et en large. Chaque ligne de hautins forme un rempart qui intercepte l'air et le soleil ; et comme ils sont ordinairement dirigés d'Orient en Occident, tout ce qui est derrière est privé des deux éléments les plus nécessaires à la vie des végétaux.

Sans air, la vigne ne peut faire sa fleur ; il y a beaucoup de naissance et peu de fruits. Sans soleil et sans air, le blé ne peut former son grain et faire sa farine ; et le peu d'épis qui viennent à maturité ne contiennent presque point de principes nutritifs. Tels sont les résultats du peu d'espace qu'on laisse entre les lignes de hautins.

J'ai remarqué en outre, qu'entre des lignes trop rapprochées, le blé était plus souvent versé et les treillages plus fréquemment renversés que dans les lignes écartées : cela s'explique par le resserrement du vent entre les rangées de hautins.

Ainsi donc, dans une terre fertile, vingt mètres d'intervalle entre les lignes sont une distance qui semble prévenir tous les inconvénients et concilier l'intérêt de la vigne avec celui des céréales. On peut réduire cette distance à quinze, à douze, à dix mètres, selon que le terrain est plus favorable à la vigne qu'au blé.

Si le terrain, par sa nature et par sa situation, comme par exemple les cônes des torrents, les pentes accidentelles de la plaine, etc., est assez favorable à la vigne pour faire désirer une plus grande production de vin, il faut renoncer à la culture du blé et planter à trois mètres; il restera encore assez d'espace entre les lignes pour cultiver différents légumes ou planter quelques arbres fruitiers. Mais alors les treillages seront abaissés de moitié : au lieu de hautins, vous aurez des *lisses;* et le vin y gagnera en bouquet et en liqueur.

La hauteur des hautins, dans une terre fertile, doit être assez grande pour permettre de labourer en travers comme en long. Sans cette précaution, la culture des céréales n'est jamais parfaite; et on se prive de la faculté de ramener la terre au centre par les labours. Les bords de la parcelle, ce que l'on appelle les *échances*, s'élèvent, et il faut un travail très-long et très-coûteux pour les abaisser.

Dans nos plaines, on ne se contente pas de deux récoltes sur le même terrain; on en veut trois. On veut avoir avec du blé et du vin des feuilles pour nourrir une chèvre et quelques moutons. Dans ce but, au lieu de soutenir les treillages avec des piquets d'acacia ou de châtaignier, on plante avec le rajus de jeunes cerisiers que l'on étète tous les trois ans. C'est sans doute une grande économie dans les frais d'établissement; mais, est-ce un profit? Je n'en crois rien; car le cerisier vit aux dépens de la vigne, comme la vigne croît aux dépens du blé. On a trois espèces de produits, c'est vrai, mais la somme de ces trois produits ne fait pas la somme d'un seul.

Ce qu'il y a de remarquable dans cet usage, c'est, non-seulement l'impossibilité de l'abolir, mais encore qu'une terre ainsi plantée se vend 25 et souvent 30 p. % de plus qu'une terre nue, quelque bonne qu'elle soit.

Quant à la distance d'un cep à l'autre sur la ligne, on lui donne ordinairement deux mètres cinquante centimètres, lorsque l'on ne met qu'un cep à chaque piquet; et de trois à quatre mètres, quand on en plante deux.

∞

SECTION ONZIÈME.

Façons ou binages à donner à la vigne.

A tout âge on doit donner aux vignes trois façons ou binages par année, afin d'ameublir le terrain et le rendre perméable aux eaux pluviales, aux rayons solaires et à toutes les influences atmosphériques.

La première a lieu aussitôt après la taille, et

on lui donne toute la profondeur que permet l'instrument dont on fait usage, surtout quand c'est l'année de fumer la vigne, afin que l'engrais soit bien enterré. C'est avant de donner cette première façon que l'on remonte la terre au sommet de la vigne, lorsque celle qu'on y avait amassée l'année de la plantation est épuisée.

La seconde façon est donnée après la fleur; on se borne à briser la surface du terrain et à détruire les herbes spontannées.

La troisième doit être faite quelques jours avant les pluies de l'équinoxe. Elle n'est pas plus profonde que la seconde, mais elle est encore plus nécessaire. La pluie, au lieu de couler sur le sol et de le raviner, pénètre jusqu'aux racines, les rafraîchit, fait abonder la séve, et par conséquent fait grossir et gonfler les raisins.

Ces trois façons, nécessaires en tout temps, sont indispensables aux jeunes plants et surtout aux crossettes, attendu qu'ils ont besoin de toutes les influences atmosphériques pour reprendre une nouvelle vie.

∞

SECTION DOUZIÈME.

Taille de la vigne.

§ 1. — *Vigne basse.*

La tige d'un cep cultivé en vigne basse doit être plus ou moins élevée selon le climat et le degré de sécheresse ou d'humidité du terrain. On lui donne depuis 0,10 jusqu'à 0,30 de hauteur au-dessous de la bifurcation des branches secondaires d'où partent les sarments à fruit.

On retarde autant qu'on le peut la formation de cette bifurcation, afin de fortifier le pied.

Après la plantation, on a dû, comme nous l'avons dit, couper la crossette ou le rajus à deux yeux ou bourgeons au-dessus du sol. Au mois de mars de l'année suivante, on rabat la tige sur l'œil le plus près de terre et on coupe le rameau qui en est sorti à un seul œil.

Il pousse souvent au pied de la tige et entre deux terres de petites brindilles qu'il faut détruire : on les coupe rez la tige qu'on a déchaussée dans ce but et que l'on rechausse immédiatement après.

Au commencement de la troisième année, on coupe la tige au-dessus du second œil pour avoir deux rameaux et créer une bifurcation. La quatrième année, on choisit les trois ou quatre rameaux les plus rapprochés et les plus vigoureux pour former la tête de la vigne et on les taille tous à un seul œil.

On plante alors les échalas auxquels on attache les nouveaux jets quand ils ont 0,12 ou 0,15 de longueur.

La vigne alors commence à produire quelques raisins ; sa vigueur détermine la taille de la cinquième année. Si elle est très-vigoureuse, on peut laisser deux sarments à chaque corne de la tête et les tailler à un œil ou n'en laisser qu'un et le tailler à deux ou trois yeux. Si la vigne est encore faible, on ne laisse qu'un sarment et on le taille à un seul œil.

Le même principe doit guider le vigneron pour toutes les tailles postérieures.

Cependant des vignes tenues à un bon état d'engrais, et même un assez grand nombre d'espèces de ceps ont trop de vigueur pour être taillés aussi court. Dans ces circonstances, et quand on préfère la quantité à la qualité, les sarments conservés sont taillés à huit ou dix yeux ou nœuds, ployés en arc (archet), dont on attache l'extrémité au bas de l'échalas opposé, ou à la tige quand la vigne est de nature à se passer d'échalas.

L'année suivante, on supprime entièrement le sarment qui a servi d'archet et on le remplace par le plus vigoureux de ceux qui ont poussé à côté. Toutefois, le plus vigoureux sarment n'est pas toujours le meilleur pour la production du raisin; quelques espèces de vigne exigent un traitement spécial qui, comme le fait observer M. de Gasparin, ne peut être que le résultat de l'observation. C'est ainsi que, dans le Jura, l'archet d'une espèce de vigne appelée *pulsard*, doit être formé avec un sarment de médiocre grosseur.

§ 2. — *Vigne en pyramide.*

Les deux yeux qu'on a laissés la première année au rajus ont poussé deux rameaux.

Au printemps de la seconde année, on conserve le rameau le plus fort, on coupe le plus

faible en entier et on taille le rameau conservé
à deux yeux.

La troisième année, on procède de même,
mais on taille le rameau conservé à trois yeux.

La quatrième année, on taille les deux rameaux inférieurs à deux yeux pour en faire les
deux premiers coursons, et le rameau supérieur
à quatre yeux; on l'attache ensuite au piquet en
lui faisant décrire une faible spirale.

La vigne commence alors à donner du fruit.
Mais il y a des espèces qui ne donnent pas fruit
sur une taille à deux yeux, cela tient à la force
de leur végétation; c'est ce qu'il faut observer
pendant cette quatrième année.

La cinquième année, on conserve le sarment
le plus vigoureux, sorti de chacun des coursons,
et on le taille à deux yeux, s'il y a eu du fruit,
et à trois yeux, s'il n'y en a pas eu.

On choisit également le plus vigoureux des
sarments produits par le rameau attaché au piquet; on le taille à quatre ou cinq yeux selon la
force de la vigne, et on le lie au piquet en conti-
nuant la spirale, sans trop en serrer les contours. On laisse un ou deux sarments taillés à
deux yeux pour former deux nouveaux coursons.

La sixième année, la taille est semblable à
celle de la cinquième, et on élève ainsi la pyramide jusqu'au sommet du piquet qui peut avoir,
sans inconvénients, trois mètres de hauteur.

Il peut arriver que des ceps très-vigoureux
donnent très-peu de fruits par ce mode de taille;
il y en a d'autres qui s'affaiblissent vers le bas
et poussent très-vigoureusement vers le haut.

Dans le premier cas, au lieu de tailler les sarments des coursons inférieurs à deux ou trois yeux, on les laisse de toute leur longueur, on les arque et on les attache aux coursons voisins.

Dans le second cas, on procède de même, mais on rabat la pyramide sur un bon sarment inférieur pour la forcer à produire dans le bas des bourgeons vigoureux qui remplaceront les coursons affaiblis.

Quel que soit l'âge des pyramides, il faut toujours proportionner la taille à leur vigueur et leur conserver la forme que leur nom indique; c'est-à-dire large en bas et étroite dans le haut, afin que tous les coursons puissent recevoir les rayons solaires. Les bourgeons intérieurs et même les extérieurs qui poussent sur la tige et sur les coursons, autres que ceux qui sont conservés pour le fruit, doivent être enlevés; ils épuiseraient le cep en pure perte, attendu que le raisin ne vient que sur le sarment de troisième formation. Cependant, il est quelquefois nécessaire d'en laisser, pour remplacer des coursons malades, affaiblis ou trop allongés.

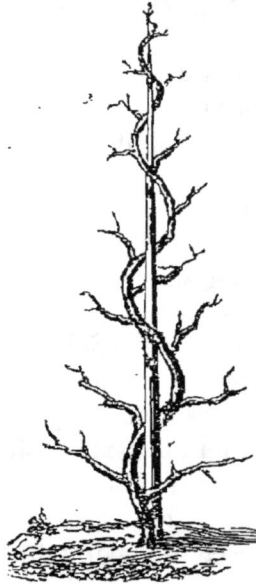

La mousse, dont la tige et les coursons sont salis dans les années humides, la vieille écorce

qui se détache tous les ans, servent de retraite
à une foule d'insectes qui vivent aux dépens de la
vigne; ils entretiennent aussi sur la tige une humidité qui lui est non moins funeste. Il y a nécessité absolue d'en débarrasser les ceps. Pour cela,
on déroule la spirale, on isole la tige du piquet
et on la racle du haut en bas et du bas en haut
avec le dos de la serpette. Ce nettoiement produit sur la vigne l'effet que l'étrille produit sur
les bestiaux; il la ravive, la rend plus apte à
profiter de l'influence bienfaisante du soleil et
augmente sa production.

Je puis même affirmer que de vieilles pyramides épuisées par une excessive production ont
été rajeunies par ce procédé, auquel j'avais ajouté
un léger lait de chaux étendu avec une brosse.

Les pyramides formées de deux, de trois, de
cinq ceps, sont taillées et soignées d'après les
mêmes principes; seulement, on allonge les
spires dans la partie inférieure en proportion du
nombre des ceps, afin d'éviter la confusion et de
faciliter la circulation de l'air et du soleil à l'intérieur.

Voir la figure du § 4 de la 10ᵉ section.

§ 3. — *Vigne en hautins.*

Ce que nous avons dit pour la taille des trois
premières années pour la vigne en pyramide,
s'applique à la vigne en hautins, car les principes
sont toujours les mêmes.

La quatrième année, on rabat encore la tige
sur le plus vigoureux sarment, et on taille ce
dernier à trois yeux.

La cinquième année, la tige est assez élevée pour dépasser la première traverse du treillage et assez forte pour donner quelques raisins. On choisit le plus beau sarment, on l'étend sur la traverse en ne lui laissant que trois yeux à partir du coude et un en dessous; tous les autres sarments sont coupés ras sur la tige. Si la traverse était trop élevée pour permettre d'étendre ce sarment sur la traverse, en ne lui laissant en tout que quatre yeux, il vaudrait mieux le rabattre encore à trois yeux et attendre à l'année prochaine pour en étendre une partie sur la traverse.

Rappelez-vous toujours qu'en retardant la mise à fruit de la vigne, on augmente la production des années suivantes, on prolonge sa jeunesse et sa vigueur. C'est en la retardant ainsi, que dans certains cantons de l'Italie, on a des vignes qui donnent d'abondants produits pendant plus de deux cents ans. Une vigne mise à fruits à la troisième ou à la quatrième année, quand elle est cultivée en hautins, est épuisée à vingt ans.

La sixième année ou la septième, si on a été obligé d'attendre un an de plus pour étendre sur la traverse, on étend sur la traverse le dernier rameau (ou sarment), c'est-à-dire le quatrième, et on le taille à trois yeux. Les trois autres rameaux sont taillés à un seul œil pour en faire des coursons. Si pourtant les rameaux sont trop rapprochés, on coupe ras la tige le rameau qui se trouve entre le premier et le troisième, et on laisse quatre yeux au sarment étendu sur la traverse.

La septième année, on procède de même et on

arque le sarment produit par les coursons de l'année précédente.

La vigne est alors à fruits et n'a plus besoin que des ménagements et des soins indiqués dans les paragraphes précédents.

En suivant rigoureusement la marche lente et prudente que nous venons d'indiquer, et en ne donnant à la vigne qu'un courson de plus chaque année, on augmente régulièrement son produit sans l'affaiblir, attendu que ce surcroit de production est en rapport avec l'extension des racines et par conséquent avec la force qu'elle prend annuellement. De plus, il n'y a jamais de bourgeons avortés et point de lacunes. Il en serait autrement si, pressé de jouir, on élevait trop rapidement la tige; si on laissait 6, 7, 8 yeux au sarment qu'on étend chaque année sur la traverse; voici pourquoi. La vigne tend toujours à pousser à l'extrémité de ses branches. Si on lui laisse trop de bourgeons à nourrir, ceux du sommet absorberont toute la sève, seront très-gros, très-vigoureux, et ceux du bas resteront grêles et menus, si toutefois ils n'avortent pas. Il en est de même des sarments à fruits. Si vous les laissez trop longs, ils donneront beaucoup de raisins à leur extrémité, c'est vrai; mais ces raisins seront peu jutteux, les yeux rapprochés du courson auront avorté et le courson n'aura produit aucun œil qui puisse le renouveler l'année suivante. Alors qu'arrive-t-il? c'est que vous serez obligé d'allonger outre mesure le courson pour trouver et arquer un sarment vigoureux. Au bout de quelques années d'une taille aussi imprudente, la

vigne est appauvrie, les coursons sont grêles,
couverts de nodosités, moussus, chancreux et
tellement longs, que, ne sachant qu'en faire, on
traite une jeune vigne de douze à vingt ans
comme si elle en avait cent cinquante, c'est-à-
dire que l'on abat des coursons, que l'on fait des
vides pour nourrir quelques sarments éloignés
qui ne produiront que de rares raisins sans principes alcooliques.

Renouvellement des vignes ; Provignage.

Une vigne en hautins ou en pyramides, tenue,
taillée et conduite avec la prudence et la régularité que nous avons enseignées dans les séances
précédentes, peut donner des produits abondants
pendant plus de cent ans. Mais il arrive un âge
où les coursons du milieu, quoique souvent re-
nouvelés, ne donnent plus que des sarments
appauvris, pendant que ceux de l'extrémité en
donnent encore de très-beaux et bien nourris.
Cet effet est aussi produit sur de jeunes vignes
mal taillées ou mises trop tôt à fruits.

Des vignerons malhabiles, sous prétexte de ne
rien perdre, abattent les coursons intermédiaires,
replient en arrière les beaux sarments de l'extrémité et leur font décrire des courbes et même
des angles aussi désagréables à l'œil que funestes
à la vigne. Et en effet, la tige se resserre, se
durcit et devient incapable de produire de nouveaux bourgeons. Trois ans après, c'est une
vigne à arracher. Soyez plus sages qu'eux.

Aussitôt que les sarments de l'extrémité sont

plus beaux que ceux du milieu, retournez en
arrière jusqu'à un sarment vigoureux, abattez
tout ce qui le dépasse, et étendez-le sur la traverse en lui laissant cinq ou six nœuds. Par ce
moyen, vous renouvelez la vigne, vous la rajeu-
nissez.

Mais si l'appauvrissement que je viens de signaler est le résultat de la vieillesse, ne vous
abusez pas sur l'efficacité du remède; il ne rendra pas à la vigne une jeunesse et une vigueur
qu'elle a irrévocablement perdues : après huit
ou dix années de bons produits, elle cessera tout-
à-coup de vivre.

Pour éviter ce malheur, plantez un ou deux
rajus dès la première année du renouvellement
du vieux cep, non à ses pieds, comme je le vois
faire si souvent, mais dans le milieu de l'intervalle laissé entre les ceps. Elevés, taillés d'après
les principes, ces nouveaux plants seront en plein
rapport avant la mort de ceux qu'ils doivent
remplacer.

Pour les vignes cultivées en pyramides, les
effets, le remède et ses conséquences, sont les
mêmes ; je n'ai pas besoin de les répéter.

Il n'en est pas ainsi d'une vigne basse : la
nature des ceps, le terrain, la taille, la durée,
l'appauvrissement, le remède, tout est différent.
Vous concevrez aisément que des ceps plus spiritueux que vigoureux, plantés dans un terrain
trop aride pour le froment, taillés rez-terre, mis
à fruits dès la quatrième année de leur plantation en crossette, ne puissent vivre aussi longtemps que les ceps en hautins ou en pyramides,

ceps ordinairement robustes plantés en rajus dans un terrain fertile, profond, et qu'on ne met à fruits que la sixième ou la septième année de leur plantation, etc.

Aussi, une vigne basse est en plein rapport dès la neuvième année ; à quinze ou seize ans, dans le Midi, elle est vieille, et on la renouvelle en entier tous les dix ou quinze ans ou toutes les années par dixièmes ou quinzièmes. Dans des contrées moins sèches, en Bourgogne, dans le Bordelais, dans le centre de la France, elle donne d'abondants produits jusqu'à vingt ans. De vingt à trente ans, les produits gagnent en qualité mais perdent en quantité ; de trente à quarante ans, elle arrive rapidement à la décrépitude, et il la faudrait arracher tout entière, si l'on ne prévenait cet instant critique par des renouvellements partiels.

Ces renouvellements sont faits au moyen du *provignage*, par dixièmes ou quinzièmes, tous les ans, à partir de la vingtième année de la plantation.

Provigner une vigne, faire des provins, est une opération qui consiste à coucher et à enterrer les ceps d'une rangée de vigne de manière à lui faire occuper la place qu'occupait une rangée voisine. On déchausse le vieux cep, auquel on ne laisse qu'un courson armé d'un bon sarment ; on ouvre une petite fosse oblique, on y couche le vieux cep tout entier sans le casser ni le tordre, et on ne laisse sortir hors de terre que l'extrémité du sarment conservé, que l'on taille à deux nœuds au-dessus du sol. Le vieux cep et le sarment enterrés se changent rapidement en racines, et l'extrémité du sarment laissée hors de terre devient la nouvelle tige dont on forme la tête par la taille indiquée au premier paragraphe de la douzième section.

Attendu qu'on a dû laisser, lors de la plantation, au sommet de la vigne, une bande de terrain sur laquelle on a jeté la terre de la première tranchée, et que cette terre est peu à peu descendue dans la vigne par suite des binages annuels, la place est libre pour provigner la rangée supérieure; c'est par elle que l'on commence l'opération. On la continue jusqu'à ce que le dixième des rangées soit ainsi traité. On procède ainsi tous les ans jusqu'à ce que toute la vigne soit renouvelée.

Il reste, à la fin de l'opération, une place vide; on attend une année, et on y plante de nouvelles crossettes.

Epamprement des vignes.

Epamprer une vigne, c'est couper ou casser les pampres ou rameaux qui prennent un trop grand développement, et qui, par cela même, absorberaient une trop grande quantité de sève aux dépens des rameaux à fruits, et priveraient les raisins d'air et de soleil dont ils ont un si grand besoin pour arriver à une maturité parfaite.

Pour les vignes basses et pour les pyramides, on procède à cette opération quelques jours avant le second labour, c'est-à-dire à la fin de

juin ou dans la première quinzaine de juillet,
selon la saison, mais toujours par un temps sec.
On casse avec la main ou l'on coupe avec le
sécateur, vers le milieu ou aux deux tiers de
leur longueur, les pampres ordinairement sans
fruits qui ombragent le pied et le milieu du cep.
Ensuite on coupe court tout ce qui dépasse le
piquet ou les échalas ; ou, si la vigne est encore
jeune, les jets et les brindilles qui ont poussé à
la tête des ceps et qui y forment une espèce de
capuchon. Si les pampres à couper avaient du
fruit, il faudrait laisser au moins deux nœuds
au-dessus du raisin et bien se garder d'endom-
mager la feuille qui lui est opposée : elle le garde
contre les intempéries et élabore la sève qui le
nourrit.

Pour les hautins, l'opération et les résultats
sont les mêmes ; on attend, pour y procéder, que
la récolte du dessous soit enlevée. Quelle que
soit la forme de la vigne, vigne basse, pyramides
ou hautins, on enterre au pied des ceps les feuilles et les sarments coupés : c'est le meilleur
engrais qu'on puisse leur donner.

Ebourgeonnement.

Ebourgeonner une vigne, c'est enlever les
bourgeons inattendus qui ont poussé sur la tige
ou sur les coursons, et qui pourraient nuire à
la végétation de ceux qui doivent donner du
fruit.

Cette opération est utile à toutes les vignes
cultivées pour la table et auxquelles on veut don-

ner une certaine forme; elle est utile aux vignes en pyramides dont il faut supprimer toutes les pousses intérieures et favoriser l'allongement progressif des coursons inférieurs; elle est encore utile aux vignes vieilles ou affaiblies par une taille trop allongée et qu'on a rajeunies ou voulu restaurer par la section d'une partie de son vieux bois. Par ce moyen, on conserve aux coursons bien placés et aux sarments à fruits la sève nécessaire à leur nourriture, on leur fait produire des raisins plus longs, plus colorés, plus sucrés, et même on hâte leur maturité.

On procède à l'ébourgeonnement aussitôt que les raisins sont formés et par un temps sec et serein. Si l'on attendait que la vigne fût en fleur, l'abondance de sève qui se porterait tout à coup aux raisins pourrait les faire couler. Quand la vigne est en fleur, il faut éviter tout travail, tout ce qui pourrait troubler la nature dans l'acte de la fécondation.

On ébourgeonne souvent avec les doigts; c'est un mauvais procédé. Il vaut mieux se servir d'une petite serpette bien affilée, tranchante comme un rasoir, afin d'enlever le bourgeon bien net : une plaie, un déchirement qui ne se cicatrise pas immédiatement, provoque l'expansion de la sève et amène quelquefois des chancres qui entraînent l'atrophie et la perte du cep.

Mais l'ébourgeonnement est inutile aux ceps vigoureux des vignes basses et des hautins, surtout quand on les soumet à l'épamprement; il peut même devenir nuisible, car on peut enlever les bourgeons que j'appellerai de remplacement, et nuire, par conséquent, à la taille et à la récolte suivantes. D'ailleurs, M. de Gasparin n'en parle pas, et M. Thiébaut le blâme et affirme que des ceps non ébourgeonnés donnent des fruits aussi nombreux et aussi beaux que le sont ceux des ceps soumis à cette opération.

FIN.

TABLE DES MATIÈRES.

CHIMIE AGRICOLE. — 3ᵉ PARTIE.

AGRICULTURE PRATIQUE. — 4ᵉ PARTIE.

FIN DE LA TABLE.

OUVRAGES DU MÊME AUTEUR.

ANTOINE OU LE DAUPHINÉ à la fin du 18e siècle. 4 vol. in-12 . . . . 8 fr.

LE PÈRE MAURIN, ou conseils d'un Maire de campagne aux jeunes gens de sa commune. 1 vol. in-12. 2 fr.

THÉORIE DES SAPEURS-POMPIERS. 1 vol. in-18, avec figures . . . . 1 fr. 25

DES CONSEILS DE PRÉFECTURE, de leur organisation et de leur juridiction. 1 vol. in-8° . . . . . . 1 fr. 50